汉字文化学

陈文俊　著

商務印書館国际有限公司
中国·北京

图书在版编目（CIP）数据

汉字文化学 / 陈文俊著 . — 北京：商务印书馆国际有限公司，2023.2

ISBN 978-7-5176-0975-9

Ⅰ . ①汉… Ⅱ . ①陈… Ⅲ . ①汉字—文化学—研究 Ⅳ . ① H12

中国版本图书馆 CIP 数据核字 (2022) 第 253730 号

HANZI WENHUA XUE

汉字文化学

著　　者　陈文俊
出版发行　商务印书馆国际有限公司
地　　址　北京市朝阳区吉庆里 14 号楼
　　　　　　佳汇国际中心 A 座 12 层
邮　　编　100020
电　　话　010-65592876（编校部）
　　　　　　010-65598498（市场营销部）
网　　址　www.cpi1993.com
印　　刷　北京建宏印刷有限公司
开　　本　710mm × 1000mm　1/16
字　　数　280 千字
印　　张　20
版　　次　2023 年 2 月第 1 版第 1 次印刷
书　　号　ISBN 978-7-5176-0975-9
定　　价　55.00 元

目 录

CONTENTS

第一章　绪　　论

第一节　汉字文化学的兴起

汉字文化的应用与研究并非近几十年的事情，如果要追溯历史的话，应该很久了。“夫文，止戈为武”（《左传·宣公十二年》）、“故文，反正为乏”（《左传·宣公十五年》）、“于文，皿虫为蛊”（《左传·昭公元年》）、“古者仓颉之作书也，自环者谓之厶，背厶谓之公”（《韩非子·五蠹》），这些都是春秋战国时期具有汉字文化意味的阐释和应用，初步显示了汉字文化的迷人魅力。此后，对于汉字文化的应用与探索，随着汉字运用与研究的深入，不时有令人欣喜的花朵绽放。但是，如果说自觉地运用汉字文化进行学术研究，应该是，始于20世纪初吴大澂、孙诒让、程树德等学者以字证史和王国维创立二重证据法“以字考史”“说文证史”的文化热潮。

随着20世纪80年代改革开放大潮的兴起，中华“文化热”和文化语言学的影响，汉字与文化的关系越来越为人们所重视，有关学术团体及刊物问世，相关研究也随之展开。

1971年，日本著名汉学家藤堂明保出版《汉字及汉字文化圈》，提出了汉字文化圈的理论，明确地把“汉字文化”呈现于人们眼前。

1980年3月，著名美籍华人学者袁晓园联合海内外部分学人成立汉字现代化研究会，从汉字现代化入手，专题研究汉字文化。

1986年5月，以“汉字文化的历史和将来”为主题的国际学术讨论会在日本东京召开，中国语言文字工作委员会周有光、中国社会科学院语言研究所李荣应邀出席，并发表专题演讲。同年，法国著名汉学家汪德迈（Lén Vandermeersch）在巴黎出版专著《新汉文化圈》，这本书从使用汉字的国家和地区（即“汉字文化圈”）近年经济发展的事实出发，断言在现代化进程中汉字文化传统不是以前所说的巨大的“障碍”，而是“具有巨大的功力”①，肯定了汉字文化对经济社会的巨功伟力，一定程度上扭转了国际社会对汉字的传统消极看法。

1989 年，北京市社会科学界联合会主管的北京国际汉字研究会创刊了《汉字文化》期刊，这是以汉字文化为研究对象的第一本学术期刊。

1990 年，《北京大学学报》（哲学社会科学版）第 6 期发表了北京大学何九盈、北京大学出版社胡双宝、北京语言大学张猛的文章《简论汉字文化学》（此文是后来出版的《中国汉字文化大观》一书的前言），将“汉字文化学”作为一个具有原创意义的新概念、作为一门独立的学科明确提了出来，并为这门学科的发展提供了初步的理论和基本概念。

之后，有关汉字文化学的论著数量大大增多，研讨范围扩大到汉字文化系统、属性等方面。其代表性论著，有北京师范大学王宁的论文《汉字与文化》②，何九盈、胡双宝、张猛的专著《中国汉字文化大观》③，何九盈的专著《汉字文化学》④，王宁的专著《汉字与中华文化十讲》⑤等。

进入 21 世纪，中国改革开放进一步深化，经济社会飞速发展，尤其是 2008 年 8 月，北京成功举办第二十九届奥林匹克运动会，使中国的国际声望和地位大幅度提升。不少国家开办汉语学校，或在高校设立汉语课程，纷纷接纳和创办传播中国文化的孔子学院，引发了国际上学习汉字和汉文化的热潮。

---

① 陈原：《把汉字问题的研究推向新的高度——在“汉字问题学术讨论会”开幕式上的讲话》，《语文建设》1987 年第 1 期。

② 王宁：《汉字与文化》，《北京师范大学学报》1991 年第 6 期。

③ 何九盈、胡双宝、张猛：《中国汉字文化大观》，北京大学出版社，1995。

④ 何九盈：《汉字文化学（第 2 版）》，商务印书馆，2016。

⑤ 王宁：《汉字与中华文化十讲》，生活·读书·新知三联书店，2018。

国内大专院校也开始重视汉字文化，纷纷开设“汉字文化学”选修和研修课程，“汉字文化学”作为一门体现中国文化的重要学科进入了高等学府和学术殿堂，成为广大学子学习研修的对象。

第二节 汉字文化热引起的乱象与思考

一、汉字文化热引起的乱象

汉字文化热引发了人们对汉字文化的好奇和追捧，一些人也就打着汉字文化的旗号，故弄玄虚，在汉字的书写和使用上突破规范，随意“创新”，出现了令人眼花缭乱的汉字文化乱象，突出表现为“三乱”：乱写、乱解和乱造。

（一）乱写

随心所欲，不按汉字规范要求书写，缺胳膊多腿的错字（如①类），不规范的异体字（如②类）、繁体字（如③类）和被废除的二简字（如④类），借谐音乱写的成语错字（如⑤类），不加辨析的别字（如⑥类），随处可见。

①类：打乞（打气）、武（武）功；

②类：聪眀（明）、高峯（峰）；

③类：馬場（马场）、書報（书报）；

④类：〔H 亻丁〕[①]（停）车场、〔A 宀人〕（家）庭；

---

① “〔H 亻丁〕”与其后的“〔A 宀人〕”都是著者设计使用的“构字式”，以方便打印电脑中没有的汉字。“〔H 亻丁〕”的意思是该字由“亻”与“丁”以左右结构构成，“〔A 宀人〕”的意思是该字由“宀”与“人”以上包下结构构成。字母 H 代表左右结构，A 代表上包下结构。“构字式”的详细解释请参阅本书附录《汉字构成表达式》。后面出现都同此，不再注释说明。

⑤类：服装店的广告语“衣衣（依依）不舍”、蚊香产品的广告语“默默无蚊（闻）”；

⑥类：家俱（具）、侯（候）车室。

尤其可笑的是，有些人以为使用繁体字，可以显示自己有“文化”，所以只要有机会，就不分对错，一律写笔画多的繁体字，结果闹出大笑话，十分尴尬。请看下面两例：

2013 年，在网友拍摄的山东曲阜后土祠照片中，人们发现，“后土祠”的“后”字被错写为前后的“後”（见图 1-1）。在文化圣人家乡出现有辱文化之事，令人唏嘘不已。2016 年 4 月，北京国子监大街的门匾“聖人鄰里”，竟被误写成“聖人鄰裡”（见图 1-2），引来群嘲。

图 1–1　曲阜“后土祠”被写成了“後土祠”

再如，将“己丑”（子丑寅卯之“丑”）写作“己醜”（醜陋之“醜”）；将“天干”（干支之“干”）写作“天乾”（乾燥之“乾”）；将“理发”（頭髮之“髮”）写作“理發”（發展之“發”）；把“公里”（里程之“里”）写成“公裏”（表裏

图 1–2　北京国子监大街门匾“聖人鄰里”被写成了“聖人鄰裡”

之“裹”)；把“皇天后土”（帝后之“后”）写成“皇天後土”（前後之“後”）；等等。想显示有文化，却将无知与浅薄暴露无遗！

以上图片展示的两例都是书法，说明乱写汉字在书法界还是比较突出的。有的人认为古代大书法家常写别有寓意的“错字”，是有高深文化的体现，所以自己毫无顾忌，胡乱书写。而大部分人则认为书法是艺术，更是文化，多一点、少一横正是艺术个性的体现，不必拘泥苛求，反而抱着欣赏的态度，结果使汉字乱写现象愈演愈烈。这种借汉字文化之名乱写汉字的现象，其实是对汉字文化的歪曲。

（二）乱解

打着文化旗号，随意解释汉字的文化意义，把张三说成王五，甚至把错的解释为对的，是汉字文化中最具负面影响的乱象。

我们知道，古代一些名人、书法家，因为时代关系，也因为当时缺乏明确的汉字规范，所以在书法作品、匾额题写、楹联碑刻等书写中出现异体字、古今字（在今天看来有的是不规范字）或错字的现象比较多。由于是古代遗物墨宝，不能更改，但对就对，错就错，实事求是地对待欣赏，当是应取的正确态度。可是，有人硬要“为尊者讳”，编造一些故事，“深化”其文化魅力，掩饰错误。这里列举三例，以见影响之大。

一是四川提督吴英撰写的“明良千古”的匾额（见图 1-3）。

图 1–3　成都武侯祠博物馆的匾额“明良千古”

这块匾额，悬挂在成都武侯祠博物馆二门正上方。清康熙十一年（1672），由四川提督吴英撰写，取“君眀臣良，千古垂范”之意。

问题是，这里的“眀”，不是人们常见的“日”+“月”，而是“目”+“月”。有人说是错字，有人却故弄玄虚地说不是错字，而是别有深意：人言“耳聪目明”，武侯祠的匾额之所以弃用“日”字旁“明”而用“目”字旁“眀”，意在说明“眀君”之“眀”，重在擦亮眼睛，才能识人、识势。真是这样吗？《康熙字典·午集中·目部》：“眀音鸣。视瞭也。○按《正字通》云：‘《庄子·外物篇》：“目彻为眀。”’不借用眀，从日、月，会明意。目眀意，目眀与明暗之明义同。田艺衡曰：‘古皆从日、月作明，汉乃从目作眀。’”这就是说，“明”字原本从“日”，从汉代开始出现从“目”，“眀”“明”同义。可见，所谓“深意”，不过是毫无依据的牵强附会。

以现代书写规范来看，“眀”字可能是文化古迹或是旅游景区出现最多的“错字”（异体字）了。在南京的明太祖朱元璋明孝陵，至少有两处这样的写法：保护碑上的“眀孝陵”，陵墓宝顶正南面的石砌墙体上的“此山眀太祖之墓”（见图 1-4），“明”都写成了“眀”。此外，成都市新都区的宝光寺有“光明世界”匾，济南市大明湖牌坊上的“明”字也写成“眀”。

图 1–4　朱元璋明孝陵陵墓墙体上的“此山眀太祖之墓”

异体字在汉字规范前存在是合理的。前文举例的匾额题写于清代以前，不为错。但在明确了规范汉字后，除了特殊需要（如书法同字避同形），再写异体字就是写错字，应予纠正。

二是康熙皇帝题写的西湖十景之一“花港观鱼”的碑刻（见图1-5），“鱼”（繁体为“魚”）字下面只有三点，少了一点。

图1-5　西湖十景之一“花港观鱼”的碑刻

喜好文过饰非的人从汉字文化学入手，解释说，康熙皇帝信佛，有好生之德，认为“鱼”字下面有四个点不好，因为四点为“火”，鱼被火烤，还能活吗？于是有意少写了一点——三点成“水”，鱼得水便活，就能在湖中潇洒地畅游了。这种解释仿佛很有文化底蕴，其实是大错特错的。

“鱼”字下面四点并非“火”，而是鱼鳍和鱼尾的象形笔画，这在古文字中是很清楚的。

①　②　③　④　⑤

①为甲骨文；②为金文，鱼的象形意味很浓；③是小篆，鱼尾似乎与今“火”字相像；④是楷书，鱼尾符号化为四点；⑤为简体字，又将四点简化为一横。说明将四点解释为“火”是错误的。

其实，四点在古文字中有多种字形和意义。

- 燕尾：

甲骨文　小篆　楷书

● 鸟爪、鸟尾：

甲骨文　金文　小篆　楷繁　楷简

● 羊蹄围栏：

甲骨文　金文　小篆　楷书

● 四点为“火”：

小篆　楷书　小篆　楷书

三是林则徐题写的西安“碑林”匾额（见图 1-6）。

图 1–6　林则徐题写的西安“碑林”匾额

“碑”字右上面少了一撇。好事者解释说，林则徐因为广州禁烟而被发配到新疆伊犁，为发泄不满，故意写错“碑”字。真是这样吗？

从现代规范汉字看，“碑”字写错了，少了头上一撇。但是，古代名家书法都这样写（见图 1-7）：

陈隋间智永　唐欧阳询（557—641）　唐虞世南（558—638）　唐褚遂良（596—659）　唐柳公权（778—865）　唐颜真卿（709—784）　北宋赵佶（1082—1135）

图 1–7　古代书法家书写的“碑”字

《康熙字典·午集下·石部》二字同收，指明“硨，《正字通》俗碑字”，说明无错。

显然，是解释者不懂装懂，把本无错误的书法说成错误的，然后，编排故事，说林则徐因禁烟而被革职，于道光二十二年（1842）八月被发配伊犁，途经西安时为碑林题写匾额，故意将“碑”字右边头上一撇省掉，以暗含自己丢了乌纱帽。试想，林则徐如果是在乎乌纱帽的人，还会去禁烟吗？

事实是，林则徐被充军去伊犁，与家人分别时曾口占一诗《赴戍登程口占示家人》：

力微任重久神疲，再竭衰庸定不支。
苟利国家生死以，岂因祸福避趋之？
谪居正是君恩厚，养拙刚于戍卒宜。
戏与山妻谈故事，试吟断送老头皮。

林则徐还在诗下自注[①]：“宋真宗闻隐者杨朴能诗，召对，问：‘此来有人作诗送卿否？’对曰：‘臣妻有一首云：更休落魄耽杯酒，且莫猖狂爱咏诗。今日捉将官里去，这回断送老头皮。’上大笑，放还山。东坡赴诏狱，妻子送出门，皆哭，坡顾谓曰：‘子独不能如杨处士妻作一首诗送我乎？’妻子失笑，坡乃出。”

① 陈道贯选注:《元明清诗选》，珠海出版社，2002，第 195 ~ 196 页。

有如此襟怀之人，岂会以乌纱帽丢失之故而故意错写！

这些“错字”，竟被人以牵强的文化解说予以肯定，实在是曲解了汉字文化。即便是有依据的异体字，虽然在书法艺术中允许，但为了汉字规范，也应该予以纠正，而不应该文过饰非，曲意解释，以错为对。

乱解汉字，历史上最有名的当属北宋的王安石。他写了一部二十卷（王安石《字说·序》称二十卷，《进〈字说〉表》称二十四卷）的《字说》，对汉字进行了他认为很有理据的文化解说。可惜，该书已经失传，但通过宋朝人和明朝人的书籍引用而保留下来的一些解字事例，民国学者张宗祥辑录成《王安石〈字说〉辑》①，可供我们窥见一斑。

明文学家杨慎说：“王荆公好解字说而不本《说文》，妄自杜撰。刘贡父曰：‘《易》之观卦，即是老鹳；《诗》之小雅，即是老鸦。’荆公不觉欣然，久乃悟其戏。又问东坡：‘鸠是何以从九？’东坡曰：‘鳲鸠在桑，其子七兮。连娘带爷，恰是九个。’（荆公）又自言：‘波者水之皮。’坡公笑曰：‘然则滑是水之骨也。’”（［清］谢启昆《小学考》卷十八）

再如“儒，人皆需之谓之儒”，猫能“去苗之害，故字从苗”，“坡乃土之皮”，狼为“兽之有才智者，故从良”，等等。这种“望文生义”的解字，都是对汉字文化的曲解。

令人担忧的是，这种随意曲解汉字文化的现象，虽然遭到人们的嗤笑，但没有因此绝迹，反而随着网络的兴起而呈蔓延之势。下面，是源自网络的十例，以窥一斑：

> 官：两口连起来戴上乌纱帽，就是官。上口骗朝廷，下口骗老百姓，还说得天衣无缝，而自己却没心没肺，这样的人才能戴上乌纱帽，才能做官。
>
> 诗：寺中人言也。和尚无事，每日敲打木鱼，偶发一言，是为

① 张宗祥辑：《王安石〈字说〉辑》，曹锦炎点校，福建人民出版社，2005。

诗。即闲人闲语也。俗云：闲来无事作首诗。此之谓也。陶潜、林和靖可作人证。谁见过忙着生活的人作过诗？

臭：自犬。自己把自己当狗。狗嘴里吐不出象牙来，狗改不了吃屎。把自己当狗的人，放个屁都是狗屁，焉能不臭！

活：舌头喝到水才能活。水乃生命之源，什么东西喝不到水还能生存？

特：寺中不养和尚养着牛，是很特殊。

观：第一次见，是见。又见了一次，才是观。

圣：又土为圣。人从土里出来只是凡人，要劳其筋骨，苦其心志，饿其体肤，如孔子之流，周游列国，历尽艰辛，好像又一次从土里挣扎着诞生出来，这样才能脱胎换骨，智慧超群，灵光照世，成为圣人。所以做个圣人，就像凤凰涅槃，不是件容易的事。

默：黑犬。咬人而不吱声的狗，确实黑！

要：西女。西边一个女人，东边一个女人，你要哪个？范蠡说，西施那么漂亮，东施那么丑，我当然要西施不要东施了。于是要西女，泛舟西湖，不知所终，只留一字：要。

破：石皮为破。为什么？因为石头的皮没有完整的，所以为破。

（三）乱造

乱造，即当代网络上的随意造字。例如：

五毛　　花钱学习　　扯蛋　　脑残

屁民　　已阅　　草根　　肥

这八个字，从造字构形可以分五个类型。

第一个类型，把“五”字与“毛”字套叠在一起，将相同或相近的笔画共用，构成一个新字“**毛**”，书写起来是一个字，读音和意义就是“五毛”一词。类似如第四个字“殈”（脑残）、第五个字“**屘**”（屁民）、第六个字“闫”（已阅）等。

第二个类型，将繁体“學”字的上部中间构件“爻”，用形近的人民币符号“**¥**”代替，构成一个新字“學”，以表达“花钱学习”或“学习费钱”等意。

第三个类型，用“扯蛋”两字的构件（扌、止、疋、虫），采用形近构件（止、疋）共用的办法，构成新字“**揗**”，让人从字形想到词“扯蛋”。

第四个类型，抽取“草根”两字的关键构件（艹、木、艮），进行重新组合，构成新字“**䒽**”，也是让人从字形想到词“草根”。

第五个类型，采用同字叠加的办法，构成新字“吃吃吃”，定义为“肥”字，真实用意是使人会意出“肥是因为贪吃”的语义。

可见，网络造字，多是将词语用字通过构件共享（共用）、关键构件组合、相同字叠加等成字的方法造字，比较形象，其意义则因形会意，令人往往有别出心裁之新颖感。但是，因为其未遵循一字一音的汉字构造规则，最终难被汉字系统认可。

其实，这种随意乱造字，并非网民的新创，历史上乱造字的大有人在，最突出的就是女皇武则天。

据记载，周朝女皇武则天，对一些字不满意，就按照自己的意思废弃原来的本字，另造新字，据说一共造了 19 个字，各有其政治目的及特殊含意。通过对河南省新安县千唐志斋的 1193 块唐代志石考古研究，发现了 154 块武周时期的志石，其中有武则天造的 17 个字（见表 1-1），其本字是：照、臣、君、月、年、日、星、载、圣、人、初、授、证、天、地、正、国。她还打破了汉字的方块结构，创造了几个圆体结构字：一个圆圈“〇”就表示“星”字，将“乙”放在“〇”里边成为“日”字。

表 1–1　武则天造的 17 个字

本字	新字	新字造义
照	曌	日月当空，照临天下。
臣	𢘑	对君主忠心如一即为“臣”（古字）。
君	𠺞	“天大吉”或“天人大吉”，意谓武则天为君能使天下大吉。
月	𠥱	左框如弯月，“出”像月中玉兔或蟾蜍。
年	𠡦	千千万万为年，即武周江山千千万万年。“万”字的横笔与“千”字的第二横合并，看似“力”，“力”为佛教相传吉祥的标帜卍，连上横亦为“万”字。
日	𡆠	框为圆圈，“乙”代表中国神话中的太阳神鸟——金乌。
星	〇	〇，星辰的象形。
载	𡕀	天车土火（四点），意谓天下车载万物（非“黑”头，乃“车”省）。
圣	𤯣	长正主，意谓圣主武则天是长久统治天下的正统君主。
人	𤯔	“一生”为“人”，意谓每个人都要度过一生。
初	𡔈	天日月人土，取宇宙初开，天下日月并明，地上有人土之时为初。
授	𥠢	禾久天王，意谓上天授禾，百姓安康，王位长久。
证	𢑱	永主全，永主久王，“证”义是告知，意谓告知天下她要永主人王。
天	𠀑	像“而”，意谓穿裙（女）人的天下，即女皇的天下。“天”字的金文、篆文字形。
地	埊	山水土，也就是大“地”。
正	𠙺	古文“王”，王者得政，意谓武氏之为皇“名正言顺”。
国	圀	四面八方。初为“武”镇国中，忌似“囚”，疾改“圀”。

随着人亡政息后，这些新造字也因失去时代的支撑而随之被废弃，后人都用回了本字，仅有武则天的名字“曌”因人存世。可见，不按汉字规律乱造所谓新字，其实是对汉字文化的歪曲运用，其结果也只能是被历史废弃，成为一场笑话。

二、汉字文化热引起的思考

出现这些汉字文化乱象的原因是什么呢？著者认为原因只有一个，就是很多人不明白汉字文化学到底是什么？

《简论汉字文化学》一文说：“我们现在还无法为汉字文化学下一个完整的、能得到大家认可的定义，因为什么是‘文化’，意见就相当分歧。……我们认为，文化有四个方面的内容，即物质文化、精神文化、社会文化、语言文化。当我们谈汉字文化学的时候，就是从这四个方面对文化进行整体上、系统上的把握。这也可以说明：汉字文化学是一门以汉字为核心的多边缘交叉学科。尽管研究工作还有待于深入，但这门学科的任务非常明确。一是阐明汉字作为一个符号系统、信息系统，它自身所具有的文化意义；二是探讨汉字与中国文化的关系，也就是从汉字入手研究中国文化，从文化学的角度研究汉字。”①

仿佛讲清楚了，但是，如果找来近年出版的《汉字文化学》《汉字文化学概论》《汉字文化学导论》《汉字文化学教程》等书，你会发现，大部分并不清楚。有的书就像字典，把八九十个或是二三百个汉字大致分类后从古汉字的角度进行字形演变、字义、词义解释；有的书就像汉字学，从仓颉造字、许慎“六书”到字形、字音、字义，无所不包；有的书就像汉语文化学，说汉字，举的例子都是词、词组，甚至还有主谓、动宾等语法关系等。这说明，汉字文化学不能完全离开汉语文化学，但若不注意把主

① 何九盈、胡双宝、张猛：《简论汉字文化学》，《北京大学学报（哲学社会科学版）》1990 年第 6 期。

体和重点放在汉字本身，尤其是汉字的构形与构意上，就会主次颠倒、纠缠不清。为此，有必要对汉字文化学的基本理论和基础框架进行理性探索和基本构建。

第三节　汉字文化学的理论与框架构建

一、汉字文化学的基本理论

（一）汉字的六大特性使汉字成为具有浓郁文化底蕴的文字

相比世界上古老的自源文字——埃及圣书字、两河流域苏美尔楔形文字、古希腊克里特岛线形文字，汉字是唯一存活至今还在大放光彩的自源文字；相比世界上各色各样单纯记音的字母文字，汉字是丰富多彩的形意文字。时间愈久，愈能展现出它迷人的魅力和深厚的文化内涵，给人以知识的滋润和美的享受。汉字，是人类世界具有浓郁文化底蕴和美学特质的最优美的文字。

1. 产生构成的有理性

汉字是记录汉语的符号，但它不是毫无意义的符号。它的产生和构成都有一定的理据，是一种有理性的自源文字。国学大师陈寅恪 1936 年 4 月 18 日给沈兼士回信评论其《“鬼”字原始意义之试探》一文时说：“依照今日训诂学之标准，凡解释一字是作一部文化史。中国近日著作能适合此定义者……惟此文足以当之无愧也。”[①] 可见，汉字的产生有它的渊源来历和文化故事。这些渊源和故事就凝结在汉字的结构形体上，展示给识读和书写它的人，从而使人们得以知道它的来源和过去，从而也相应了解到该

① 刘又辛：《沈兼士先生文字训诂研究述评》，载葛信益、朱家溍编《沈兼士先生诞生一百周年纪念论文集》，紫禁城出版社，1990，第 58 页。

字产生时期的社会历史文化。所以，汉字，被人们形象地称之为文化历史的“活化石”。

东汉文字学家许慎在《说文解字·叙》中说：

> 古者庖牺氏之王天下也，仰则观象于天，俯则观法于地，视鸟兽之文与地之宜，近取诸身，远取诸物，于是始作《易》八卦，以垂宪象。及神农氏，结绳为治而统其事，庶业其繁，饰伪萌生。黄帝之史仓颉，见鸟兽蹄迒之迹，知分理之可相别异也，初造书契。

这段话总结了汉字产生的三大来源：天地法象、动植物物象和人身形象，说明汉字不是谁任意刻画出来的无意义符号，而是以物象事理为依据描画出来的象形表意文字，是可以分析和解释的理性文字。这就是汉字产生和构成的理据性，是汉字文化的坚实基础。举例见表 1-2。

表 1–2　汉字产生的三大来源及其代表字

	甲骨文	金文	小篆	楷体	说明
天地法象				日	象形，中心的点或横，以示区别于无物的坑洞。
				月	象形，竖或横为月中阴影。
				山	象形，取山峰貌。
				水	象形，取流水貌。
动植物物象				牛	象形，取牛角特征。
				羊	象形，取羊角特征。
				禾	象形，突出禾苗穗头弯下。
				稻	会意，左为禾苗，右上为手，下为舂（chōng）米石臼。

续表

	甲骨文	金文	小篆	楷体	说明
人身形象				人	象形，人站立劳作的侧面形象。
				耳	象形，耳朵轮廓。
				孝	会意，长发老人手扶小儿头为手杖，会意儿子孝顺。
				屎	会意，人坐着拉屎，屎为米化，小篆从“米”。

当然，由于字形演变，有些字的结构形体意义今天已难以探寻。但是，随着考古发掘，一些新出土的文物将一些历史断层接续起来后，相信那些难解汉字的本来面目一定会被揭开，展现出它们丰富迷人的文化内涵。

2. 据意定形的表意性

汉字的形体不是随机涂画、胡乱堆叠的线条符号，而是据意定形、以形表意的理性结构体，分为独体结构和合体结构。独体字多以物形为据，直接以形见义；合体字，则以义构形，合形会意。不论独体还是合体，汉字始终以意义的表达为出发点和落脚点。汉字创造之初，都是表意的，没有专门的表音字；后来发展需要表音时，就借用表意字来作声符表音，这就是汉字“六书”中的形声字。形声字中的声旁都是由有意义的汉字充当，有的纯粹表音，例如“秧洋莘喧”中的“央羊辛宣”；有的则音义兼表，例如“芯姓悬浅”中的“心生县戋”。著名语言文字学家黄侃认为：“凡形声字以声兼义者为正例，以声不兼义者为变例。”① 这说明，形声字虽然有表音的功能，但是它最主要的功能还是表义。它的表义的形符和表音的声符，在形声字中都是为了更细致准确地区分和表达意义。例如，“桐”“铜”“酮”三个形声字，字音都是“同”（tóng）。如果不考虑

① 黄侃、黄焯：《文字声韵训诂笔记》，上海古籍出版社，1983，第 79 页。

字义的区别，用一个字“同”字就行了。但是，因为汉字是表意的，必须把不同的意义表达清楚，所以就用三个表类属的偏旁“木、金、酉”分别与“同”构成形声字，区别表达植物桐、金属铜和有机化合物酮（[英]ketone）。即便是同为树木、发音都为 tóng 的，汉字还要区分意义，用不同形的同音字来区别，如桐油树之“桐”和木棉树之“橦”。

汉字的这种表意性很强烈，以至于我们想用它单纯表音时也会受其影响，突出表现在音译外国人名时。例如“史密斯”，如果译作“屎泌死”，就绝对过不了编审关。如果被史密斯先生看到，恐怕要惹麻烦。

正是因为汉字的这种突出的表意性，使它以意为据、以意构形，充满了思想内容和文化意义，成为内涵丰富的汉字。这是汉字文化学成立的基石。

3．构形寓意的丰富性

汉字的结构形体（简称“构形”）以意定形，所以，其构形都有一定的寓意。不同的构形寓意不同，不同的寓意蕴含着不同的思想文化，使汉字成为唯一可以“望形知义”的文字。虽然“望形知义”会发生一定程度的误解或曲解，但它为我们理解字义和写法提供了很大帮助，却是其他文字难以比拟的。

下面仅举八例，予以说明。

图 1–8　汉服图

（1）衣：“衣”字，甲骨文写作“[illegible]”，金文写作“[illegible]”，小篆写作“[illegible]”，楷书写作“衣”。其总体构形，展示的是“圆领右衽”的衣服样式，由此，我们知道了古代华夏衣服的基本样式就是圆领右衽。如图 1-8，可见汉服的特点：大襟、交领、右衽、长袍宽袖。

（2）飧（sūn）：“飧”字，从“夕”从“食”，夕食即晚饭。《孟子·滕文公上》：

“贤者与民并耕而食，饔飧而治。”汉赵岐注：“饔飧，熟食也，朝曰饔，夕曰飧。”根据史料记载，先秦时代古人都是一天用早晚两顿饭，早饭叫“朝食”，称为“饔”（yōng）；晚饭叫“晡食”，称为“飧”。饔飧两字，从侧面反映了古代生产力落后、粮食不足、只能一日两餐的生活情状。

（3）：“穴”字，从小篆字形可以看出上面是“宀”，表面覆盖了一些东西，下面两边表示通向里面的洞孔。本义是土窟窿，地洞。《说文解字·穴部》：“穴，土室也。”

（4）（甲）（金）（篆）：“巢”字，从甲骨文和金文字形中，可以看出，“巢”像鸟在树上建的窝巢。小篆在其上加了三只鸟。

“穴”“巢”两字，形象揭示了古代居室的两种方式：一是人们生活在洞穴之中，二是人们在树上筑巢而居。三国时期吴国学者项竣《始学篇》记载：“上古皆穴处，有圣人教之巢居，号大巢氏。今南方人巢居，北方人穴处，古之遗俗也。”南方多雨潮湿，北方多风干旱，巢居和穴处因地势和干湿的不同而不同。长江流域以南，由在独树上筑巢而居，中间经过多树巢居，最后定居为带栏杆的平房；黄河流域凿穴而居，经过半地下穴居，最后定型为土木结构为主的地面建筑，有的还延续洞穴习惯，居住坡崖窑洞。

（5）（甲）（金）（篆）：“家”字，《说文解字·宀部》曰：“家，居也。”从“家”的字形看，它是个会意字，表示屋子里养着代表财富的猪。上古从畜牧、狩猎的社会转入农业社会时，人们过着定居的生活，于是出现了家庭，而且已经将部分动物驯化家养，尤其是“猪”，成了家中最主要的家养动物与财富，有猪（豕）才是“家”。

（6）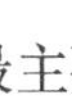（甲）（金）（篆）：“安”字，“宀”为房舍，引申为家，家中有女人就“安”，说明古代对女人持家的认可。

当然，也有人说女子坐在家里才平安，出去在外就危险，可备一说。

（7）（甲）（金）（篆）：“妇”字，楷书繁体为“婦”，简体为“妇”。从构形寓意看，是指手持扫帚进行打扫的女性，这说明古代妇

女主要从事家务劳动。

（8）炮:“炮”字，古代写作“砲”，构形从“石”，近现代从“火”，其寓意很清楚：古代投掷的是石砲，近现代火药发明，成了火炮。字形的变化，明确显示了作为武器的大炮的发展演变，间接记录了人类战争中武器的发展史，其文化史意义十分显著。

通过上述分析可见，汉字确实是中国文化的活化石，仅仅通过构形就让我们了解了中华文化的方方面面。历史学家因此经常借用汉字构形寓意的特性，“以字考史”“以字证史”，取得了丰硕成果，证明了汉字文化的丰富博大。

4. 识读记写的趣味性

由于汉字构成的理据性和丰富的寓意性，所以在汉字的识读和记写上就自然带来了令人愉悦的趣味性，这也是枯燥的字母文字无法比拟的。其主要途径是利用汉字的构形和构意，通过儿歌、字谜、笑话、对联等多种形式，进行汉字的识读教学和记写教学，极大地提高了识读记写效率。有的因为妙趣横生，竟使人终生难忘。著者至今记得上小学一年级时老师教的识字儿歌：

日像太阳圆变方（☼→日），
月像月亮弯月长（☽→月），
水如流水有波浪（→水），
火如火苗焰冒上（→火）。

四句朗朗上口、明白易懂的歌谣，点明了“日”“月”“水”“火”四个汉字与四种事物的联系和写法，记住这首歌谣，就认识了这四个字，知道了它们的基本意义，同时也记住了它们的写法。因为这种方法主要用来教儿童识字，所以被称为“识字儿歌”，在小学语文教学中广泛应用，效果良好。

再比如字形相近易于混淆的汉字，可以用辨字歌谣来区分：

二辛夹瓜见花瓣，二辛有丝扎发辫，
二辛对言把理辩，二辛点撇是分辨。

“瓣”“辫”“辩”“辨”四字，是包围结构的形声字。“瓣”，《说文解字·瓜部》：“瓜中实，从瓜辡声，蒲苋切。”字形中间是瓜果的“瓜”，俗话说“开花结果”“瓜熟蒂落”，与花有关，所以专指花瓣的“瓣”。“辫”，《说文解字·糸部》：“交也，从纟辡声，频犬切。”字形中间是发丝的“纟”，与头发丝有关，所以指发辫的“辫”。“辩”，《说文解字·辡部》：“治也。从言在辡之间，符蹇切。”字形中间是言语的“言”，与说话论理有关，所以指辩论的“辩”。“辨”，《说文解字·刀部》：“判也，从刀辡声，蒲苋切。”字形中间是刀子的“刀”（同中间是点撇的辨是异体字），与区分、判别有关，所以指辨别的“辨”。四个字，唯一不同的是中间部分。儿歌将四字的差异与用法做了简洁的区分。

巳字封口作干支，已字半口完成时，
己字张口称自己，最后一笔见高低。

相对上面四字，“巳已己”这三个字区分度更小，仅是最后一笔的高低长短的区别，经常搞错的人还是不少。“巳字封口作干支”，指明“巳”字的字形特点是全封口，用来指天干地支计时中的地支第六位巳时，即上午九点到十一点的时间。“已字半口完成时”，指明“已”字的字形特点是半张口，借用英语“完成时”表示已经完成结束的意思。“己字张口称自己”，指明“己”字的字形特点是全张口，用来指称自己。“最后一笔见高低”，明确这三个易混淆的字的主要区别在最后一笔的高低上，“巳”字最高，把口全封住了；“已”字半高，半封口或半张口；“己”字最低，全张口。这则儿歌抓住字形特点，用全封口、半张口、全张口予以清楚区分，简洁精到，实在是防止写错字的高招。

又如，还可以通过歌谣帮助记写笔画繁多、结构复杂的汉字。

例如，“嬴”“羸”“嬴”这三个字，笔画都在十六画以上，难以记写，但是通过识字儿歌即可牢记不忘。

亡口月贝凡，输赢在眼前；
亡口月女凡，嬴姓不常见；
亡口月羊凡，羸弱不一般。

这首写字儿歌，采用字形构件拆分、按顺序称说构件和点明基本字义的办法，讲解了字形的书写与基本用法。

陕西关中的方言字 biàngbiàng 面的 biàng① 字，如果不用字形拆解的写法口诀（见表 1-3），恐怕没有人能正确写出来。

表 1–3　“𰻞”字写法口诀

字（音 biàng）	写法口诀
𰻞	一点撩上天，黄河两道湾，八字大张口，言字往里走，你一扭，我一扭；你一长，我一长；中间坐个马大王，心字底，月字旁，拴个钩搭挂麻糖，推个车车逛咸阳。

如果再将汉字的趣味性与英文识记的趣味性比较，胜负立见分晓！

有一个 rat（老鼠）
跳进了 vat（缸）

① “biàng”字，笔画多达 63 画，声调为第四声（去声）。“biàngbiàng 面”指陕西关中地区的一种面食。可参阅本书第 268 ~ 269 页的解析。

偷吃了 salt（盐）

变成了 bat（蝙蝠）

气坏了 cat（猫）

咬破了 hat（帽子）

当成了 mat（垫子）

5. 书写欣赏的艺术性

汉字书写，不像其他字母文字那样能看清组成的字母就行了，往往还有进一步的要求：即汉字书写不仅要字形平稳写得好，而且要笔画、结构、章法符合审美要求写得美；对汉字阅读，不仅仅是识读，更进一步的是对字形美的欣赏，汉字要成为令人赏心悦目的视觉艺术。这就是为人所称道的汉字书法艺术。

汉字构形的多样性、构意的丰富性，给书写者留下了极大的想象空间和发挥空间，书法家可以通过汉字笔画的浓淡、断连变化及结构布局的虚实呼应，来表达自己的意境造像和见识品位，形成具有个性特点的艺术风格，从而创造出富有艺术特色的书法作品。观赏书法艺术作品的人，仅从字形和章法布局中就能感受到书写者的胸襟气度和品格修为，从而得到美的享受，这就是汉字书法艺术的独特魅力，是字母文字望尘莫及的。人们常把一些风格独特、字如其人的高品位书法艺术作品叫作“墨宝”，并予以珍藏，就是对汉字文化价值的高度肯定。开创贞观之治的唐太宗李世民，对书圣王羲之的行书《兰亭序》爱不释手，生前一再叮咛必须把《兰亭序》真迹作为墓葬品，永远陪伴他，便是明证。

6. 跨越时空的超强性

文字，都是记录语言的符号，都可以解决语言受时空限制的问题，汉字在这点上好像与字母文字一样。其实，大不一样！因为字母文字是表音文字，汉字是表意文字，而语音相对于语义，变化是最快的。例如，古英语（Old English，指从公元 450 年到 1150 年间的英语），形态变化很复杂，与如今的现代英语差别非常大，以至于使人很难相信它居然是英语。但是，汉字书写的作品，即便是3000年前的《诗经》(公元前11世纪至前6世纪的诗歌)，今天仍可以阅读欣赏，如名篇《关雎》：

关关雎鸠，在河之洲。窈窕淑女，君子好逑。
参差荇菜，左右流之。窈窕淑女，寤寐求之。
求之不得，寤寐思服。悠哉悠哉，辗转反侧。
参差荇菜，左右采之。窈窕淑女，琴瑟友之。
参差荇菜，左右芼之。窈窕淑女，钟鼓乐之。

毋庸置疑，即使再过多少年，《诗经》照样可以读懂，不受时间的限制。

再从空间跨度说，“十里不同音，百里不同俗”，表音的字母文字空间上受限制很大，而表意的汉字，基本就不受影响。中国地域广阔，南北跨越的纬度近50度，南方人与北方人各自说方言，谁也听不懂，但写汉字，谁都认得。汉字的这种特强的时空超越性是任何字母文字不能比拟的。这种超强的跨越性，带来的便是文化的交融与统一、便是民族的团结与共进、便是社会的繁荣与强盛。

（二）汉字文化主要蕴含在汉字本身的字形结构上

汉字，是记录汉语的书写符号系统，是汉语最重要的辅助性交际工具。它所记录、承载的内容，就是语言文化和思想文化，这个文化非常广博。但它不是汉字文化，因为这个文化也可以用别的文字来记录和承载。我们这里所说的汉字文化，是离开汉字就不能存在的文化，是与汉字本身紧密结合在一起的文化，所以，称作汉字文化。它包括汉字作为独特书写符号系统所体现的文化和其独特方块构形所蕴含的文化，也就是汉字本身的文化。

汉字本身的文化，重在汉字字形系统和汉字字形结构中所蕴含的思想文化。这个范围不能扩大，否则，就和汉字学、汉语学、汉语文化学搅在一起，纠缠不清。

何九盈先生认为：“汉字文化的研究应严格控制在‘字’的层面，以‘字’的形、声作为研究对象，而不是以‘词’的声、义作为研究对象。”① 可以说，这是对汉字文化学对象的明确界定。

据此，对汉字文化的研究，就是一个对象，两个方面。一个对象，就是汉字。两个方面，就是从文化的角度，研究汉字形成的理据和规律；从汉字字形的构成角度，研究它的构意所蕴含的思想文化。两个方面，缺一不可，互为补充，互相印证。

历史学家“以字考史”“以字证史”，就是这方面的成功尝试，只是不够全面，一是单向，二是限于历史。所以，我们不仅要“以字证史”，还要“以史证字”，而且要把“史”上升到文化的“文”，“以字证文”“以文证字”，使汉字与文化双向互证，以全面、准确地探讨汉字与文化的关系，使汉字文化学建立在科学的基础上。

这里还有几点需要厘清：一是汉字有形、音、义三要素，全面研究即成为汉字学。汉字文化学，不能形、音、义并重，而要以形、义为主，字音为辅，只有当字音对形义关系有明确作用时才涉及它。二是研究汉字形义关系的目的是揭示其文化意义，而非字形、字义。三是必须以“字”为对象、为单位，坚决避免与词、短语混淆，防止坠入汉语文化学或语言文化学。

（三）文化对文字有先导作用，文字对文化有巨大影响

文化是人类特有的现象，语言是人类文化交流的工具，而文字又是为记录语言而产生的符号系统，是最重要的辅助交际工具。显然，文化是先

① 何九盈：《汉字文化学（第2版）》，商务印书馆，2016，第42页。

导，文字就是在思想文化的引领下被发明创造的、在文化的指导下发展变化的。所以，文化是第一性的、处于决定地位的，文字是第二性的、处于被决定地位的，文化对文字的先导作用和决定地位是毋庸置疑的。

不过，文字却有自己的个性，它一旦产生并成熟后，就基本定形固化，保持自己的构形特点和造字理据，并以此对创造它的文化产生影响。汉字在这个方面的表现就很突出，形成了独特的汉字文化。

比如，我们会发现一个有趣的现象，即最有说服力的论证就是拿汉字作论据。

《左传》记载，春秋时楚庄王的军队战胜了强大的晋军，取得了空前的胜利。大夫潘党趁机建议说，将晋军尸体集中掩埋，筑成高冢（古称“京观”），以让子孙不忘记祖先的武功。楚庄王反对这种残暴的炫耀武力的做法，但当时其他诸侯国胜利了都这么做，没有人认为不对。楚庄王为了说服臣下，就以汉字字形构意立论，分析“武”字的字形由“止”“戈”二字合成，意思就是以武制暴就叫作“武”，而非炫耀武力，并举《诗经》中的《周颂》和《武》诗为例，说“武”字的含义就是禁除残暴、消灭战争、安定百姓，以此有力地说服了臣下。而且，“以武止武”爱好和平的思想，从此就成为中华文化的一个重要思想而深入人心。尽管有学者指出，“武”字构形中的“止”为“脚”而非制止的“止”，楚庄王的解析不对，可留待后面讨论。但是，以字立论，以字形构意进行说理论证，确有说服力。同时，也证明了汉字构形寓意对思想文化的影响。

以字说理，以字说文化，是汉字文化的突出功用。它充分证明了汉字文化在国民心目中的地位。

不仅如此，汉字固守自己的结构原则，对外来文化与己不合之处有拒收作用。比如，外来的单位量词“瓩”（qiānwǎ）、“浬”（hǎilǐ）、“兛”（qiānkè）等，因为违反了汉字单音节的规律，不久就被清除出去，现在规范写作双音节的“千瓦”“海里”“千克”。

图 1–9　图中标题文字为“图书馆表格用品说明”

1928 年，图书馆学家杜定友创造出“圕”字以代表“图书馆”三个字（见图 1-9），后来传到日本，被简化为〔O口卜〕。无独有偶，“博物馆”三字被写为〔A宀博〕，“兵役学会”四字被写为〔O口兵〕。但是，字虽然是一个，音节却是三个或四个，不符合汉字一字一音的结构特性，所以未被汉字系统接纳。

如果想让这种合体的“词字”（著者在《光明日报》的一篇短文中提出）被汉字系统接受，就必须符合汉字单音节规律，用切音方法拼合为一个音节。例如：“甭”（béng，不用）、“嫑”（biáo，不要）、“孬”（nāo，不好，坏）、“歪”（wāi，不正）、“甮”（fèng，勿用）字等。

汉字字形改变对汉字文化造成负面影响的最集中表现就是 1977 年底发布的《第二次汉字简化方案（草案）》（简称“二简”）。由于该方案公布的简化字，字形简单难看不符合人们的审美观念，字形构件给人的寓意不合乎传统文化精神，引起社会强烈反对。

如“家”简化为〔A宀人〕，“面”简化成〔E一丿口〕，“道”简化为〔G辶刀〕等。

以“人”为家，将“猪”换为人，意思不错，但字形不稳，缺乏美感，且与“灾”字形近，构意不祥，令人难以接受。

“面”字去掉框内笔画后，给人空洞无物、面目全非的感觉，实在是对汉字文化的亵渎。

“道”字将“首”换作“刀”后，有人发问：难道是鼓励人去用“刀子”讲道理吗？更叫人觉得违背常理。

不到半年，国家宣布废除“二简”，汉字文化取得了全面胜利！

汉字的丰富文化信息，可以使我们在书面表达上最为减省，也即以最少的文字表达尽可能多的内容。典型的表现，就是将历史故事、寓言故事凝练成四字成语，从而使汉语变得非常精练而高效，更是有目共睹的事实。

因此，我们既要重视文化对文字的先导作用，也要重视文字对文化的巨大影响，尤其是充满文化内涵的汉字，更要引起我们的重视。

（四）汉字文化是中华文明历久不绝的秘密

世界上有四大文明古国：巴比伦、古埃及、中国、古印度（希腊文明是巴比伦文明和古埃及文明在海上的遇合，波斯［伊朗］文明是巴比伦文明与印度文明在陆地上的遇合，因为皆非原创而排除在四大文明之外），但是，文化一直传承到今天的只有中华文明。

巴比伦文明因为产生在两河（幼发拉底河和底格里斯河）流域，西方称之为美索不达米亚文明，其中心地域就是今天的伊拉克一带，可是在伊拉克很少能看到巴比伦文明的遗迹。

埃及和印度，虽然名字未变，但是一提到它们的历史文化，一般都要加上“古”字，称为“古埃及”“古印度”，以便与现在的埃及、印度区别开来，说明它们与古代文明失却了联系。

唯有中国，古代文明比较完整地保留至今，成为唯一一个不曾灭亡中断、还在继续蓬勃向上的文明，令世人赞叹。

原因是什么？大家都在寻找。

这里给出答案之一，也是重要的答案，就是汉字文化的伟力！

首先，汉字忠实地记录和保存了汉文化，形成了海量的文化典籍。除去这些书册典籍，汉字的字形及结构，也蕴藏了丰富的文化内涵，为中华文化的保存和传承打下了坚实基础。即使字形不断朝简化易写方面发展演变，但始终和以前的文字保持构形和构意的紧密联系，大量汉字都能从字形上追根溯源，保证了文字与文化的不断链。所以，只要汉字不灭，文化就不会中断。几千年来，汉字虽然遇到异族入侵和外来文化冲击，但都有惊无险，从而使中华文脉源远流长，亘古不断。

其次，汉字用文化理念造字，造出来的字都是有文化理据的，易于理解和接受，因而成为一种认可度高、流传地域广的通用文字，极大地利于文化的传播和交流，促进了不同地域人民的融合。从目前发掘出来的文献资料看，春秋战国时期，战国七雄的文字差异不是很大。秦始皇统一文字，其实就是一次文字规范化——异体字整理而已，更使中原域内文字规范统一，从而有效地巩固了国家统一。

秦朝以后，中国大地时统时分，但统一始终是主流，这不能不说有汉字的功劳。对此，西方人士倒是看得很清楚。在中国生活了多年的美国传教士威廉斯（S. Wells Williams）说，一旦废止汉字，用字母来拼写汉语方言，那么中华帝国就会不复存在，中国也许会分裂成许多小国[①]。

最后，汉字形体独特，是最典型的中华文化符号，具有极强的民族认同感。不管天南海北，使用何种方言，只要能看懂汉字，就能交流沟通，就有一家人之感。汉字的神秘伟力，使中华民族始终团结在一起，越来越壮大，成为一个可能暂时被打败但绝不会被消灭的民族，一直屹立于世界的东方。

二、汉字文化学的基本框架

依据上面汉字文化学的基本理论，不难勾勒出汉字文化的基本框架，以明确它作为一门学科的基本任务，从而使它不走弯路，健康地向前发展。

（一）汉字构形是基础和依据

对于汉字的文化研究，必须以汉字字形及其结构作为研究的基础和依

---

① 鲁毅:《汉字——中华文明的历史丰碑》,《光明日报》2007年4月6日，第9版。

据，而不能随意扩大。

一、文化的概念包括的范围很大，如果不加以限制，就会漫无边际，误入文化海洋中而迷失方向。有些名为汉字文化学的书籍，洋洋洒洒，内容十分驳杂，字、词、短语、语言、哲学思想、民俗习惯等都有，却并不都是汉字文化学。

二、汉字的字义也是对文化内容的记载，如果不限定在字形基础上，研究就会偏向字义，成为汉字语义学。有的汉字文化学书籍，只是列举八九十字或二三百字，逐字进行文字字义的基本义、引申义、假借义的演变与阐释，成了变相的字典或辞典。

三、汉字是汉语的记录符号，保存的内容有思想文化，也有语言文化，如果不以字形为基础，汉字文化的研究就会变成汉语文化学研究。有些汉字文化学书籍，举例几乎都是词、短语，有的甚至还有主谓、动宾等语法关系。粗看起来，旁征博引，滔滔不绝，其实说的都是汉语文化，不是汉字文化。

因此，何九盈先生明确指出："汉字文化的研究应严格控制在'字'的层面，以'字'的形、声作为研究对象，而不是以'词'的声、义作为研究对象。"①

这里，一定要明确：汉字文化学必须以汉字（而非汉字构成的词、短语）为对象，以汉字的字形及其结构为依据，挖掘蕴含在字形结构中的文化寓意。任何离开汉字字形的阐释发挥，都是对汉字文化学的背离甚至是歪曲。

（二）汉字构意是汉字文化的主要内涵

汉字文化学，是研究汉字系统构成和汉字字形结构所体现、蕴含的文化内涵的科学。这里的文化内涵是由汉字构意体现的。构意是指字形构造

---

① 何九盈：《汉字文化学（第2版）》，商务印书馆，2016，第42页。

所蕴含的文化寓意，以区别于汉字字义所承载的文化内容。

比如，“王”字，甲骨文为“王”，金文为“王”，小篆为“王”，字形为斧刃向下的斧子。斧是远古时期重要的工具和武器之一，重量大而威猛，所以，象征力量和权威。加之古代王者出行，常有斧钺伴随以宣示权威（见图 1-10），“王秉黄钺正国伯”（《逸周书·世俘解》）、“王左杖黄钺，右秉白旄以麾”（《尚书·牧誓》）。所以，古人以此来指称具有威权的王者。而这个像斧子的字形构造所蕴含的文化寓意，明确表示古代就是以武力称王的。这个文化内容在“王”这个字的义项中没有，却是蕴含在字形的象形构意中，“以武力称王”就是“王”这个汉字的文化内涵。

图 1–10　四川彭泽县东汉斧车画像砖

再如，“军”字，金文为“軍”，小篆为“軍”，繁体楷书为“軍”，简体楷书为“军”。从金文和小篆字形看，描绘的是古代驻军扎营时，用战车围成一圈作军营，展示了古代军营的形态，也突出说明战车在古代对于军队作战的重要性。古代国力（主要是战力）强弱多以战车多少来论。《论语·先进篇》：“千乘之国，摄乎大国之间，加之以师旅，因之以饥馑。”乘，音 shèng，古代称一辆四匹马拉的兵车为一乘。车上甲士 3 人，车下步卒 72 人，后勤人员 25 人，共计 100 人。千乘之国，指拥有千辆战车（约 10 万军队）的国家，属于中等诸侯国。

这里以战车围圈的扎营形态和重视战车作用的文化含义，就是“军”字的字形构意所体现的汉字文化。“军”字的字义，《康熙字典》的解释为：“《周礼·地官》：五师为军。注：万二千五百人。周制：天子六军，诸侯大国三军，次国二军，小国一军。”

可见，字典中的字义，与汉字构形所蕴含的汉字文化意义是不一样的。

（三）构形与构意的有机联系是汉字文化学研究的重点

汉字文化学立足字形结构，分析它的构造意义，挖掘它的文化内涵，其重点应该放在构形与构意的有机联系上。

构形与构意的有机联系，是揭示汉字文化内涵实质的关键，是说明汉字为何这样构形的依据，以帮助我们总结汉字形意的内在规律，把握汉字发展方向。

这里有四个方面需要我们注意。

第一，构形是汉字文化的重要载体，构意要通过构形来体现。离开构形，构意无法立足，无处依附，不能离开构形空谈汉字文化。所以，构形是汉字文化研究的第一对象。

第二，构意是汉字文化的直接体现，没有构意，就没有文化内容，汉字文化学也失去了存在的价值，成为没有灵魂的刻痕、线条。构意，是汉字文化学研究的主要内容，也是研究的目的。

第三，构形与构意，是形式与内容的关系。结构形体是外在的，可见的；而构造意义是内在的，看不见的，要通过构形的直观形象，加上识读者的知识、经验、事理去体悟。构意决定构形，构形反映构意，它们是互为依存、密不可分的统一体的两个方面。

第四，构形与构意的联系是有机的，有规律可循的，但这种关系，显形的少，隐形的多。有的因为字形变化过大，失掉了联系；有的因为社会发展、思想观念变化而赋予了新的联系。既不能凭空臆想，漫无边际，也不能抱残守缺，作茧自缚，要有根有据，合理合情，深入细致地研究挖掘。

（四）汉字文化学须古今文字并重

“止戈为武”是春秋时楚庄王解析汉字的著名事例，发生在公元前615年，可以说是汉字文化的最早运用。只是，这种运用，被一些学者认为是错误的解析而予以否定。何九盈先生即认为“止戈为武”是一种误解。[①]也就是说，“武”是个会意字，甲骨文“武”的“上部是‘戈’（武器），下部是‘止’（脚），有‘戈’有‘止’，表示征伐动武”[②]。如此说来，“武”是动武，而非止武，所以认为楚庄王解析错了。

但是，仔细看“止”字，甲骨文为“”，金文为“”，小篆为“”，楷书为“止”。甲骨文的“止”为象形字，像脚趾向前的脚（只画出了三个脚趾以代表），表示脚是“止”的本义，引申为行走、行动之义；也因为脚可停住不动，所以又引申为“停止”义。《诗经·黄鸟》：“交交黄鸟，止于桑”，是说，交交鸣叫的黄鸟停止飞翔，栖息在桑树上；《韩非子·难势》说“令则行，禁者止”。这两例用的都是“止”的引申义停止、禁止。《诗经》是公元前11世纪至公元前6世纪的诗歌总集，楚庄王解字发生在公元前7世纪初，正是《诗经》时期，说明“止”的引申义“制止”已产生，楚庄王知道这个意思，所以才这样解释。

陈炜湛先生解释说：“大凡会意字，把几个独体的‘文’结合在一起，造成一个新字，‘会’出一种新‘意’，其各个组成部分都是取其本义，而不是用其假借义，‘止戈为武’也不例外。”[③]

贾子炯先生也说：“造字之初，人们是决不会用引申义造会意字的。更不用说把‘武’中的‘止’训为‘止戈为武’的‘止息’了。”[④]

两位先生的解释说法显然理据不足。试看“武”字的组成部分“止”

① 何九盈：《汉字文化学（第2版）》，商务印书馆，2016，第182页。

② 左民安：《细说汉字——1000个汉字的起源与演变》，九州出版社，2005，第284页。

③ 陈炜湛：《“止戈为武”说》，《文字改革》，1983年第6期。

④ 贾子炯：《“止戈为武”辨》，《南都学坛》，1991年第3期。

和“戈”：止为象形，本义为名词“足”，引申为动词义行动、停止、制止；戈也为象形，本义为兵器“戈”，引申为名词义武力、战争。它们在“武”字里用的都是引申义，而非本义。

尽管如此，这种汉字文化本义说，其实就是限制汉字文化学只讲字形构意的本义，不认它的引申义；或者只把汉字文化学研究的文化信息只限定到古文字的本义，不允许超出。

由此，我们看到一些汉字文化学家在这个问题上的划界。其中，说得比较明确的是何九盈先生。他说：“在《汉字文化学的思考》一文中，我提出‘文字古生物学’的概念，以古文字为活化石，用考古学的方法，解读这些‘活化石’所蕴藏的文化信息。”①

何先生的划界，不纠缠于不便界说的本义与引申义，而是以演变的字体为汉字文化学划界——只界于古文字，也就是汉隶之前的甲骨文、金文和小篆。由于篆书对甲骨文形体改变较大，尤其“书同文”的小篆，一些不同的构件被错讹合并，要追寻汉字文化就只能从甲骨文入手。这对于我们今天研究汉字文化学来说，其范围显然就过于狭窄了。

我们知道，属于古文字的甲骨文现在能识读的仅有一千多字，而我们现在使用的通用规范汉字有 8105 个。我们的汉字文化学不能只局限于和甲骨文对应的一千多个汉字。

再比如，“自大一点就‘臭’了”“不上不下‘卡’住了”两句俗话，幽默风趣，很有哲理意味，充满文化内涵。如果把汉字文化学只界定于古文字范围内，这两个汉字的文化意义就不成立了。

“臭”，甲骨文为“”，小篆为“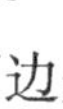”，楷书为“臭”。甲骨文“臭”字为会意字，上部是个大鼻子（自），下边是头朝上的一只狗（犬），会意为狗用特别灵的大鼻子在“嗅”气味，所以本义为嗅闻。因为闻的是气味，所以又指气味。《周易·系辞上》：“二人同心，其利断金；同心之言，

① 何九盈：《汉字文化学（第 2 版）》，商务印书馆，2016，第 134 页。

其臭如兰。”意思就是同心协力的两个人，他们的力量足以把坚硬的金属斩断；同心同德的人说话，给人的感觉就像嗅到兰花的香味。后来，chòu气的chòu无字，因为它是最难闻的气味，就用“臭”表示，如汉仲长统《昌言·理乱》：“三牲（牛、羊、猪）之肉，臭而不可食。”而表示闻气味的“臭”字，加上了口字旁，写成“嗅”。

这与“自大加一点”无任何关系，况且把“犬”解为“大”与“点”根本就错了。至于“卡”，没有对应的甲骨文，所以不能解析了。这样的汉字文化学，估计人们不会接受。

再看北宋神宗的改年号用字：

> 熙宁末年旱，诏议改元。执政初拟“大成”，神宗曰：“不可！‘成’字于文一人负戈。”继又拟“丰亨”，复曰：“不可！‘亨’字为子不成，惟‘丰’字可用。”改“元丰”。[①]

“成”字，甲骨文为“”“”，金文为“”，小篆为“”，楷书为“成”。从甲骨文看，右边是长柄大斧，为武器“戈”；左边一种写法像是一个方形建筑，另一种写法像是一根木状物，有人解释是用以斧劈物的建交仪式表示“成盟”。看金文变化，斧头的下沿与木状物合并变得像个弯钩，与楷书“成”相像，小篆则把这两部分变成像楷书的“个”，这都与“人”无关。许慎《说文解字·戊部》解释为形声字“从戊丁声”，也与人无关。宋神宗却给出了“一人负戈”的解析，竟将变形的部分视作“人”字。即使如此，有人负戈守卫社稷不好吗，他却认为是战乱之兆，所以不予采用。

“亨”字，甲骨文为“”，金文为“”，小篆为“”，楷书为“亨”。三种古文字下部都不是楷书的“了”字，更不是“子”的省笔，而

① 叶梦得：《石林燕语》，中华书局，1984，第5~6页。

神宗却认为是“为子不成”，寓意不祥，不予采用。

宋神宗是无依据地胡乱解析汉字吗？恐怕没人会这样认为，反倒是当时大部分人都持有这种看法，所以宋人笔记才记录下来，以展示宋神宗作为一个帝王的博学多才。显然，宋神宗在这里解析的汉字，是楷书今文字，而不是古文字。

再如汉字简化，11 画的繁体“國”字的简化过程，令人称奇。先是借用太平天国的简化为“王”坐中的“国”，有人说“以王镇国”，表现的是封建王权思想，不好。社会主义国家，人民当家做主，应该简化为“民”字坐中的“囻”。又有人说，该字与“囚”字类似，有不尊重人民之嫌。怎么办？学者们讨论的结果是以“王”字加点的“玉”字居于其中，表示国家应该有美玉宝藏才富裕安泰，于是改为美玉之“国”。不难看出，这里面有丰富的汉字文化，但是并不能从古文字字源分析得出。

不用烦琐举例，依据今文字尤其是楷书字形解析汉字文化意义，决定用字取舍的例子更是比比皆是。这就要求我们，也要把眼光同时放在近现代的今文字身上。

所以，我们认为，汉字文化学既要以古汉字为研究对象，以挖掘它的字源文化及其演变；也要以近现代汉字为研究对象，挖掘它的现代文化，以更好地为现代生活服务。

（五）汉字文化学的研究包括宏观和微观两方面

汉字文化学的研究对象，分为宏观和微观两个方面。

宏观方面，主要研究汉字作为一种文化存在，它本身的文化特质和规律，它与其他文化的关联与影响；汉字文化学的兴起和发展、沉浮与振兴，以揭示汉字文化学的发展规律，以便更加审慎地制定和推行正确稳健的语言文字国策，确保汉字更好地服务于中华文化和民族振兴，避免盲目恢复繁体字和过度简化汉字，甚至消灭汉字以拼音取而代之的悲剧出现。这对我们中华文化源远流长、中华民族复兴壮大是至关重要的。

微观方面，主要是研究汉字构形与构意的关系，由此产生的文化内容及其发展演化，“以字证史”，“以字说理”，“以字论事”，依此验证中华文化的源远流长和博大精深，进一步丰富文化表达；同时，揭示汉字作为一种特殊文字系统的文化特点及其发展演化规律，汉字形意关系及其演化规律，推进汉字现代化，更好地发挥其传承文化、凝聚民族向心力的作用。

（六）研究方法必须是理性的、实证的

汉字文化学的研究是一门专业学科，必须讲求科学。这样的研究成果才有科学价值，也才有指导意义。

社会生活、风俗习惯、观念意识、文化宗教、语言、国策等变化影响和地域差异、书写工具和材质变化等，都会使汉字在构形上发生这样或那样的变异，导致构形与构意发生不一致的变化，其文化意义的解读就比较困难。如果缺乏科学态度和求是精神，就会导致一些人仅凭臆想或漫无边际的推测，去探究文化意蕴，产生出令人匪夷所思的奇谈怪论。像前面介绍的汉字文化乱解现象，就是如此。

这里着重提出两条，一是理性，二是实证。

所谓理性，就是科学，严谨，有理有据。对汉字的文化阐释必须建立在科学的基础之上，要遵循汉字的发展规律和文化的发展规律，不能无根据地想象和猜测。

所谓实证，就是不合通识的说法和新的见解要有例证，包括物证、事证和书证。书证，古今书籍都可以。例证多自然好，因为古文字资料欠缺，所以孤证勉强也行，但无证绝不能立新说。

三、汉字文化学的定义

关于汉字文化学的定义，北京大学何九盈先生有两个说法。

一是 1990 年发表于《北京大学学报》第 6 期《简论汉字文化学》中

的说法:“汉字文化学是一门以汉字为核心的多边缘交叉学科。”二是在《汉字文化学》一书中提出的说法:汉字文化学“是‘汉字文化’之‘学’,而不是‘汉字’加‘文化学’”,“从汉字体系看,汉字文化学是汉字学的一个分支。所以,‘汉字文化学’也可以转换为另一种结构形式(文化/汉字学)……‘汉字文化学’与‘文化汉字学’在内容上无实质性的区分。”①

这两种说法,作为一门学科来说,其定义过于抽象简括。第一种说法,很简略,是一种难以言明的模糊说法,第二种只是不同侧面的概念变换,不好作为定义。

这说明,目前对汉字文化学的研究亟待深入,尤其是明确“汉字文化学”具体概念、汉字文化学的学科定位、汉字文化学的研究范围、汉字文化学的研究意义等,显得十分重要。

汉字文化学的多边缘交叉特点,使其与其他学科不易划清分界。最易混淆的就是汉字学与汉语文化学。从名词术语来说,三者不同,但在实际理解和运用中往往搅在一起,是典型的“剪不断理还乱”。

汉字文化学与汉字学,对象都在汉字层面,但“汉字文化学”的内涵比“汉字学”的内涵大,相应它的外延就比“汉字学”小,所以,汉字文化学不等于汉字学,它只是汉字学的一个分支。

汉字文化学与汉语文化学,差别就在“字”(文字)和“语”(语言)上,因为它们不在一个层面,应该是容易区分的,但在实际论述上最易相混。因为汉字文化,要用词语表达,而词语就属于语言层面。所以,难以避开语言。

汉字文化学作为一门学科,就必须有意识地避免语言的干扰,方法就是以汉字的形体结构为核心,研究汉字形体结构所蕴含的文化意义,而非汉字的字义,甚至词义。

---

① 何九盈:《汉字文化学(第2版)》,商务印书馆,2016,第38页。

实际上，不少汉字，不必查字典，看到字形，就知道大概的意义及其所蕴含的文化，汉字文化指的就是汉字的这种因形见意的文化。比如，钔、氖、榛、砷四字，虽然不查字典不知其意，但一看字形，就会大体知道，“钔”是金属元素；“氖”是非金属元素，一种气体；“榛”是一种植物，木本之类；“砷”为非金属，矿物。这里通过字形感知的文化意义，就是汉字文化。

还有，不少汉字文化只蕴藏在字形结构上，在字义、词义中看不到。比如，“妻”字，构形蕴含抢婚习俗意义；“瘦”字，构形蕴含瘦是病态不健康的观念意义；“衣”字，构形蕴含圆领右衽华夏服饰的意义；等等。这些蕴含意义，在字典中字的义项中是没有的。这是典型的汉字文化内容，是需要我们深入挖掘的真正意义上的汉字文化。

北京师范大学王宁在《〈说文解字〉与汉字学》一书中，从宏观和微观两个角度对汉字文化学的内容和任务做了概括：“这种研究（按：指汉字文化学的研究）有两方面的意义：一方面是从文化的角度看汉字，用文化的眼光来观察汉字、解释汉字。例如，对汉字构形依层次两两拼合的格局形成的文化原因的探讨；对汉字构形模式形成的文化原因的探讨等等。另一方面，是对汉字在构形中所携带的文化信息的分析，这种分析既有对个体字符的分析，又有对总体系统的分析。”①

简言之，汉字文化学有宏观和微观两个角度：宏观的，汉字本身就是一个文化存在，从大文化的角度来探讨它与其他文化项的关系；微观的是把汉字字形及其系统作为文化的载体，来探讨它的构形所蕴含的文化信息。显然，微观的汉字文化学，就是狭义的汉字文化学，是我们研究的重心所在。

综上所述，我们对汉字文化学提出一个初步定义：

汉字文化学是一门以汉字构形及其系统为对象、以汉字构形与构意的

① 王宁：《〈说文解字〉与汉字学》，河南人民出版社，1994，第5页。

关系所蕴含的文化内容为研究核心的学科。

这个定义有四层意思：

一是明确汉字文化学的研究对象，是汉字构形系统。我们知道，汉字构成有形、音、义三个方面，形是看得见的字形，音是听得见的字音，义是字义。字义由声音表达，由语境区分。其中，音、义是记录语言的，如果以研究音、义为核心，必然就是语言学了；而形、音、义全面研究，就是汉字学。这里立足于汉字，以其字形构成系统为对象，就把汉字文化学与汉字学、汉语学和汉语文化学区分开了。

二是明确汉字文化学的研究核心，是汉字文化。如何理解这个汉字文化，就要注意“汉字文化学”这个词的结构层次，它是“汉字文化 / 学”，而非“汉字 / 文化学”，因为汉字本身就是文化，必须以文化的眼光看汉字，以文化的角度研究汉字，出发点和落脚点都在汉字文化上，而非单纯的字形上，以防止与汉字字形学相混。

三是这里的汉字文化指字形结构所蕴含的文化意义，不是字典、词典中罗列的字义、词义。当然，这个意义有的在字义中存在，一般是本义，在字典、词典中能看到，但有不少在字义中不存在，不能直接看到，只蕴藏于字形结构中，需要分析得出，这就是它们的区别。比如表 1-4 所列，可明确它们的不同。

表 1–4　字义、词义和汉字文化义的区别

小篆	楷体	字义、词义	汉字文化义
	衣	衣服	圆领右衽的上衣
	男	男性（跟女相对）	常在田间耕作的有力气的人
	妇（婦）	妇女（跟男人相对）	以打扫等家务为主的人
	武	军事的（与文相对）	止戈为武

四是汉字文化包括两个方面，一个是微观的字形结构与结构造意（简称形意）关系的文化，一个是宏观的汉字系统文化，包括字用文化，即汉字使用的心理、习惯等文化。他们相互关联，形成汉字文化大观，充盈在我们生活的方方面面，鲜明地昭示着独特的汉字文化。本书所提出的这个定义，主要是针对我们研究的重心——微观的汉字文化学而言。

四、汉字文化学的分类

根据以上对汉字文化学基本理论与基本框架的构建，不难看出，目前关于汉字文化内涵，也有宏观与微观之说。

宏观的汉字文化，指一切与汉字有关联的文化内容与文化现象，既包括汉字所承载记录的文化，也包括汉字系统所体现、所蕴藏、所关联的文化。

微观的汉字文化，是指以汉字为唯一对象的文化，大致有四个方面：

一是汉字作为一种文化存在，其本身就是文化。它的起源与发展，它作为文字的自身的特质与特点，它与其他文字的联系与区别，影响与借鉴等，都是文化。

二是汉字符号系统所呈现的文化。比如横竖撇捺的笔画、二维平面结构、“六书”构形表意体系，等等。

三是因为使用汉字而产生的文化。因为使用汉字，就相应产生了建立在汉字基础之上的应用文化和艺术文化，比如对联、书法艺术、字谜、测字等。

四是汉字形体结构所蕴含的文化。汉字，以意定形，以形表意，以形寓意，揭示其构形所蕴含的构意（文化意义），就是汉字文化学的主要内容，名家所谓“汉字是文化活化石”“每一个汉字就是一部文化史”，指的就是这个意思。因而，它是汉字文化学的重中之重，重心所在。

宏观汉字文化学与微观汉字文化学的关系及内涵，见表 1-5。

表 1-5　宏观汉字文化学与微观汉字文化学的关系及内涵

<table>
<tr><th>类属</th><th colspan="2">内涵</th><th>类属</th></tr>
<tr><td rowspan="2">宏观汉字文化学</td><td colspan="2">一切与汉字有关联的文化内容与文化现象。</td><td></td></tr>
<tr><td>以汉字为唯一对象的文化</td><td>一、汉字本身就是一种文化。
二、汉字符号系统所呈现的文化。
三、因为使用汉字而产生的应用文化和艺术文化。
四、汉字形体结构所蕴含的文化（重心）。</td><td>微观汉字文化学</td></tr>
</table>

除了宏观、微观之分，依据研究对象——汉字的字体，可以把汉字文化学再分为古文字文化学和今文字文化学。古文字包括甲骨文、金文和篆书，今文字指隶书、楷书、草书。古文字文化学，重在汉字造意，也就是字源意义的探究；今文字文化学，则以现代汉字字形——楷书为依据，重在汉字现代文化的研究，具有很高的字用价值和现实意义。

第四节　汉字文化学的意义

一、重新认识和评价汉字，给汉字应有的文化和历史地位

每年的 2 月 21 日，是国际母语日。据世界银行 2020 年公布的数据，汉语是世界上使用人数（14.3 亿）最多的语言，如果以母语而论，普通话为母语的有 9.1 亿人，也是世界第一。说普通话，就要用汉字，汉字就成为世界上使用人数最多的文字。而且，汉字是自源文字，产生后一直使用到现在，不像有的文字被中断、被变造、被消灭，这也是世界奇迹。

就是这样独一无二、强大的文字，却多次遭到中外知名人士的诟病。因为落后，遭到坚船利炮打开国门而怪罪汉字，欲消灭之；又因电脑出现，说汉字无法信息化而非难之。

现在，中国越来越强大，汉字也没有成为信息化的障碍，虽然打倒汉字的声音没有了，但正确认识和重新评价汉字，发挥汉字对文化、对现代化的巨大功用，尚需我们继续努力。

汉字文化学的建立，开创了汉字文化研究的新局面，有利于清除对汉字的陋见和误解，重新认识和科学评价汉字，还汉字以崇高的文化和历史地位。

目前，汉字文化热的出现，使人们对汉字的优越性有了新的认识：汉字是形意文字，区分度高；汉字表意丰富，常用汉字量少，易学易记；汉字阅读值高，抗错性强；世界文字中，汉字的信息量最大。

日本语言学家山木宪在《中国文字之将来》一文中高度评价说："中国文字，至便至利；欧美文字，至不便至不利者也。中国文字，将来必遍布于宇内。"①

二、科学认知汉字，消除汉字书写与阐释乱象

汉字文化学以字形结构为对象，以构形与构意的关系为核心，研究其构形、构意的规律及其所蕴含的文化内容，有助于人们科学地认知汉字，知道汉字为什么会有这样的构形，为什么要这样写，知其然并知其所以然，当然就不会乱写、乱解释了。

比如，"武"字，不少人容易多写一撇成为错字，你要纠正他，说"武"字不带"刀"（即丿），他顶嘴说："武不带刀，如何动武？"如果你用字源文化给他讲：

"武"字由"止"（脚）、"戈"构成。"戈"的刀头在上部，"戈"字带有一撇。而"武"字，有带刀的（武），也有不带刀的，以不带刀的多见，

① 山木宪：《中国文字之将来》，杜亚泉译，《东方杂志》1911年第8卷第1期。

而且“武”字右边的“戈”，把丿移到头上去了，再在下面带刀，既重复，又与左边“止”的横提有冲突，字形也不美，所以就把重复带撇的“武”字作为异体字排除了，以不带撇的“武”字为正体字。

如此，相信他以后就不会再写错了。

再比如，“鱼”字是象形字，通过汉字文化学的字源文化可知，繁体“魚”字下面四点是鱼鳍（qí）和鱼尾的简化，这样就不会少写一点成三点，更不会错了还文过饰非，不懂装懂地胡乱解释（如前面所举替康熙皇帝题写错字曲意圆说）而闹笑话。

三、立足汉字文化，正确推进汉字的规范化、简化和定型化

2019年2月18日，“普通话水平测试”“中国播音主持网”等微信公众号的一篇题为《播音员主持人请注意，这些字词的拼音被改了！》的文章刷屏，引发舆论热议。

文章写道：“乡音无改鬓毛衰，‘衰’在诗中本读cuī，教科书上的注音是shuāi；远上寒山石径斜，‘斜’在诗中本读xiá，教科书上的注音是xié；一骑红尘妃子笑，‘骑’在诗中本读jì，新版教科书上的注音是qí……”

类似的还有不少。比如，“说客”的“说”，原来读shuì，但现在规定读shuō，另外还有“说（shuì）服”现在规定读“说（shuō）服”。又比如，“确凿（zuò）”现改为“确凿（záo）”；“呆（ái）板”也改为“呆（dāi）板”。

有网友以古代诗人的身份戏言：“我老人家费尽心思完成的押韵，好不容易成了千古名句，就这么被改了？”应该说，不仅仅千年前的诗人想不通，恐怕从小学习古诗词的广大国人也难以接受。

教育部迅速回应称，作为国家标准的《普通话异读词审音表》（简称

《审音表》）2016 年做出修订，现处于征求意见阶段，最终稿尚未公布，还应以原读音为准。

这些汉字读音的变化，引起了社会不同层面的高度关注，说明语言文字无小事。那么，再联系到一些政协委员恢复繁体汉字的提案，汉字要不要继续简化？或者不再改了，赶快定形——这些问题，不是简单出个方案就行了，必须符合国人的汉字文化观念。

相信汉字文化学的深入研究，能帮助有关汉字规范、简化、定型方面的工作比以往做得更好，更能让大众愉快接受。

四、使汉字青春永驻，更好地服务中华民族和全人类

汉字，从它发明之早（公元前 4000 多年）、使用之久（一直用到现在）、使用人数之众（14.3 亿，世界第一）、记写的文化典籍之多（中华古籍数量世界第一）、艺术之独特（冠绝全球的书法艺术）、生命力之旺盛（古代社会、现代社会、信息智能社会皆适用）而论，世界上其他任何文字都无法比拟。汉字，是中国人的伟大发明，是中国对人类的重大贡献。

所以，学好用好汉字，保护好汉字，让它青春永驻，长盛不衰，是我们全体中国人责无旁贷的重大任务，更是光荣无比的任务。

完成这一重大任务的最有效方法，就是深入细致地研究汉字文化学，揭示它的文化实质和特点、规律，发挥它的优点，弥补它的不足，使它更好地为中华民族和全人类服务。

第二章　汉字产生的文化理据

中国文化有一个显著特征，就是非常重视“名”，这个名，指名义、名分。中国人讲究做任何事情，都要有一个正当的名分、正当的理由。孔子曰：“必也正名乎？名不正则言不顺，言不顺则事不成。”（《论语·子路篇第十三》）做事之前一定要有一个正当的名分（理由），如果名分不正当，理由不充分，说话就不会理直气壮，言语不顺畅，就会不服众，想做的事就会办不成。

作为有人文教化之功的汉字，自然不会“师出无名”，率意而为。如果条分缕析，就会发现我们的汉字笔笔皆有道理、字字都有来历，东汉文字学家许慎的《说文解字》即是明证。他总共解析了 9353 个汉字，总结出了汉字结构“六书”理论，揭示了汉字产生的文化理据。他是第一位系统地从汉字文化角度分析解释汉字的文字学家，只是由于时代局限，未能提出汉字文化概念，仅就字形结构而言，范围不免狭窄了些。为此，本书从思想文化、思维方式、审美意识三大方面予以论述，以弥补不足。

第一节　思想文化理据

关于汉字的产生，许慎在《说文解字》中提出了四个来源：观象于天，观法于地，近取诸身，远取诸物。这说明，先民首先是认识人身之外的世界，观察事物形态，发现物事原理，进行思考总结，形成要按事物形状、物事原理描画成字的思想观念，自然就创制了源于物象、源于事理、源于观念的文字。

一、源于物象

源于物象的文字，最开始是文字画，文字画进一步简化，保留物象的轮廓和特征，经过线条化向符号化的转变，成为象形字。象形字因为象形，便于识记，自然就成了初始文字的主流。据有关统计，《说文解字》源于物象的象形字有448个。这种统计依据了文字学家唐兰先生的观点，即为了与指事、会意、形声等合体字区分，象形字只限于独体字。象形字大体可分为三种：

一是整体象形。即与物象整体相像，应该有的部分基本具备，犹如简笔画。举例见表2-1。

表2–1　整体象形例字

甲骨文	楷体（繁）	甲骨文	楷体（繁）
	馬		龜
	鹿		虎

二是轮廓象形。即省去细节，取物象轮廓。举例见表2-2。

表2–2　轮廓象形例字

甲骨文	楷体（繁）	甲骨文	楷体（繁）
	犬		木
	鳥		山

三是特征象形。即省去大部分，保留物象有区别性的特征部分。举例见表 2-3。

表 2-3　特征象形例字

甲骨文	楷体（繁）	甲骨文	楷体（繁）
	人		手
	牛		羊

整体象形，是象形字早期阶段，被称为图画文字。轮廓象形是过渡阶段，说明造字思维在进步。特征象形，则是抽象归类思维的反映，说明了认识在提高，文化积累在跃进。这就为源于事理的文字的产生提供了条件。

二、源于事理

事理要靠发现和总结，也要靠文化知识的积累和提高。先民发现行为、动作、事态能反映一定的事理，于是就把几个象形字组合起来表达他们所认识的事理。如：

：“盥”字，甲骨文用手、水点、盆三个象形部件来表示手在水盆里洗这个事，让人明白是在盥洗。

：“孝”字，甲骨文用长发老者手扶小儿头的象形字组合，表示儿子或孙子搀扶孝顺老人。

：“教”字，甲骨文用算筹（计算数字用的小棍，四根代表多根）、小儿和手执棍子（类似今天的教鞭）三个象形部件组合，表示大人手持棍子教导小孩儿用算筹学习算数。这也是“教”字的本义。

：“学”字，甲骨文用双手、四根算筹、房屋、小儿四个象形字组

合，上部突出双手和算筹，说明是算数，下部表示小孩儿在屋里学习算数。整个字表示学习。

这个类型的字，许慎《说文解字》归于会意字。之所以能会意，就是因为合乎事理，才能通过生活经验领会体悟出来。

三、源于观念

意识观念是思想的产物，是文化积淀的结晶。源于思想观念的字不易从几个象形部件会意出来，所以往往会有不同看法。如：

：“祖”字，甲骨文字形为“且”。郭沫若解释为“男根的象形”，是对男性祖先生殖功绩的崇拜（著者认为是灵堂摆放的祭祀祖先的灵牌象形）。后来金文又给左边加上了“示”（祭祀）字，表示对祖先要像神灵一样祭祀敬拜，以得到祖先的护佑，这就是先民的祖宗崇拜观念。

：“福”字，金文左边是“示”（祭祀）字，右边是大酒坛，表示用大坛美酒祭祀神灵以求福。先民认为神灵左右人间福祸，所以要敬拜神灵以祈福免祸。

：“魂”字，小篆右边为鬼，左边为云。这是先民典型的鬼魂观念，认为人死变鬼，灵魂飘出肉体，像云气一样游荡，所以“魂”字从鬼从云。

：“安”字，甲骨文写作女子在房屋中，解释者说古代野兽多，柔弱的女子在室内才安全；也有解释者说，家中有女人，男子在外劳作才心安。这两种解释都能说通，是古人保护柔弱女性观念的具体反映。

：“思”字，小篆上部是“囟”（xìn）门（婴儿出生后，头顶骨未合缝处，与心脏同步跳动），下部是心脏。这说明古人认为人的思维由头脑和心主宰，就按此认识和观念造出这个会意字。所以，大部分与思维和心理活动有关的字几乎都带有“心”字偏旁，如“想、念、虑、忘、意、怀、忆”等。后来科学发展告诉我们，思考在大脑而不在心脏，但汉字文

化的这个观念却因汉字而传承下来了，我们知道它是先民的思想观念。

第二节　思维方式理据

美国语言学家萨丕尔说：“语言，作为一种结构来看，它的内面是思维的模式。”① 文字是语言的记录，它的内面自然也体现出思维的模式。形意密切关联的汉字，是汉民族文化心理和思维方式的直接体现。这种思维方式，单从汉字生成来看，可分为三种：直观形象思维、抽象类化思维、特征区别思维。

一、直观形象思维

直观形象思维，也就是一般常言的直觉思维，它不经过逻辑推理、思考分析，而是睹物面事，直接体认，以物象、事象直接洞察事物，直观地表达对外界事物的认识和内心的感受，给人以直截了当之感。

许慎在《说文解字·叙》中说：“仓颉之初作书也，盖依类象形，故谓之文。”这些象形的“文”单独成字，不用教，一看就明白，成了首批基础汉字，大部分做了构字部件，使汉字成为直观如画的象形字。

这种直观形象思维具有整体性，即从整体（或外观）上去把握体悟，不管细节和内部。这也就为特征取象和轮廓取象开了方便之门。

前面源于物象的三种象形类型，就是直观形象思维的例证。尽管轮廓象形、特征象形，有了一定的抽象归纳，但主要还是象形的，直观的，性质并未变。

这里要清楚的是，象形字是整个汉字系统的基础。尽管许慎在象形之

---

① 爱德华·萨丕尔：《语言论（第2版）》，陆卓元译，商务印书馆，1985，第19页。

外还分有指事、会意、形声，但它们都是用象形的“文”作为部件来组合成合体的“字”。可见，直观形象思维对汉字影响之大。

这里再举一个特殊的例字，就是“日”字，甲骨文为日头的圆形，中间还有一黑点。这黑点是什么，古人不知道，只是观察日头，发现日头中有黑影，不假思索就直观描画下来。现在有人说，可能是中国先民发现了太阳黑子活动。此话虽然离奇，不能不说，直观形象思维有将事物真实面貌流传后世的好处，使它具有记录原始物象的“化石”特点，所以，人们才说汉字是历史文化的活化石。

二、抽象类化思维

仅有直观形象思维不行，还要有抽象思维，才能从根本上认识和把握事物的本质，使人类在林林总总的大千世界面前获得更多的自由。

汉字产生过程中，先民善于总结归纳，从整体上去把握，不管细枝末节。比如“木”，木本植物种类繁多，形状各不相同，先民虽然描画物形，但没有把不同树木的形象都描画成字，只从树木整体形状上把握它们都有的树枝、树干、树根，描画出来，形成“木”字，以表示树木类，具体是什么树木就不管了。大量的象形字，都是抽象归类后描画成字形的。

“鸟”指鸟类，具体是乌鸦、喜鹊、麻雀还是什么别的鸟，不知道；“马”指马类，具体白马、黑马、蒙古马还是什么别的马，不知道；“房”指房屋类，具体是草房、木头房还是土坯房等，不知道。

这种思维方式，有利于以简御繁，用较少的字形就可以反映万事万物。这应当说是汉字的一大特点。所以，许慎《说文解字》中只有448个象形字，成为基本字。有了这448个基本字，就可以完成最基本的交流了。就是现代汉字，根据国家出版局抽样统计，汉字中最常用字560个，常用字807个，次常用字1033个。三者合计2400个，占一般书刊用字的99%。所以，小学生如果认识2400个常用字就能正常阅读理解文字书籍，这与字母文字动辄几万的词语相比，其优越性不止十倍百倍。

更为令人叫绝的是，先民将基本字再类化为“偏旁”，表达更为抽象的类型意义，成为构字部件，使字的产生更简单、更有理据，也更能产。这就是用象形字作构字部件，通过指事、会意、形声的办法产生大量合体字。在《说文解字》所收录的 9353 个汉字中，除了 448 个象形字，其余 8905 字都是通过类化偏旁（如许慎的 540 部首）与其他字符组成的合体字，占到总字数的 95.2%，可见类化偏旁的巨大作用。举例见表 2-4。

表 2-4　类化偏旁及其合体字

类化偏旁	合体字
人（亻）	从、体、他、休、作、信、仕、像……
言（讠）	信、说、话、语、训、读、谏、询……
金（钅）	铜、铁、锡、铅、钟、锁、钱、锈……
木（木）	林、树、桃、李、杏、杖、杆、棒……
水（氵）	淼、江、河、湖、海、溪、流、浪……
火（灬）	炎、烧、烘、烤、热、蒸、煮、烹……
土（土）	垚、尘、地、坤、垄、场、城、墙……

三、特征区别思维

人类的思维方式从不同的角度看，有不同的类型。比如：

根据思维的创新性程度分，有常规思维、创造性思维；

根据思维的指向性分，有聚合思维和发散思维；

根据思维的逻辑性分，有直觉思维（凭直觉，无思维）和分析思维；

根据思维的凭借物分，有具体形象思维、直观动作思维（盘指头数数、用算筹计算）和抽象逻辑思维。

这里依据汉字构形，可以观察到一种特殊思维，应该归属到抽象逻辑思维。但不同的是，它没有抽象逻辑思维的缜密，只要取其有区别性的特征，能将其与别的事物区别开来即可，不再细究，所以拟称为“特征区别思维”，且把它独立为一种方式。

例如“木”“本”“末”三字，就是紧扣物事特征，用一个符号来指明这种特征性区别，从而通过一个象形字分化出两个表达其他意义的字。“木”是树木，树木的根部是树木成活和生长的根本，所以在“木”字下部加上特征区别符号“—”，表示根本、基本的“本”字就造出来了。树木的上部顶端，是树梢、枝叶，就在“木”字上部枝叶下面加上特征区别符号“—”，表示树梢的末梢，“末”字就造出来了。

再如“上”“下”“中”三字，就是抓位置特征以明区别，用一个符号来表明不同位置：甲骨文 ，长横画表示一物体，在此物体上面加上指示位置的符号“—”，即为“上”字；同理，在此物体下面加上指示位置的符号“—”，即为“下”字。“中”字的甲骨文为 ，在一个上下都有飘带的旌旗中部，加上指示位置的符号方框，凸显所指是中部。

许慎所说的指事字，都有运用区别特征的特点，可以归入这一类。

第三节　审美意识理据

汉字构形具有强烈的审美意识，这也就是人们看到汉字，觉得它有说不出来的美感，给人以视觉冲击的原因。仔细分析，我们可以总结为四个方面：字体端庄方正美，结构均衡稳定美，笔画参差变化美，构意高雅正善美。

一、字体端庄方正美

汉字从甲骨文开始，就呈现方正之美。只是，由于刻写工具与刻写材质（龟甲兽骨）的硬度影响，不够整齐。金文因为铸造在青铜器上，线条较粗，带有圆转，但总体具有方形特点。小篆经李斯整理，整齐划一，方正味道渐趋浓厚，属于长方。汉隶简化，字形扁平，到楷书定型，汉字成为方方正正的“方块字”。方块字，大小一律，高低一样，有平等公平的寓意；笔画横平竖直，给人以端庄方正之美。写字要端正，做人要端正，字如其人，人如其字，就是汉字字体美学和文化内涵的典型表达。

1997 年春节联欢晚会上，由曲波作词、戚建波作曲、解晓东演唱的歌曲《中国娃》，唱出了人们喜爱方块汉字的民族心理：

童声：
姓啥从那百家姓里查
祖籍在那黄土高坡大槐树底下
家住东方神州又名叫华夏
走到天边不改名咱叫中国娃

解晓东演唱：
最爱喝的水呀永远是黄河水
给咱一身太阳色能把那雪融化
最爱吃的菜是那小葱拌豆腐
一清二白清清白白做人不掺假
最爱穿的鞋是妈妈纳的千层底
站得稳走得正踏踏实实闯天下
最爱说的话呀永远是中国话
字正腔圆落地有声说话最算话
最爱写的字是先生教的方块字
横平竖直堂堂正正做人也像它
最爱做的事儿呀是报答咱妈妈
走遍天涯心不改永远爱中华
有志的中国娃

正因为汉字崇尚端庄方正之美，所以拒绝圆弧笔画和非方块字。历史上，汉字家族曾经有过圆弧笔画的非方块字，比如：㊀，音日，大；⊙，同“㊀”；㊁，同“㊀”；乜⃝，同“月”；㊅，同“㊀”（见《中华字海》口部[①]）等；还有武则天所造的两个圆形汉字乙⃝（日）、〇（星）。这些字都已成为死字，被历史淘汰，说明汉字系统是拒绝非方块字的。

二、结构均衡稳定美

汉字不论笔画多少，不论是独体字还是合体字，都讲究笔画繁收简放、疏密均衡、左右迎让、上下一体，重心居中，匀称平稳。

“人”“大”“义”等字，笔画少，所以放大撑满；

“富”“国”“繁”等字，笔画多，所以收缩内敛；

“林”“明”等字，左让右（左收右放是常态，最多左右平分［如“朋、能”］）；

“袁”“堂”“吕”等字，上下中心对齐，才能上下一体，重心不偏。

为了字形美，有些字故意省掉部分笔画，然后重新组合，举例见表 2-5。

表 2–5 省声字和省形字

例字	形旁	声旁	类型
炊	火	欠（吹）	省声（作声旁的字省略部分构件）
珊	玉	册（删）	
亭	〔高 – 口〕	丁（亭）	省形（作形旁的字省略部分构件）
考	耂（老 – 匕）	丂（考）	

表中例字的前两字的声旁省掉了部分构件，许慎称之为“省声”；后两字的形旁省掉了部分构件，许慎称之为“省形”。如果不省，“吹”字要

① 冷玉龙，韦一心等：《中华字海》，中华书局，1994，第 431 ~ 432 页。

写成“炊”，“珊”字要写成“

”，“亭”字要写成“亭”，“考”字要写成“耇”，笔画过多，结构叠床架屋，写出来字形不美观。省掉以后，字形简洁美观，结构也匀称。据统计，《说文解字》中，有这样的省声字 287 个，省形字 136 个，两者共 423 个。

三、笔画参差变化美

参差变化之美，主要体现在笔画的变形上。一是作偏旁的构件，笔画要调整变形，多数体现在末捺变点、末横变提和草书楷化变形方面，以使构成的字和谐美观。举例见表 2-6。

表 2–6　偏旁变形方式及例字

偏旁	变形	变形方式	例字
木	朩	末笔捺变点	林、树、桃、杖、杆、棒
土	𡈼	末笔横变提	垚、地、坤、场、城、墙
金	钅	草书楷化	铜、铁、锡、钟、锁、钱
人	亻		体、他、休、信、仕、像
言	讠		说、话、语、训、读、谏
水	氵		江、河、湖、海、溪、浪
火	灬		热、蒸、煮、煎、熟、照

二是在一个整字中“捺不重笔”，一般都是将第二个捺改为点，使字的笔画不重复而富于变化，整字结构协调匀称，体现和谐之美。如“茶”“泰”“捺”“余”等字。

四、构意高雅正善美

前三种主要从字形角度分析，第四种主要着眼于字形构意。中国人的审美意识很强烈，字形要美，构意要好，要通达吉祥，这在写字用字上表现得很突出。这里有四个典型的事例，足以说明中国人在文字意蕴上对高雅正善的审美追求。

（一）秦始皇选字自称“朕”

第一人称代词，在春秋战国时期的文献中有五个，即“朕”“我”“吾”“予”“余”，一般人都可以拿来自称。秦统一天下后，要体现皇权的尊贵与威严，皇帝的自称就不能和一般人一样，要独尊独享，就要从这五个字中挑选出来一个作为皇帝的专用自称。臣下们通过字形分析，挖掘字形所蕴含的寓意，以选择正善美的字做皇帝自称用。先看这五个字的字形演变：

第一个“朕”字为会意字。甲骨文是左边为一小舟，右边是双手持篙，会意为撑船。金文与甲骨文相同。篆文承接金文，将左边的小舟复杂化，延伸出了船头；将右边的双手举篙讹变为“火”字，又在其下加上双手。隶变时将左边“舟”讹变为形近的“月”字，右边上下连为一体，楷书整齐化写作“朕”。

从造意看，“朕”字本义当为双手持篙撑船。后借为第一人称代词，表示“我”，如屈原《离骚》：“帝高阳之苗裔兮，朕皇考曰伯庸。”古代不论贵贱皆可自称朕。

秦始皇的臣下们经过对“朕”字与其他四个字的分析研究，然后上奏皇帝：“臣等昧死上尊号，王为‘泰皇’，命为‘制’，令为‘诏’，天子自称曰‘朕’。”（《史记·秦始皇本纪》）

司马迁没有记载臣下们建议用“朕”字作为皇帝自称专用字的理由，但我们通过分析其他四个字的字形构意所蕴含的文化寓意，也能知道个大概。

“我”字，甲骨文为长杆刀具，金文和篆书繁化，右边为“戈”，像是执戟之士，带杀伐之意，不是皇帝所为，也不吉利；“吾”字，甲骨文、金文、篆书都是“五”+“口”，有五口纷乱之意，令出多人，也不能体现皇帝独尊；“予”字，甲骨文、篆书有顶对交错之形，隶变后与戈矛的“矛”字形相近，同“我”字带“戈”一样都有兵戈杀伐之象，很不吉利；“余”字，甲骨文有构木为巢、人悬树上之象，极不安稳，更不能作为富有天下、江山万代的皇帝自称。唯“朕”字，构形为双手持篙撑船，寓意为掌舵人，皇帝就是操控国家这条大船的舵手，所以用作帝王专称自然恰当。因此“臣等昧死上尊号”，秦始皇自然就允准了。

（二）隋文帝改国号用字

南唐文字训诂学家徐锴（徐铉之弟，世称“小徐”）在《说文解字系传》[①] 一书中，批评了隋文帝杨坚改国号用字。隋文帝本来封国为“随”，

① 徐锴：《说文解字系传》，《四部丛刊》本，上海商务印书馆，1922，第 323 页。

他即位后建立的朝代自然就是“随朝”。考虑到“随”字有构件“辶”（辵chuò）字，他担心自己的王朝将会因此动荡不稳，便令去掉“随”字的构件“辶”，改国号“随”字为“隋”字。字改了，隋朝最终未稳住，只存在了38年。徐锴说“辶”（辵chuò）为安步之意却随便丢弃了，竟用了大不祥的意为裂肉的“隋”，所以批评隋文帝不学无术。批评归批评，隋文帝对汉字构形与构意的善美追求，正是汉字文化重视审美的体现。

（三）刘半农发明“她”字

刘半农是新文化运动初期重要作家、著名诗人和语言学家，1920年赴英国伦敦大学留学。诗人远离祖国，思念亲人，写下了感情深沉的诗《情歌》，后来改为《教我如何不想她》。1926年语言学家赵元任将此诗谱曲，使之广为流传。这首诗轰动一时有一个很大的原因，就是刘半农在诗中创造了代表女性的“她”字[①]。因为之前汉字中的“他”字，本无男女性别之分。刘半农认为西文“Ta”有性别之分，汉语没有，不够明确，在使用中不知指男性还是女性，于是大胆仿照男“他”字造出女“她”字（会意字，女也）。这个字起初遭到一些人强烈反对，但不久得到社会广泛认可。有人还说，这是刘半农对汉字的最大贡献，超过了他的诗文影响。鲁迅当年也觉得需要给女性找个字，就在文章中用“伊”，却未得到认可。他后来肯定刘半农“她”字的创造是打了一次“大仗”[②]。

天上飘着些微云，
地上吹着些微风。
啊！
微风吹动了我的头发，

---

① 其实，这个“她”字早在1500多年前的《玉篇》中就有了。《康熙字典》标点本191页有“她《玉篇》：古文姐字”。但是刘半农并不知道，比拟“他”字新造，胡适、鲁迅、林语堂、周扬等人也认为刘半农是新造。

② 鲁迅《忆刘半农君》：“他活泼，勇敢，很打了几次大仗。譬如罢，答王敬轩的双簧信，‘她’和‘牠’字的创造，就都是的。”

教我如何不想她？

月光恋爱着海洋，
海洋恋爱着月光。
啊！
这般蜜也似的银夜。
教我如何不想她？

水面落花慢慢流，
水底鱼儿慢慢游。
啊！
燕子你说些什么话？
教我如何不想她？

枯树在冷风里摇，
野火在暮色中烧。
啊！
西天还有些儿残霞，
教我如何不想她？

（四）二简字半途夭折

1977年12月中国文字改革委员会发布的《第二次汉字简化方案（草案）》遭到社会强烈反对，于1986年6月被国务院批准废止，其最大原因，就是简化后的字形不美，构意不雅，有违传统道德。

比如，道理的“道”字改成〔G辶刀〕，俗称“刀子坐船”，有人说是在鼓励人拿刀子去讲道理；面子的“面”简化为〔E一丿口〕，去掉了方框中间的两竖两横，成为没有眉眼的肉饼，面目全非，给人丢了大面子；展示的“展”成了〔F尸一〕，极不平稳不说，给人感觉是一具尸体横陈，令人恐惧。

这一切说明，汉字审美非常重要。构形和构意不美的汉字，没人喜欢。

第三章　汉字的文化属性

汉字的文化属性，主要讨论汉字的性质，即从汉字文化学看它到底是什么文字？目前见到的说法多样，如“象形文字”“拼形文字”“表意文字”“形声字”“意音文字”“二维文字”等，各种说法都有一定道理，也有不足，需要我们深入地加以辨析。

第一节　汉字属性常见表述

一、象形文字

汉字是象形文字，这是多数人的说法，也得到大多数人的认可。但是，按照许慎的分类，448 个象形文字只占他所解说的 9353 个汉字的 5%，这么小的比列，能说汉字是象形文字吗？

再如，典型的象形字“木”“艸”，它们像树木、小草吗？换作甲骨文看看，甲骨文字，它是像树木，还是像禾苗或像草，说不准；六书通字，又像竹子，又像林木，就是不像草。

如果与埃及圣书字（见图 3-1）相比，就很难说汉字是象形文字了。

较为准确的说法是：汉字中有一小部分是象形字，或者说汉字是半象形文字或准象形文字。但这不是缺点，而是优点，它有利于汉字摆脱象形的束缚，向符号化发展，从而成为真正的文字。而埃及圣书字过于象形，束缚了古埃及人的手脚，也限制了他们的想象力，终而不能摆脱象形，发展为符号化文字。

图 3–1　埃及圣书字

二、表意文字

说汉字是表意文字，是大多数人的看法，目的在于以此将汉字与表音的字母文字区别开来。

其实，任何文字，都是表意的。文字只是书写形式，如果不表示意义，那就失去了文字存在的价值。我们清楚看到，字母文字借助语言的声音来表达意义，汉字借助不同的构形来表达意义。从这个角度说，西方的字母文字、我们的方块汉字都是表意（记载字义）文字。所以，把汉字定性为表意文字，既不能与其他文字区别开来，也不能突出汉字的独特属性。

再从汉字实际的“表意”功能来看，大致有三种情况：

一是不表意。如“珊”“瑚”，单独的字无意义，合成双音词“珊瑚”才表意。这类字在语言中称“联绵词”，构词的单个汉字都不表意。谢纪锋编著的《汉语联绵词词典》[①]，共收录古汉语联绵词 6000 条左右，涉及大量汉字，说它们是表意的显然站不住脚。

① 谢纪锋:《汉语联绵词词典》，外语教学与研究出版社，2011。

二是即使表意，也只是抽象的类别义。如“人”（非具体的男人、女人、大人、小孩）、“马”（非白马、黑马、骏马、羸马等具体的马）、“木”（非松木、榆木、桃木、柳木等具体的树木）等。所以，要知道字的具体意义，还需查阅字典、词典，必要时还得借助上下文语言环境才行。

三是既然是表意文字，就应该有意义就有相应的字。而实际上，有音义而无字的现象比比皆是，这也说明汉字并非完全的表意文字。在现实生活中，我们常常有一些意思“难以言表”，无法用文字表达。

比如，著名电影演员成龙说的表示影视加特技意思的“duàng”，用拼音可以写出来，用表意汉字写不出来。网友便造了一个〔B成龙〕𫝼、㡣，这样的字肯定是不会被接受的。

方言在这方面显得尤为突出，口里在说，意思都明白，只是不知道咋写，所以就五花八门地乱写。如陕西方言：

1. 制搭：这里，这儿。

2. 卧搭：那里，那儿。

3. 啊达：哪里？

4. 难场：困难，不容易办的。

5. 婵合（chanhuo）：事情很合适，日子美满、很舒服。

6. 瞀（mú）乱：不舒服、不适，思绪烦乱。

7. 马卡：差劲。

8. 木囊：行动迟缓、浪费时间的行为。

9. 列远：一边去，离远点。

10.〔H（E十日〈H久不〉）見〕（niá，也可以读ni’ai）：人家，别人，他人。

11. 灾拐：坏蛋。

12. 圪蹴（jiu）哈（ha）：蹲下。

13. 让人：损人，讽刺。

14. 叵烦：不耐烦，纠结。

15．哈怂：坏人，淘气。

16．批杆：训斥时使用，表示说了不该说的话。

17．黠（ha）：坏，狡诈，精。

18．倭（wó）也：舒服，漂亮，满意，整洁。“倭也死了”就是“舒服死了”。

19．个蚤：跳蚤。

20．㧟（shá）：头。“我的㧟疼”就是“我的头疼”。

21．沟子：屁股。

22．垢圿（gòujia）：身上的污垢。

23．抶（die）：打。

24．招识：理会。

这里所列举的 24 个方言词语用字，基本上是同音借用，能被人们认同的恐怕不多。原因是借用的同音字基本上“字不达意”，也即字不表意。所以，说汉字是表意文字的说法也值得进一步探讨。最多，也就是半表意（准表意）文字。

三、意音文字

由于许慎汉字六书中“形声字”的影响，加之形声字已占 80% 以上的事实，所以不少人认为汉字是形声兼表的意音文字，即既表意又表音。表意前面说过了，这个功能因为多表抽象类属而过于弱化。在形声字中，表意功能绝大部分由形符承担，但形符只是更为抽象的意义类别，无法让我们知道具体的意义，所以表意功能更为弱化。

而声符，问题更多。

一是拿不表音的汉字作表音的声符，本身就勉强，所以有不少字表音不准确。如：“台”音 tái，有“青苔”“轮胎”，但“百战不殆”（殆 dài，危险，几乎）、心旷神怡（怡 yí，和悦，愉快）中的“台”音就大不一样了。

二是语音随时代变化而字形相对稳定，造成不能表音。有人统计，占现代通用汉字80%多的形声字中，仅有40%的声符能起到表音作用，60%的已无法表音了，如“江”“河”、“桃”“眺”、“移”“侈”、“鸽”“给”“盒”、“格”“客”“貉”“络”等，这就是“秀才识字读半边”，导致错读大量出现的原因。

三是声符用来表音，还常受字义影响，表现在外国人名地名音译时，就要谨慎用字。例如，“萨姆大叔”就不能译作“杀母大叔”，“威斯康星”也不能写作“畏死扛腥”。

正如王宁教授所说：“汉字的声符从本质上不是用来标音，没有指读字音的功能。由于方言的差异，构字所采用的声符不论在哪个地区，都不可能与所构字绝对同音，大部分只能近似。由于语音的演变，声符与所构汉字之间的声音联系有的已经距离很远，大部分也只能近似。汉字的声符要起的作用只是在义符表示的意义类别范围内，区别出文字表示的个体事物。”①

综上所述，我们不认为汉字是意音文字。

四、拼形文字

相对于拼音文字，有人认为汉字是拼形文字。这倒也抓住了汉字突出的形体特点，尤其是大量的合体字，都是独体形体的拼（组）合。拼合的方式大的可分为两种，同体拼合与异体拼合。同体拼合有双拼、三拼以至多拼的。

同体双拼合：林、朋、炎、多、吕、出、从、双、昌、艸、龖（dá）等。

① 王宁：《汉字构形学导论》，商务印书馆，2015，第115页。

同体三拼合：森、犇（bēn，奔）、淼（miǎo）、鑫、品、骉（biāo，多马奔跑的样子）、焱、龘（dá，形容群龙腾飞的样子）、畾（léi）、晶、唱（chēng，古人名用字）、瞐（mò，美目，目光深邃）、掱（pá，扒手）、叒（ruò，古同“若”，一指“顺”，一指“若木”）、芔（huì，古同“卉”）等。

同体四拼合：燚（yì，火燃貌）、㵘（màn，水大貌）、朤（lǎng，古同“朗”）、靐（bèng，雷声）、叕（zhuó，连缀）、茻（mǎng，众草）等。

大量的是异体拼合，以双拼合（汉、频、安、英）、三拼合（树、谢、章、意）为主，也有四拼合（赢、雹、懿）以上的。

但是，“拼形”的说法，有很大的缺陷：一是汉字的“形”数量众多，光就作为构字部件的偏旁形符多者达504个（《说文解字》），少者也有201个（《新华字典》），拼合的方法十分复杂，无法类似于拼音的音素那样规律严整的拼合；二是只看见形，而忽视形所蕴含的意，更无法说明拼合的道理。

因此，不能简单地说汉字是拼形文字。

第二节　汉字是形意文字

汉字虽然有象形文字的渊源，但它符号化后，就不是或者不能用象形文字给它定性了。汉字也不能单纯定义为表意文字，因为凡是文字，都要表意，否则就没有存在的价值。如此说来，世界各种文字，都是表意文字。用它单指汉字，显然不妥当。即便是所谓的表音文字，其实并非“表音”，而是记录语音，目的不在表音，而是借音表意。所以，称字母文字为表音文字亦不妥当，更不能说汉字为表意文字了。汉字也不是意音兼表的文字，因为文字首要的是“形”，无形，“音”或“意”都无所寄托，而相对于其他文字而言，汉字的“形”更为重要。但是，将汉字仅定义为拼形文字也不妥，因为字形虽然重要，它也只是为了记录语言的词义，为表意服务的。汉字的特点是“以意定形，以形表意”，无形则无意。

所以，我们认为，基于对汉字文化属性的深入认识，应该定义汉字为形意文字。

第一，汉字最大的特点是它的形体。这个二维的方块形体，将它与一维的线性字母文字区别开来。汉字博大精深的内容和丰富的文化，凭借二维结构的字形得以保存和传承。没有这种独特的汉字二维字形，就没有汉字，更遑论字音、字义。

第二，由于汉字有变化多样的二维形体，组合出大量区别性强、富有美感和深意的汉字，使汉字成为能跨越时空、适应时代发展的、最具活力的文字系统。

第三，汉字二维方块形体是语言艺术（对联、字谜）和独特的富有审美情趣的书法艺术得以生长发展的基础，是汉字文化的主要载体。

第四，汉字是中国人、中华文化的精神图腾。只要一看到汉字形体，不管认识不认识，会读不会读，意思明白不明白，就能立刻知道，这是中华文化的，是中国人的。尤其是在异域他国，只要在标牌上看到汉字，哪怕只有一两个，故乡感、亲切感就会油然而生。

第五，我们对汉字的认、读、听、说、写，除了听、说外，都是与字形打交道。所以，字形的确很重要。

但是，汉字不是唯形文字。

第一，字形只是它的外表，相对于承载的内容，字形只是“形式”。没有内容的形式，毫无价值。字典中有大量“死去”的汉字，就是因为其承载的内容已经过时或无可稽考了。所以，相对于形式，内容更重要，形式因内容而存在，是为内容服务的。

第二，汉字的形因意而来，最大特点是“据意成形”。这也就是汉字文化之所以成为一门学科的根本缘由。“砼”字的来历就是明证。

“砼”字，形声兼会意字，声旁“仝”（tóng）兼表“人工”之意，整个字意指“混凝土”。“混凝土”通常指水泥、沙、石子和水按一定比例拌和后硬化而成的建筑材料。因为混凝土硬化后同石头一样坚硬，相当于人工制造的石头，所以，字形构成为“人”+“工”+“石”，意即“人工石”。这是典型的“据意成形”汉字。因为该字笔画简洁，仅有10笔，比“混凝土”三字共30笔减省多了，且字形简美，会意确切，符合汉字六书原理，受到社会欢迎和肯定。一经造出，便迅速流传开来。

这个“砼”字是蔡方荫①1953年造出的。1955年，中国科学院编译出版委员会名词室，在审定《结构工程名词》一书中，明确推荐“砼”与“混凝土”一词并用。1985年，中国文字改革委员会正式批准了“砼”与“混凝土”同义、并用的法定地位，使之成为我国“工程专用字”。

有趣的是，有人按此字构造原理，又发明出“〔H钅仝〕”，意为“钢筋混凝土”，但未得到社会大众和国家的承认。为什么呢？因为“混凝土”就是人工石，而“〔H钅仝〕”不是人工金属，它还是混凝土，不过其中加了几根钢筋而已，并未改变非金属“石头”的性质，所以没能得到承认。由此可见，汉字造形必须“据意成形”，“以意定形”的原则是不可违拗的。

再如一些异体字（圆括号内为舍掉的异体字）的取舍，虽有从简的原则，但关键还是立足其构形是否准确地蕴含或反映意义：

插（揷）:《说文解字·手部》:“插，刺肉也。从手，从臿（chā）。”本义为刺入，扎进。异体“揷”字，右边一竖扎透了，表意不准，所以选定只表示“插入”“扎进”的“插”为规范正体字。

肛（疘）：即肛门，指人和多数哺乳动物消化管道的最末端，粪便排泄口。“肛”字从肉月旁“月”，表示属于肌体部分，从表意上看是准确

---

① 蔡方荫（1901—1963），江西南昌人，土木建筑结构专家。

的。而异体字“疘”从疒字旁“疒”，文化含义为“疘”是病态体，显然是不正确的。但《王力古汉语字典》曰：“疘，gāng（旧读 gōng）古红切，平，东韵，见。后起字。病名，脱肛。见《广韵·东韵》。”指明“疘”仅指脱肛，确实是一种病，则“疘”字从“疒”字旁是对的。那么，“疘”就不是“肛”的异体字了，应是各有所指。但在 1955 年 12 月由文化部和文改会联合发布的《第一批异体字整理表》中，把“疘”列为“肛”的异体字，规范掉了。原因很简单，“肛”是常态，“疘”是非常态，可以用“脱肛”来表达，使文字更加简洁准确。

耕（畊）：形声兼会意字。《说文解字·耒部》：“耕，犁也。从耒，井声。”“耒”（lěi）即耒耜，古代耕地用的农具。“井”声，也兼表井田之意。因为“耕”表动作，少了耒耜就不行，所以采用用耒耜耕犁井田的“耕”字作为正体字形；而把仅表示名物的“畊”作为异体字形废弃了。

冒（冐）：会意兼形声字。《说文解字·冃部》曰：“冒，冡（蒙）而前也。从冃，从目。”本义为帽（因为“冒”被借用表示“冒出”后，就加“巾”指“帽”子），戴在头上。正面看，“冃”（mào，古同“帽”）下面就是“目”（眼睛），构形准确反映构意，所以，“冒”为正体字形；而“冃”下为“月”（肉月）的“冐”就因为构形不能准确反映构意而被作为异体字形废弃了。

果（菓）：象形字，树上结有大果实。异体字“菓”又加上了表示草木类别的草字头，属于画蛇添足，表意不如“果”字准确，以意定形，确定“果”字为正体。

第三，汉字文化最终体现在构形所蕴含的构意上，也就是文化内涵上。构意如果与构形失联，或者从构形上反映不出来，也就无所谓汉字文化。因此，构意相对于构形来说，更为重要。

综上所述，构形与构意，就是汉字文化不可或缺的两个方面。构形是构意的载体，无构形则构意无所寄托，难以存在。构意又是构形成立的依据和目的，无构意的构形不仅难以成立，即使成立也毫无存在的价值。它们就像树叶的两面密不可分；又像肉体与灵魂一样互为依存。所以，我们认为，形、意才是汉字的关键，汉字的属性是形意文字。

由汉字的形意文字的特点出发，世界上的文字可以分为两类：一个是音意文字，即通过记录语言的声音，借音表意，如以前讲的“拼音文字”或“表音文字”，其基本单位是字母，成形单位是音节，线性一维结构，横行排列，基本语言单位是词；一个是形意文字，其基本单位是构件，成形单位是字，平面方块二维结构，横竖行均可排列，基本语言单位是词。

这两类不同的文字，各有各的长短，它们将固守自己的传统，各按自己的历史文化轨道发展。它们来自于自己的民族文化，以为自己的民族文化发展为使命。除非其民族被融合或被消亡，他们的文字才会被融合或被消亡。否则，它们将随同自己的民族文化存在而存在、发展而发展，绝不会放弃自己的文化传统而变成另一种所谓“世界共同的文字”。音意文字不会发展为形意文字，形意文字也绝不会发展为音意文字，它们是两条不同轨道上的列车。所以世界上不存在一个共同的文字方向，因为民族和文化都不相同。只有世界民族和文化走向大同，全世界只有一个共同的民族，共同的文化，文字才会走向大同而统一为一种文字，否则，“世界共同的文字”就只能是一种美丽的空想。

第四章　汉字形体流变及特点

汉字形体流变，就是汉字书写形体的演变。从商代到秦末，是古文字阶段，小篆是古文字的终结。汉隶是今文字的开端，到汉末魏晋出现楷书，文字形体完成定型，迄今无有大的变化，表现出极大的稳定性。这一过程，既是文字自身发展规律的体现，也是文化与汉字形体演变互相作用的结果。

第一节　汉字形体流变的两大阶段

汉字形体流变有两大阶段：古文字阶段和今文字阶段，其形体也就分为两大类型：古文字与今文字。古文字的特点是有图画意味，以象形为特征；今文字则摆脱象形束缚，由线条发展成笔画，以符号化为特征。

这里，先对古文字的几种字体称呼进行统一。传统认为，古文字指甲骨文、金文、篆书，这当然不错，但叫法值得商榷。甲骨文、金文是从书写材料甲骨、青铜金属材质着眼的，篆书又是从书写方式着眼的，显得紊乱。不如都从书写方式角度定名，所以，本书将古文字的类型分为两种：一是“契书”，以契刻为主要书写方式，也就是在龟甲、兽骨上用刀刻写的甲骨文；二是“篆书”，篆（zhuàn），本义指运笔书写，线条以圆转为特征。虽然，我们见到的篆书多是铸刻在青铜金属上（称“金文”）和凿刻在石鼓石碑上（又合称“金石文”），但在铸刻之前都要用笔书写，线条圆转，字形长条，叫“篆书”名副其实。而且，这样一来，字体的叫法就统一了，即契书、篆书、隶书、楷书、行书、草书。

一、古文字

古文字，包括契书和篆书两大类，以秦末李斯小篆为终结。

（一）契书（甲骨文）

契书，指刻写在龟甲兽骨上的文字，所以又称“甲骨文”。因为主要记载占卜内容，所以又称“甲骨卜辞”。清光绪二十五年（1899），国子监祭酒王懿荣发现，被人们当作治病药材的龟甲残片上刻有类似文字的符号。这些类似文字的符号就是契书（甲骨文）。这些龟甲出土的地点是殷墟，今天的河南安阳小屯村。经过陆续发掘，目前甲骨残片已有10多万片，统计出的不同字符有5000多个，已经辨识出来的有1700多个。从所记载的内容看，它是商朝的文化产物，距今约3600多年。它是目前发现的中国最早的自成体系的文字。

商朝人十分迷信，无论何事，都要事先占卜，预测吉凶后，决定是否行动和如何行动。尤其是王室，设有专门进行占筮的巫、史、祝、卜等文化官员，如表4-1所列。

表4-1 商朝占筮官员及职能表

官职	职能
巫	掌管天文、历算、医术等典册，负责占筮、维护历法、用干支记日等。殷朝名医有巫咸。
史	在王左右掌握祭祀和记事的官员，有大史、小史、西史、东史、作册等名称。西周的史官则有太史、内史、左史、右史之分。太史掌管起草文书、编写史书，兼管国家典籍、天文历法、祭祀等；内史掌管著作简册；左史记事；右史书言。史官是典型的文化官员。
祝	王室中在祭祀时负责向鬼神致告的人。
卜	负责占卜的官员。甲骨文中又称为“贞人”。贞卜不仅是预测学家，更是甲骨文的刻写者。

这种对天地、神鬼、祖先的崇拜，在周朝成为礼仪制度，列为“五礼”之首（以吉礼敬鬼神，以凶礼哀邦国，以宾礼亲宾客，以军礼诛不虔，以嘉礼合姻好），可见其地位之高。秦始皇后来焚书，明确卜筮之书不在焚烧之列，足见其重要。

占卜的方法，司马迁《史记·龟策列传》有较为详细的记载。大致是：在占卜之前，先把龟甲和牛肩胛骨打磨整齐，然后在甲骨的背面钻出圆形的深窝或小洞（称钻龟），之后把要问的事情向鬼神祷告述说清楚，再将其投入火中烧灼，在听到龟甲发出“噗噗”（卜卜）的爆裂声后取出甲骨，就会在甲骨钻洞的部位看到裂纹。占卜者根据裂纹的长短、多少、粗细、曲直、隐显等情况，来判断事情的吉凶。事后对重大的和有结果应验的占卜，便用刀子将其内容和结果刻在卜兆的近处，就形成卜辞。表4-2是一条完整卜辞的结构内容（多数卜辞不完整）。

表 4–2　卜辞的结构内容

卜辞结构	解　释	例　句
叙辞	又称前辞，占卜的时间和地点。	癸亥卜，争。
命辞	又称贞辞，问卜的内容。	贞旬无祸。
占辞	问卜完后所下的判断。	王占曰，有祟五日。
验辞	占卜之事后应验的记录。	丁未，在敦执羌。
见《甲骨文合集释文》00139反：“癸亥卜，争，贞旬无祸，王占曰，有祟五日，丁未，在敦执羌。”[①] 白话大意为：癸卯日亥时占卜，占卜者为争，占断旬日内有无祸患。（经争钻龟烧灼后），商王占断说：“五天内有坏事。”结果于癸卯日后的第五天丁未日，在敦地捉住了烧粮仓的羌人。		

记录卜辞的甲骨文字形（见图4-1）特点有：

① 胡厚宣主编《甲骨文合集释文》，中国社会科学出版社，1999，第00139号反片（1）。

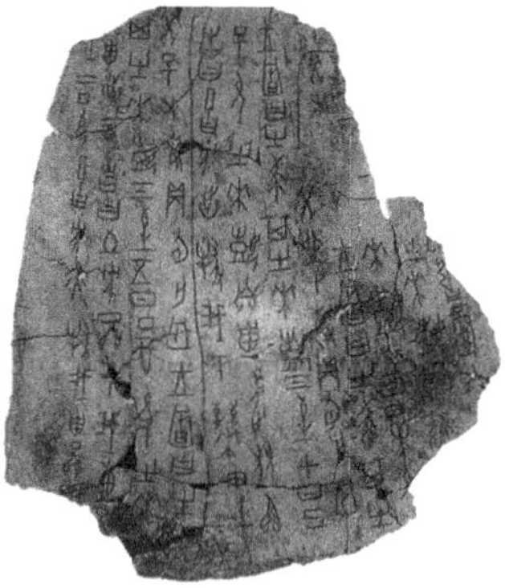

图 4–1　甲骨卜辞

一、线条细瘦、转向硬折，这与刀刻和坚硬的龟甲兽骨有关；

二、字形保留原始图画文字特点，象形性较强；

三、结构方式自由多样，字形不固定（“龟”字可正面、侧面；“臣”字可右向、左向；“帝”字可正、可反；“上帝”可合写；“车”字有繁、有简，等等）；

四、假借字多，如十天干和十二地支都是假借而来的；

五、文字体系基本形成，汉字“六书”结构原则均有体现。有研究说，形声字已占 20% 多。

（二）篆书

《说文解字・竹部》：“篆，引书也。”段玉裁注：“引书者，引笔而著于竹帛也。因之李斯所作曰篆书，而谓史籀所作曰大篆，既又谓篆书曰小篆。”从段注可见，“篆”不专指一种字体，包括大篆和小篆，单说“篆”，通常指称小篆。因为古代印章多用篆书，所以又代指印章。

1. 大篆

广义的大篆指秦朝之前的甲骨文、金文、籀文、六国（齐、楚、燕、赵、韩、魏）古文，狭义的大篆指铸刻在青铜器上的铭文（金文）和刻写在石鼓上的籀文（石鼓文）。

（1）金文

金文，铸刻在古代青铜器上的文字。古代铜颜色类金，属金属类，所以也称“金”，其上的铭文就称“金文”。又因为青铜器主要是钟、鼎等礼器，文字多铸造在钟、鼎上（见图 4-2），所以又称“钟鼎文”。

金文稍晚于甲骨文，流行于商代至秦统一中国前。其字体属于籀书，也称古籀。内容多为祀典、赐命、诏书、征战、围猎、盟约等事件的记录。商代的铭文较短，最长的 40 字左右。周代铭文较长，如周康王时小盂鼎有 400 多字，最长的周宣王时的毛公鼎达 497 字。

据容庚《金文编》记载，目前有金文 3722 个，已识别 2420 个。

图 4–2　钟鼎文

（2）石鼓文

隋唐之际，在天兴县（今宝鸡凤翔）发现了 10 个鼓形石碣，每个上面都刻有一首诗，被称为“石鼓文”，为籀文今存的代表。籀文因见于《史籀篇》而得名，亦称大篆。

铸刻在钟鼎和石鼓上的大篆（见图 4-3），其特点是线条较粗壮，转角圆浑，结构日益整齐固定，字形趋繁。

图 4–3　石鼓文

2．小篆

秦始皇统一六国，实行“书同文”，丞相李斯作《仓颉篇》，中车府令赵高作《爰历篇》，太史胡毋敬作《博学篇》，“皆取史籀大篆，或颇省改，所谓小篆者也。”（许慎《说文解字·叙》）。因为李斯写得多，刻石也多，李斯被尊为小篆鼻祖。

小篆（见图 4-4）的特点是：线条清细，圆转均衡，字形简化，整齐规范。

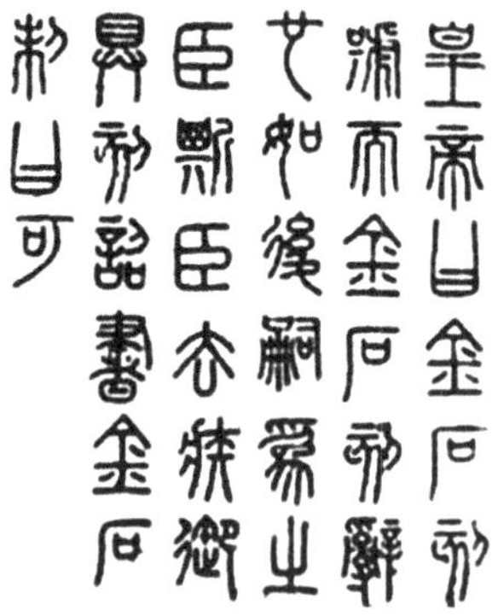

图 4–4　小篆

二、今文字

（一）隶书

隶书，又称汉隶，是西汉中晚期在秦隶（带有篆书特点的隶书，又称古隶）的基础上发展和成熟起来的新型字体。隶书宣布了古文字的终结，现代新文字的开始。而且，隶变之后，汉字形体结构基本定型。

隶书变化特点：

一、形体变化，将篆书的圆转线条变为方折笔画，字形显得扁平方正，象形意味消失。举例见表 4-3。

表 4–3　篆书与隶书对照表（一）

篆书	隶书	楷书
	日	日
	月	月
	水	水

续表

篆书	隶书	楷书
火	火	火
馬	馬	马
牛	牛	牛
衣	衣	衣
犬	犬	犬

二、结构简化，分化与归并了篆书的偏旁，字体简明清秀。举例见表 4-4。

表 4–4　篆书与隶书对照表（二）

篆书	隶书	楷书
靁	雷	雷
書	書	书
屈	屈	屈
秊	秊	年
辵	辵	辶
阜	阜	阝（左）
邑	邑	阝（右）

三、结构位置固定，同偏旁位置不同就是不同的字，不像篆书结构位

置有一定自由。举例见表 4-5。

表 4–5　篆书与隶书对照表（三）

篆书	隶书	楷书
吴	吴	吴
吞	吞	吞
邑	邑	邑
吧	吧	吧
帛	帛	帛
帕	帕	帕
员	员	员
呗	呗	呗

四、偏旁变化较大，不同部件形体趋同，严重符号化，使不少汉字的形意失联。举例见表 4-6。

表 4–6　篆书形旁变化表

篆书	隶书	楷书	形旁		位置
春	春	春	艸屯合体	统一为春字头	上部
秦	秦	秦	双手掐谷穗		
泰	泰	泰	人与双手		
奏	奏	奏	双手聚树木		
奉	奉	奉	双手举礼品		

续表

篆书	隶书	楷书	形旁		位置
	然	然	火	统一为灬字底	底部
	烹	烹	火		
	熊	熊	熊爪		
	魚	魚	鱼鳍、尾		

巨大的变化，使汉字终于摆脱象形束缚，完成符号化（见图 4-5、图 4-6），成为真正意义上的文字（记录语言的符号系统）。

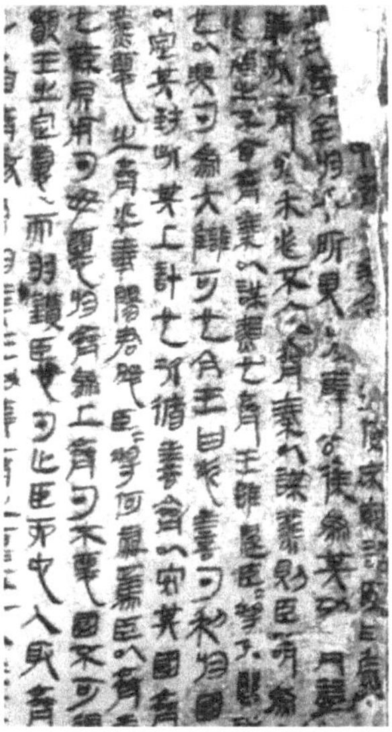

图 4-5　马王堆汉墓帛书《战国纵横家书》（部分）

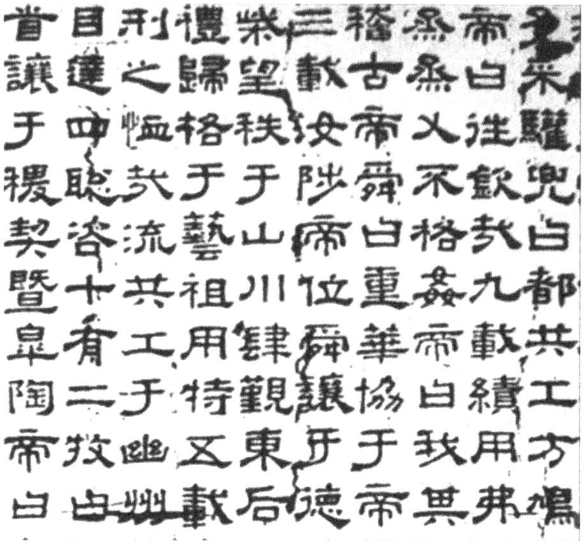

图 4-6　石经《尚书》拓片

（二）草书、楷书、行书

1. 草书

《说文解字·叙》："汉兴，有草书。"草书，就是写得草率、快速的字体。唐代书法家张怀瓘《书断》:“(草书)存字之梗概，损隶之规矩，纵任奔逸，赴俗急就，因草创之意，谓之草书。”草书有章草（见图 4-7)、今草（见图 4-8)、狂草（见图 4-9）之分（见表 4-7)。

表 4-7　章草、今草和狂草区别表

草书类别	来历	特点	时代
章草	由隶书快写而来	既有隶书形体扁平笔画波磔的特点，又有草书笔画牵连、连绵借让的特点，但字字区别，不相连接。接近行草。因东汉《急就章》的“章”得名，又说用于急就奏章，故称章草。	起于西汉，盛于东汉。
今草	由章草简化而来	脱去隶书笔画行迹，字与字笔画牵连，偏旁部首简化互借，为现今通行的草书，又称“一笔书”。	始于汉末，流行于今。
狂草	比今草更趋简化	又名“大草”，笔画减省太多，字字连绵不断，难以辨认，其审美价值远超使用价值。代表者为张旭、怀素。	盛于唐代，流行于今。

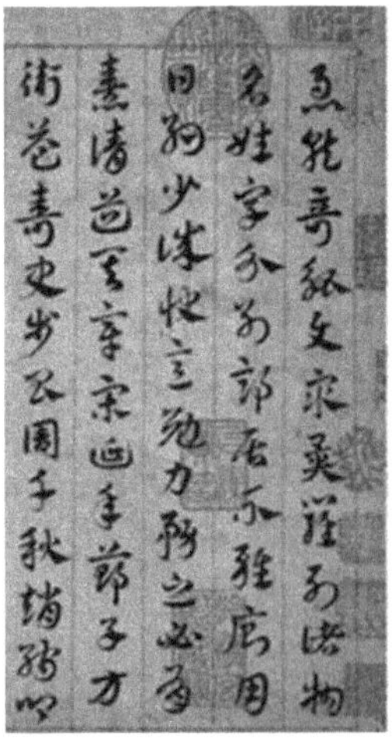

图 4–7　史游章草

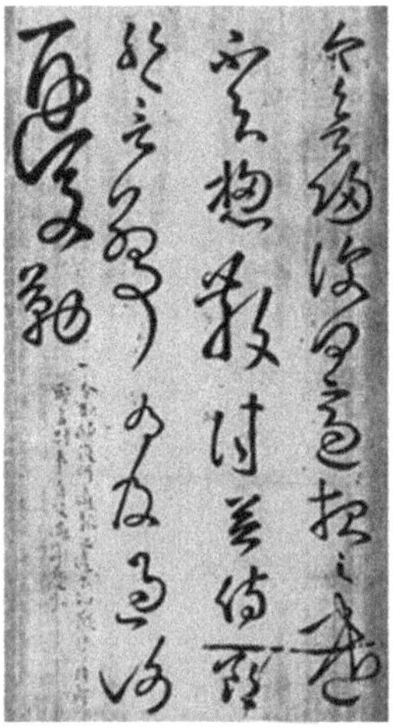

图 4–8　张芝今草

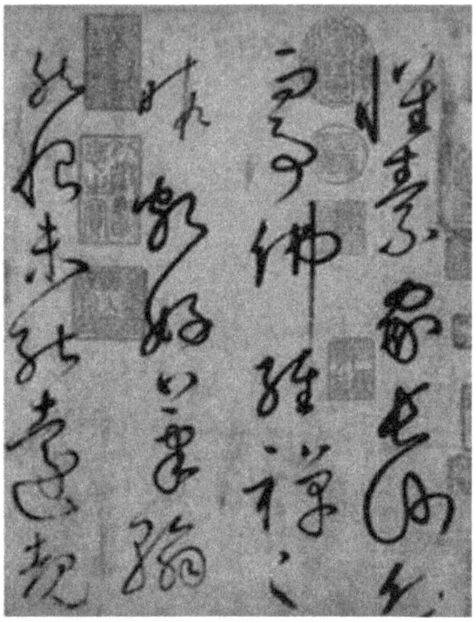

图 4–9　怀素狂草

草书发展到张旭狂草，就丧失了实用价值。用笔任性，随意连写，一笔到底。怀素，更加奔放，书写进入迷醉疯狂状态，所写之内容，醒后亦不识。北宋诗僧惠洪《冷斋夜话》卷九记载："张丞相好草书……一日得句，索笔疾书，满纸龙蛇飞动。使侄录之，当波险处，侄惘然而止，执所书问曰'此何字也？'丞相熟视久之，亦不自识。诟其侄曰：'胡不早问，致予忘之。'"自己刚写的居然也认不出来了。

2. 楷书

楷书，又名"真书""正书""正楷"，其"形体方正，笔画平直，可作楷模"①，是普遍应用的正规字体。

楷书萌芽于秦汉，发展于魏晋南北朝，繁荣于隋唐五代，守成于宋元明清。

楷书与汉隶相比，其特点结构形体基本不变，主要变化笔形：

（1）改隶书的横笔尾端上挑为收锋：王、奉（隶）→王、奉（楷）；

（2）改隶书的卷波为尖斜向下的撇：大、反（隶）→大、反（楷）；

（3）改隶书的慢弯上挑为横直钩：元、虎（隶）→元、虎（楷）；

（4）改隶书的竖笔无钩为竖直钩：子、手（隶）→子、手（楷）；

（5）改隶书的扁方字形为长方字形。

楷书的类别（见表4-8，图4-10、图4-11、图4-12）：

表4-8　小楷、大楷和榜书区别表

楷书类别	特点	代表及用途
小楷	楷书之小者，一寸以下，甚之更小者称蝇头小楷	三国魏钟繇是最早的楷书书法家，东晋王羲之的小楷被尊为典范。
大楷	一寸以上，数寸以下	书写碑帖。
榜书	比大楷大得多	题写匾额。

① 夏征农、陈至立主编《辞海（第六版）》，上海辞书出版社，2009，第1216页。

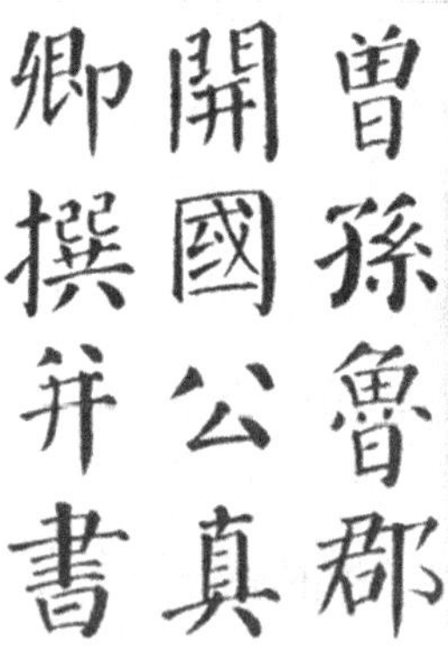

图 4–10　钟繇小楷　　图 4–11　颜真卿大楷　　图 4–12　乾隆榜书

3. 行书

行书出现于魏晋之际，介于楷书和草书之间。其特点是将楷书的笔画连写，偶尔加入一些草书的字形，字字不粘连，不失楷书原形，易于辨认，又易于书写，成为一种应用最广泛的字体。

楷书如端坐，行书如行走，草书如奔跑，是三种字体的动静形态区别。

行书的类别（见表 4-9，图 4-13、图 4-14）：

表 4–9　行楷和行草区别表

行书类别	特点	代表
行楷（真行）	偏重楷书的行书	王羲之《兰亭序》
行草（草行）	偏重草书的行书	王羲之《初月帖》

（三）宋体

宋体，一般不列入汉字字体，因为汉字字体都是手写体，而宋体是印刷体。但是，由于宋代毕昇发明的活字印刷术，以楷书作为印刷的主要字体，使楷体字形有了特殊的变化，所以本书特意列入，予以介绍。

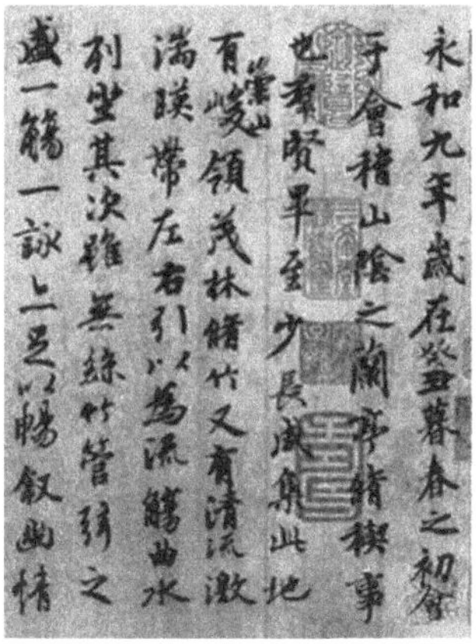

图 4–13　王羲之行楷《兰亭序》

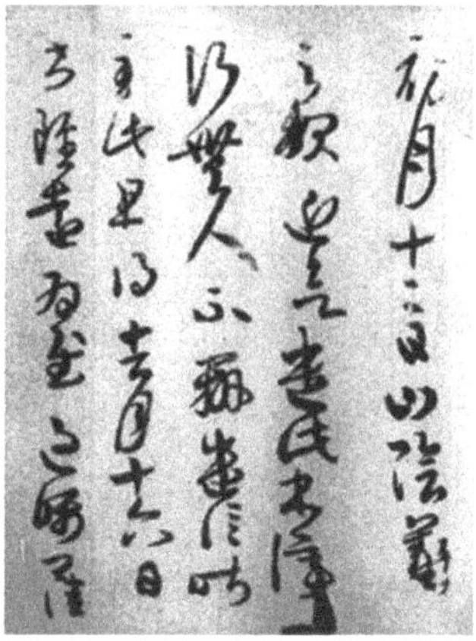

图 4–14　王羲之行草《初月帖》

活字印刷术的发明，使书籍印刷业发达起来。印刷中的汉字排版需要整齐，要求字的大小必须一样，这时才有了真正的方块字。之前的方块是长方或扁方。宋体才是方方正正的正方形方块字，笔画也改为横细竖粗，横笔尾端和折角、横钩有了三角装饰，形成了清晰、美观、规范的书报印刷体。因为它不用于书写，一般在谈字体时都不讲。但在今天这样一个互联网信息时代，宋体是一种很重要的基础字体，是电脑等数字设备必装的字体，是我们阅读的主体字体，应该予以重视。

第二节　汉字形体流变的原因及特点

汉字形体的流变，受社会政治、经济、文化等多方面的影响，其中，书写工具和书写材料的发展，尤其是文化观念的发展对汉字形体流变的影响最为重要，使汉字呈现出简繁交替变化的特点。

一、流变的原因

（一）书写工具的影响

早期的书写工具，主要是刻刀，材料是坚硬的龟甲和兽骨（以牛羊肩胛骨为主），不容易刻写，使得甲骨文的线条细瘦、硬折，字形不规则，三角形、菱形、扁平、长条都有。

篆书金文，书写方法主要是铸刻，材料是青铜器之类的金属，在熔铸时为利于金属熔液的流淌，线条较为粗壮，转角带圆弧，字形以长方为主。小篆时毛笔出现，书写材料有布帛、竹简和木简，线条清晰均匀，字形长方带圆转。隶书变化最大，由线条析出笔画，笔画带波磔，字形扁方。楷书在隶书基础上，笔画横平竖直，字形方正，汉字完成定型。见表 4-10。

表 4–10　汉字形体的书写工具、线条特点及字形样式

	契书	篆书(大)	篆书（小）	隶书	楷书
工具材料	刀刻龟甲	铸刻金石	笔、帛、木竹简	笔、木竹简、纸	笔、纸
线条	细瘦硬折	粗壮圆转	清细长弧	横竖波磔	横平竖直
字形	不规则	长方		扁方	正方

（二）思想文化的影响

思想文化对汉字形体流变的影响体现在三个方面：古文字逐步符号化、简化、美化，成为今天的符号化汉字。

1. 符号化

直观形象思维，是意识和思维的初级阶段，它必然要向中高级阶段的抽象思维发展。体现在文字上，就是象形文字向符号化发展，以增强文字的表现力，适应思想、语言的发展。

前面说过，相比于埃及的圣书字，我们的契书、篆书，不是标准的象形文字，充其量是半象形半符号文字。举例见表 4-11。

4–11　埃及圣书字与篆书对照表

例字	埃及圣书字	篆书
男		
头		
目		
公牛		
水	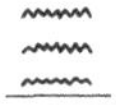	

社会生产的发展，思想文化的进步，新事物、新观念越来越多，初级的象形就难以满足表达的需要。文字必须摆脱象形束缚，向抽象化发展。举例见表 4-12。

表 4–12　篆书含义及举例

例字	篆书	含义及举例
匕	（右向人）	含“人”义：“老”“旨”。
北	（背向人）	含“人”义：“背”。
尸	（蹲坐人）	含“人体”义：“屎”“尿”“屁”。
又	（手）	含“手”义：“友”“取”。

一些独体字类化作义符偏旁，使文字完全脱离象形，走向符号化，举例见表 4-13。

表 4-13　独体字类化作义符偏旁及例字

例字	作偏旁（变体）	类化	举例
金	金（钅）	金属类	鑫铜铁锡
木	木（木）	木质类	森林相茶
水	水（氵）	水体类	淼波浪流
火	火（灬）	火类	炎燚热烈
土	土（土）	土质类	坤堃坡地

尤其是汉字中两个典型的符号“乂”“又”，在汉字构形中可以代替多种构件，更突出了汉字的符号化特性，举例表 4-14。

表 4-14　符号化构件及例字

符号化构件	被代替构件	例字
乂	品、肖	区（區）、赵（趙）
又	莫、奚、登、車、〔B一鳥〕、雚、堇、虘	汉（漢）、鸡（鷄）、邓（鄧）、轰（轟）、凤（鳳）、欢（歡）、仅（僅）、戏（戲）

2．简化

便利实用，既是文化观念，也是人类追求的目标，在文字使用上更是如此。为了书写便利，提高效率，就要不断简化繁杂的文字。但是，为了区别也有繁化的倾向，使文字发展中有简化也有繁化，但总的趋势是简化。甲骨文有繁有简，但相对而言，笔画少的字多，以简为主；金文小篆，叠床架屋，笔画繁多；隶书较小篆大为简化；楷书在隶书基础上又有一定简化。所以，文字流变的总趋势是简化（见表 4-15）。这是便利实用的文化观念决定的。

表 4–15　汉字流变表

契书	篆书（大）	篆书（小）	隶书	楷书
有简有繁，以简为多	有简有繁，以繁为多		简化	简化
			車	车
			馬	马
			雷	雷
		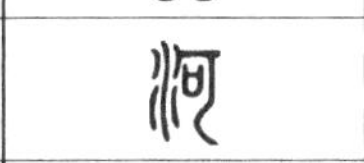	河	河
			國	国
			裘	裘

3. 美化

汉字因为是二维平面构形，本身已经变化万千，丰富多彩。但是，汉字基础笔画只有不到十种（丶一 丨 丿㇏㇆亅 乚），如果在笔画上不注意变化以避免重复单调感，也会影响汉字的美感。为此，在审美观念的指导下，汉字笔画有 5 种调整方法，使其变化参差，和谐美观（下面所举例字格式为：例字—笔画不变—笔画有变）。

一、“横变提”：土—尘—城、牛—牢—牲、子—孝—孔；

二、“竖变竖钩”：木—荣—杂；

三、“捺变点”：木—架—林、文—纹—斌、大—太—奇；

四、“竖弯钩变竖提”：己—记—改、先—宪—赞、元—阮—顽；

五、“字不重捺”：木—宋—茶、水—泵—泰、良—浪—食。

字形结构亦调整变化，长方形的上下结构多调整为正方形的左右结构：

峯→峰；岺→岭；峩→峨；羣→群；畧→略；鵞→鹅；

左右结构调整为包围结构：嘐〔H（B八面）〕→圐圙（kūlüè，蒙语，围起来的草场）。

这些变化，达到了互相谦让、照顾呼应、和谐一体的效果，使字形避免了单调、重叠、不谐调，将变化之美与和谐统一完美融合，提高了字形笔画的综合美感。

二、流变的特点

依据前面原因的分析，汉字流变的特点有：

一、字符由文字画向象形、半象形发展，最后削弱象形，完全符号化（符号化）；

二、笔形由线条向笔画发展，字形由不规则向规则的正方形发展（规则化）；

三、简化与繁化并存，以简化为主（简化）；

四、字形结构匀称美观（美化）；

五、有渐变也有突变，以渐变为主（渐化）：从契书到篆书为渐变，从隶书到楷书为渐变，但从篆书到隶书却为突变，字形发生了断崖式变化，以致成为古今文字的分水岭。这个突变是如何发生的，社会为何又迅速平稳地接受了它的突变，相比后来汉字简化引起的巨大反响，我们实在难以理解古今文字的这一突变，其中的玄奥值得我们深入地思考。

第五章　汉字的构形

汉字文化学立足于汉字的构形，就要从汉字形体入手，剖析它的构成要素、构成方式，以探索它成形寓意的原理。

第一节　汉字构形要素

从字形上分析一个汉字，不论它笔画多寡、结构繁简，都可以发现，构形元素、结构层次、构件构位是汉字构形的三个重要方面，举例见表 5-1。

表 5-1　汉字构形要素

单字	字元	
	构件	笔画

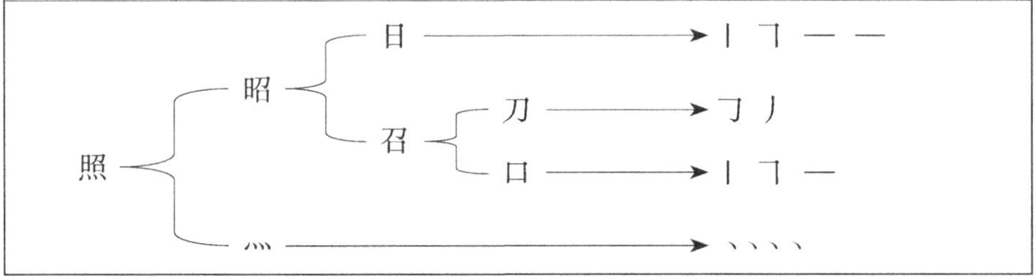

“照”字，金文为“”，小篆为“”。《说文解字·火部》：“照，明也。从火，昭声。”金文“照”字，左上部为火，下部为攴（pū，甲骨文是以手持杖，敲击的意思），乃手持火把之形；右边是个“召”字，表声

兼表意。既为形声，又为会意，招呼客人，手持火把为其照明引路。小篆的“照”字发生讹变，用日火代替左边的手持火把。汉隶规范变形，将左下部的火演变为四点，且置于整字下部。分析这个“照”字，发现它是由笔画构成构件，再由构件构成字。我们把这里的笔画、构件称作构字元素，即“字元”。

一、字元

字元，即汉字的构形元素。它有两个要素：一是构成汉字的最基本单位——笔画；二是比笔画高一层级的构件。

（一）笔画

笔画，指一笔写成的点或线，是汉字书写或拆分的最小单位。目前，比较公认的汉字笔画有 31 种[①]，如《现行汉字笔形表》[②]，见表 5-2。

表 5–2　现行汉字笔形表

基本笔形	笔形			例字	基本笔形	笔形		例字
横一	主笔形	横	一	一	折乛	㇁	弯 钩	犹
	附笔形	提	㇀	刁		㇂	斜 钩	弋
竖丨	主笔形	竖	丨	卜		㇅	横 折 折	凹
	附笔形	竖钩	亅	小		㇍	横 折 弯	朵
撇丿	撇		丿	八		㇊	横 折 提	计
点、	主笔形	点	丶	斗		㇆	横 折 钩	刁
	附笔形	捺	㇏	八		㇈	横 斜 钩	飞

① 《现行汉字笔形表》列举 32 种，其中“撇钩”为日本汉字笔画。

② 黄伯荣、廖序东主编《现代汉语（增订六版）》，高等教育出版社，2017，第 148 页。

续表

基本笔形	笔形		例字	基本笔形	笔形		例字
折乛	㇕	横 折	己	折乛	㇞	竖 折 折	鼎
	㇇	横 撇	又		ㄣ	竖 折 撇	专
	㇖	横 钩	买		㇟	竖 弯 钩	匕
	㇗	竖 折	山		㇎	横 折 折 折	凸
	㇄	竖 弯	四		㇋	横 折 折 撇	延
	㇙	竖 提	以		㇈	横 折 弯 钩	几
	㇜	撇 折	乡		㇌	横 撇 弯 钩	阳
	㇛	撇 点	女		㇉	竖 折 折 钩	与
	㇢	撇 钩	乄		㇡	横 折 折 折 钩	乃

如果按一笔写成且不变方向来划分，汉字的笔画种类就少了，只有点（丶）、横（一）、竖（丨）、撇（丿）、捺（㇏）五种。折（㇆）笔变换了方向，是横竖撇捺的重复，形式繁多，上表所列就有25种。这些笔画，在一个二维平面中或分离（如：二三八川）、或相连（如：人工几上）、或相交（如：十九力也），书写出构形复杂、区别率很高的汉字，当然也由此带来了它难写、难认的弊端。

笔画是汉字排序索引的根据。为了以简驭繁，对笔画进行归类。因为点、捺同方向、同笔形，仅是长短区别，可视为一种，所以，《汉语大字典》等辞书用这五种基本笔画来检字，其顺序为横（一，含同方向“提”㇀）、竖（丨，含“钩”亅[①]）、撇（丿）、点（丶，含同方向“捺”㇏）、折（乛）。这种笔画及其顺序，目前为大部分辞书的笔画索引所采用。

---

① 笔画钩（亅）归竖（丨）不合适，因为钩（亅）的笔画变了方向，应归于折笔。但目前大家都未纠正这个不妥的归类。

（二）构件

构件，是指由笔画组成的具有构造汉字功能的汉字构形单位，也称“部件”，是汉字文化的主要承载者，是汉字文化学在构形上的主要研究对象。

1. 构件的特征

构件的最大特点是成字性，既可单独成字，又可组合成字。有一些笔画简单的构件，在字源学中是有意义的，虽然现在已不能单独成字了，但是还应该把它们作为构件看。比如，“冖”（“冖”，读作 mì，意为覆盖，是“幂”的古字）、“丄”（shàng，古上字）、“丅”（xià，古同下）、“𠂇”（zuǒ，古同手）等，还有指事符号点“丶”、短横“—”、代替符号“又”等，都是有标示或区别意义的构件，对解析指事字很有用。

2. 构件的类型

（1）构件从是否可拆分角度分为单体构件与合体构件

单体构件：指不能再拆分的构件。如“照”字进行分析，最后拆分出的四个构件“灬（火）、日、刀、口”，就是单体构件，它们都可以单独成字，是汉字中的独体字。一些虽不能单独成字却有指事或标示以区别意义的单笔构件，也属于单体构件，如“刃”字的“、”和“末”字的短横“–”等。

合体构件：指两个或两个以上单体构件组合的构件。如“照”字拆分出的“昭”“召”，“鼺”字拆分出的“鼻”“畕”，“燚”字拆分出的“炎”“炎”等。

（2）构件从字形是否变化角度分为正体构件与变体构件

正体构件：指与其独立成字的形体一致，没有发生形变的构件。如“照”字的构件“昭、召、日、刀、口”，不论它们独立成字还是充当构件，字形写法不变，和原字正体一样，所以称之为正体构件。

变体构件：指与其独立成字的形体不一致，发生了形变的构件。如“照”字的构件“灬”，其独立成字的正体为“火”，变体为四点“灬”。这种类型是独体字做构件时为了汉字简化和构形美观而进行的形体变化，多作为偏旁。虽然变形，但在形意分析中，与正体同样看待。见表 5-3。

表 5-3　正体构件和变体构件表

单字	构件		例字
	正体	变体	
人	人	亻⺊⺈儿	众们卧负危光见
手	手	扌又𠂇彐乂	拿打友取有秉父
言	言	讠	警誓语词
刀	刀	刂	切分刺剁
水	水	氵氺	泉泵江湖益
草	草	艹屮	草蕈菜艸孽
火	火	灬	烧炎热烹
示	示	礻	禁祟祸福
衣	衣	衤	袋裁裙裤
足	足	⻊	踅蹇跟跑
犬	犬	犭	獒吠狗狼

对于变体构件，要从字源学角度认真把握，绝不能因为与某字形相似就当某字去看。比如，有人将“福”字拆解为四个构件“衤”“一”“口”“田”，解析其文化意义为“所谓‘福’，就是一个人有衣穿、有饭吃”。错把构件“礻”（示）看作“衤”（衣），闹出笑话。

（3）构件从功能角度可分为义类构件、指事构件、声别构件、兼义构件四种

义类构件：指表示较为抽象的意义类别的构件。比如，“众”“伙”二字中的构件“人”（亻），只指与物区别的人类，不指具体的男人或女人、大人或小孩、中国人或外国人，类化的程度较高；“果”“杖”二字中的构件“木”也一样，只指与草本相区别的木本，不指具体的榆木或柳木等树木。这种构件是绝大多数。

指事构件：起指事（示）作用的构件，相当于汉字“六书”指事字中的指事符号。比如，“刃”字中指示刀刃部的“、”，“本”字中指示树木根部的“一”，“凶”字中指示坑陷危险的“×”，等等。这类构件不单独成字，却有特别意义，数量不多。

声别构件：指与所构字的语音相同或相近的构件，它用提示语音的方法与同类字相区别。比如，“杨、柳、榆、桐”中的构件“昜、卯、俞、同”，目的只在区别，即把树木类别中具体的杨树、柳树、榆树、桐树区分开就行，而不在乎表音是否准确，所以称为声别构件。

兼义构件：指同时具有表义和声别作用的构件。比如，“婚”字的声别构件“昏”有黄昏、昏乱之义；“伍”字的声别构件“五”有五人成伍之义；“政”字的声别构件“正”有正当、正确、公正之义，等等。

二、构位

汉字具有二维结构，这是它区别于一维结构的线性文字的一大特征。研究汉字构形，就必须重视其构位。这里提出的构位，是一个新概念，它对字形及字义有重要的区别意义。过去，一般以结构称之，如左右结构、上下结构、包围结构等，这是就字形整体结构而言，但从构件角度而言，用构位描述会更加细致和准确。

（一）构位的含义

构位：特指汉字构件在字形中所处的方位。一般来说，有如下 7 个构位（见表 5-4）：

1. 左位：位于左右结构、左中右结构汉字的左边，如“明”字中的构件“日”、“掰”字中的构件左“手”。

2. 右位：位于左右结构、左中右结构汉字的右边，如“明”字中的构件“月”、“掰”字中的构件右“手”。

3．中位：位于左中右结构、上中下结构汉字的中间，如“斑”字中的构件“文”、“冥”字中的构件“日”。

4．上位：位于上下结构、上中下结构汉字的上边，如“忠”字中的构件“中”、“牵”字中的构件“大”。

5．下位：位于上下结构、上中下结构汉字的下边，如“忠”字中的构件“心”、“牵”字中的构件“牛”。

6．包位：位于包围结构汉字的外包位，如“床”字中的构件“广”、“国”字中的构件“囗”。

7．被包位：位于包围结构汉字的内包位，如“床”字中的构件“木”、“国”字中的构件“玉”。

表 5-4　汉字构位表

构位图	构位	左位	右位	中位	上位	下位	包位	被包位
	图形			 				
例字	明	日	月					
	掰	手	手	分				
	斑	王	王	文				
	忠				中	心		
	冥			日	冖	六		
	牵			冖	大	牛		
	床						广	木
	国						囗	玉

上述七种构位，最常见的有四种，即上位、下位、左位、右位，中位可视情况归于上、下位或左、右位，包位、被包位相对来说少一些，这也就是汉字一般用方正的“田”字格就可以确定结构及位置的原因。米字格、回字格、八卦格、九宫格等，也只是在田字格基础上加了一些辅助线

而已。所以，掌握好汉字构件在田字格左、右、上、下四个构位的安排，也就基本上掌握了汉字的结构特点。

（二）构位的功用

构位概念的确立，对于充分认识汉字构件、了解汉字构成、进行汉字解析和从事书法创作，都有很大意义。

1．构位是构件有序构字的基础

构件与构位，是汉字结构分析的两个重要概念，它们既相互独立，又相互依存，共同成为汉字字形构成的两大基石，缺一不可。但相对来说，没有构位，构件就无所依存，难以构字，发挥作用。所以说，构位是构件有序构字的基础。

我们认读汉字时，反对不加分析地囫囵吞枣，因为这样既不能有理有据地了解汉字的意义，也无法正确记住它的读音和书写形体，使我们的识读效率低下，甚至出现令人难堪的错误。实践证明，只有通过字形解析，充分认识汉字构成的构件和在字形中所处的构位，才能事半功倍地正确识读汉字和牢记它的结构及写法，大大提高学习效率。

比如，“砼”字，我们将其解析为“人”“工”“石”三个构件，通过构件就知道了“砼”字的意思是“人工制造的石头”，也就是“混凝土”；然后再分析其构件所处的构位：因为“石头”是核心含义，所以居于左位，成为义符构件，也就是表意偏旁；“人”“工”是成为石头的方式，它们之间可以居于上下位，也可以居于左右位，但居于左右位与左位的偏旁构件“石”形成并排，字形过宽，不美观，所以采取上下位为好；上“人”下“工”比上“工”下“人”显得平稳均衡，所以写作“仝”，而“仝”本身独立成字用作姓氏，读音为 tóng，可用作“砼”字的声别构件，也就是表音偏旁。这个“砼”字如此就造成了。因为它的构件和构位安排都充分有理，所以一造出来就被人们广泛接受了。不论是谁，只要了解到“砼”字的构件及构位，就会轻松掌握并牢记这个字的意义、读音和写法。

2. 构位决定构件的类别功能

不同构件出现在不同构位，是汉字构成的常规现象。通过它，我们可以量化分析出通用汉字究竟有多少个不重复的构件，以及这些构件出现在不同构位上的概率，这对汉字信息化处理、汉字计算机字库冗余度设置、常用汉字和通用汉字的厘定意义重大。这需要文字工作者和信息技术专业人员进行专门的研究。我们这里从汉字文化学出发，仅讨论相同构件出现在不同构位上，对汉字分形辨义的巨大作用。

同一构件出现于不同构位，决定了构件不同的功用类别。

比如表 5-5，同一个构件“口”，因为处于不同构位，其构形寓意的作用就大不一样：有时表示意义类别，做义类构件（如传统形符）；有时起区别作用，做声别构件（如传统声符）；有时声别和义类作用兼具，做兼义构件；有时起指事作用，做指事构件。

表 5–5　构件构位功用类别表

单字	构位						功用类别
	左位	右位	上位	下位	包位	被包位	
唱	√						义类构件
叩	√						声别构件
扣		√					兼义构件
员			√				指事构件
咨				√			义类构件
甘①					√		义类构件
句						√	义类构件

注：①《说文·甘部》:“甘，美也，从口含一。一，道也。”

3. 构位对相同构件成字有辨形别义的巨大作用。见表 5-6。

表 5-6　汉字构件构位区别表

例字	构位						
	左位	右位	中位	上位	下位	包位	被包位
呗	口	贝					
员				口	贝		
鉥	金	水					
淦	氵	金					
音				立	日		
昱				日	立		
因						口	大
夻						大	口

表中“呗”与“员”两个汉字，其构件都是“口”“贝”，之所以成为两个不同的汉字，主要是其构件所处的构位不同：“员”字的构件“口”“贝”处上下位，“呗”字的构件“口”“贝”处左右位。其余几组字都是构件相同而构位互相变换，从而构成不同的字形，表达不同的意义。

这种不增加新的构件，仅以构位互相变换创制新字的方法，效率很高，充分展现了中华先民的高度智慧。

总结相同构件不同构位的变换方式，基本上有六种：

（1）左右构位互变

即相同构件因左右构位不同而达到区别分辨的功用，构成不同的字形以表示不同的意义。例如：叻（lè）、加；虐（nüè）、虎（hǔ）；犸（mǎ）、馱（tuó，驮的异体）；杕（duò）、犾（mù）。

（2）上下构位互变

即相同构件因上下构位不同而达到区别分辨的功用，构成不同的字形以表示不同的意义。例如：吴、吞；音、昱；尖、奀（yǎn）；杳（yǎo）、杲（gǎo）；泵、沯（zá）；呆、杏；旮、旯；召、叧（guǎ）；旲、香

（jiǒng）；氽（tǔn）、氼（nì）。

（3）包围构位互变

即相同构件因包围、被包围构位不同而达到区别分辨的功用，构成不同的字形以表示不同的意义。例如：因、㕦（huà）。

（4）左右构位与上下构位互变

即相同构件在左右与上下构位进行变换而达到区别分辨的功用，构成不同的字形以表示不同的意义。例如：啼、啻（chì）；哳（zhā）、哲；呲（zī）、呰（zǐ）；吧、邑；呗、员；叶、古、右；拾、拿；枷、架；叭、只；叨、召；机、朵；忡、忠；怡、怠；屺、岂；鲜、鲝（zhǎ）。

（5）左右构位与包围构位互变

即相同构件在左右与包围构位进行变换而达到区别分辨的功用，构成不同的字形以表示不同的意义。例如：叮、可；和、囷（qūn）；伈（xìn）、囚。

（6）上下构位与包围构位互变

即相同构件在上下与包围构位进行变换而达到区别分辨的功用，构成不同的字形以表示不同的意义。例如：旮、旭；吕、回。

当然，也有个别相同构件的构位变化并不区别意义，从而成为异体字的，如"峰、峯；秋、烁；峨、峩；圐（kū）、啰；雠（chóu）、雔"等，但因为数量相对较少，且其中一个（列举中每组的第2个）作为异体字被规范掉了，所以，并不影响在绝大多数情况下构位所具有的辨形别义功用。

第二节　汉字构形图式

汉字构形图式，是指汉字构件在一个汉字方框范围内的布局图式。简单说，它就是汉字构成的平面图。这个平面图，能够准确显示汉字整体布局的结构类型，直观描绘构件及其构位，对于正确揭示其蕴含的汉字文化，提高汉字信息处理的形式化、科学化、智能化，具有重要的应用价值和实践意义。

由于汉字笔画多寡不一，结构比较复杂，写好一个汉字并不容易。为此，人们进行了长久不懈地探索。典型的就是田字格，即把汉字笔画均匀地排布在一个分成左上、左下、右上、右下四个方位的田字格中。后来又有米字格（在田字格中增加两条对角线）、回字格、六宫格、八卦格、九宫格（见图 5-1、图 5-2、图 5-3、图 5-4、图 5-5、图 5-6）等，但基本上都是在田字格基础上的变化和改进，各有优缺点。不过，这些写字格都是应普通书法练字的需要，与字形和文化寓意的解析关系不大。

图 5–1　田英章“田”字格欧体楷书

图 5–2　“米”字格楷书

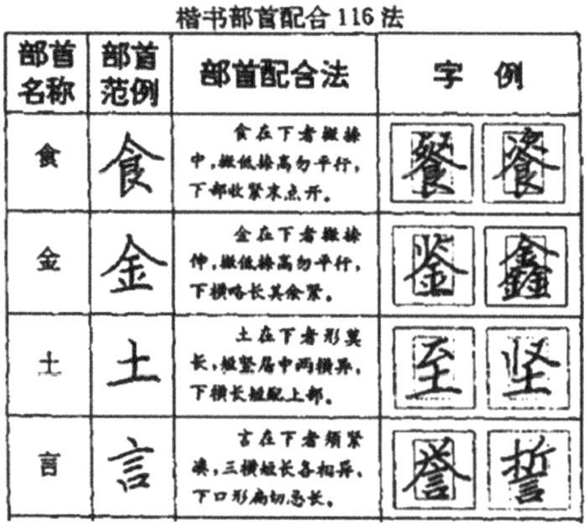
楷书部首配合 116 法

部首名称	部首范例	部首配合法	字　例
食	食	食在下者撇捺中，撇低捺高匀平行，下部收紧末点开。	餮 餐
金	金	金在下者撇捺伸，撇低捺高匀平行，下横略长其余紧。	鋈 鑫
土	土	土在下者形莫长，短竖居中两横异，下横长短配上部。	至 坚
言	言	言在下者须紧凑，三横短长各相异，下口形扁切忌长。	誊 誓

图 5–3　杨为国回宫格硬笔书法教程

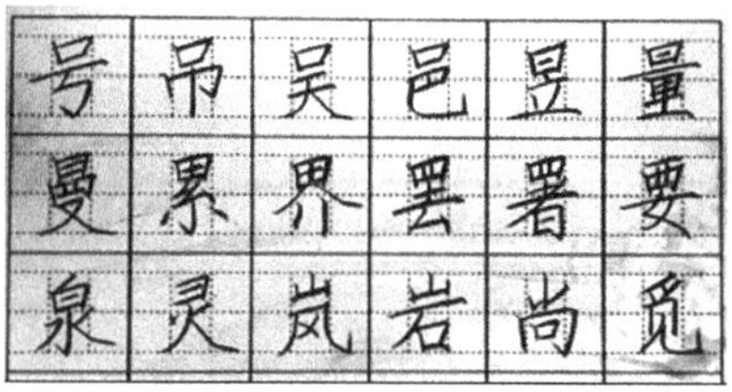

图 5–4　汉明六宫格硬笔书法

图 5-5　翟东发明的八卦格书法

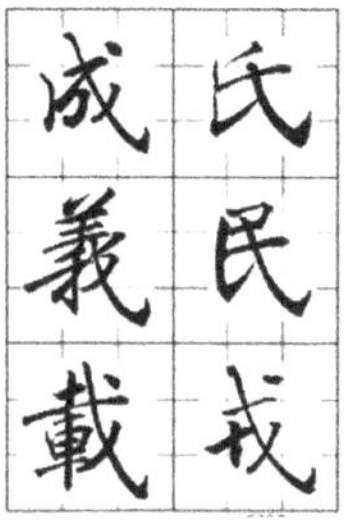

图 5-6　沈伊默九宫格大楷

一、国际标准构形图式

北京师范大学王宁教授的《汉字构形学导论》，为了说明汉字的结构类型，引用了国际标准对汉字结体样式概括的 11 种平面布局图式[①]，见表 5-7。

表 5-7　汉字平面布局图式表

编号	图式名称	图形表示	小篆代表字	楷书代表字
1	左右结构	⿰		明钟
2	左中右结构	⿲		徽衔
3	上下结构	⿱		旦觅
4	上中下结构	⿳		冀竟
5	全包围结构	⿴		图囫
6	上三包围结构	⿵		风同
7	下三包围结构	⿶		函凶

① 王宁:《汉字构形学导论》，商务印书馆，2015，第 148 页。

续表

编号	图式名称	图形表示	小篆代表字	楷书代表字
8	左三包围结构			叵匡
9	左上包围结构			床仄
10	右上包围结构			句匆
11	左下包围结构			这建

王宁教授认为：国际标准对汉字平面图式的概括是不全的，首先必须承认独体字也是一种结构，其次，不论是小篆还是楷书，构形的平面图式应当还不止这十一种，还可以补充以下几种（见表 5-8）。这几种布局图式在多层次、多构件的字里是套用的，呈现出很复杂的局面，用以描写和区别汉字平面构图样式的属性。

表 5–8　汉字平面布局图式补充表

编号	图式名称	建议图形	小篆代表字	楷书代表字
1	独体结构			鼠
2	品字结构			鑫
3	田字结构			叕
4	多合结构			器
5	框架结构			噩
6	上下多分结构	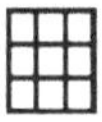		爨

单就描绘汉字平面构图样式来说，王宁教授的看法是正确的。汉字复杂就复杂在构形上，同样，它的深邃博大也体现在构形上。所以，如果

详尽描绘汉字的构形图式，则远远不止上面列举的十七种。比如，就是一个“品字结构”，除了正品字结构（：晶、犇），还有倒品字结构（：毕、娶）、左向品字结构（：煜、唱）和右向品字结构（：默、劉）；而包围结构仅列出的就有 7 种之多，如果再考虑被包部分的结构，那就不是二三十种可以列举完的，例如“左上包围结构”，典型的就不止八九种（：麻、扇；：戾、扈；：磨、摩；：庭；：扃；：痼；：癌；：腐；：癞）。

二、汉字文化学构形图式

但是，如果从汉字文化学出发，解析汉字构位，绘制构形图式，就无须如此全面精到了。因为，构位是为了区别构形，进而区别和表达构意。如果起不到这样作用的构位，就是无意义构位，就没有存在的价值。比如，独体结构（：人、手、工、禾、米、田、鸟……），尽管有多少不等的笔画，但从汉字文化学角度而论是不可再分解的，构位在这里失去了区别或者表达作用，是没有价值的。因而，独体结构在构形图式中就没有存在的必要。

表 5-9 列举的，就是我们总结的汉字文化学构形图式。

表 5–9　汉字文化学构形图式表

序号	构形图式名称	图示	表形字母	楷书例字
1	上下构位		B	吕昌
2	上中下构位		E	谷冥
3	左右构位	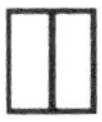	H	林朋
4	左中右构位		M	掰斑

续表

序号	构形图式名称	图示	表形字母	楷书例字
5	全包围构位		O	回国
6	上包下构位		A	凰周尽太闪冈
7	下包上构位		U	函凶凶
8	上下包中间构位		G	衷乘巫噩
9	左包右构位		C	叵匠匣匡
10	右包左构位		D	可句习
11	左上包右下构位		F	房厌床尼病虎左
12	左右包中间		W	辩斑衍
13	左下包右上构位		L	这尴
14	右上包左下构位		S	虱氧岛载

全表共 14 个构形图式，基本上涵盖了汉字结构布局类型，决定着汉字构形的构件方位安排及其构意的区别与表达，是汉字文化学在字形构成和构件布局方面的基本图式。用表形字母，可以简洁代表构形图式，便于称说。

从该图式表可以看出，王宁教授添加的几种，完全可以归于 14 式中：

“品字结构”，不管正品字形、倒品字形、左品字形、右品字形，都可视其具体构形，归入 B（上下）型或 H（左右）型；

“田字结构”，亦可视其具体构形，归入 B（上下）型或 H（左右）型；

多合与上下多分结构，也可视其具体构形，归入 E（上中下）型或 M（左中右）型；“框架结构”，显然属于包围结构中的 G（上下包中间）型。

上面 14 种构形图式，对于我们描述汉字整体结构、分析汉字构成是很有帮助的。它主要用于对一个汉字进行整体结构描述和分析。如果我们不针对一个整体汉字，而是就某个构件进行构位分析，就可以简捷运用前面讲到的 7 个构位名称：上位、下位、左位、右位、中位、包位、被包位。

第三节　汉字构形的层级及分析

一、汉字构形的层级

汉字的结构形体具有二维平面性，它的构形具有层次性。

单从汉字字形角度说，有笔画、构件、单字这三个层次。但我们研究的是汉字文化学，笔画不具有文化蕴含，所以，重点讨论笔画以上部分的层次，也就是构件的层次。一般说来，构件的层次有三层：单层级、两层级、多层级。

（一）单层级

单层级，指一个合体字两分或多分，它的构件都在同一个层面上，只能拆分出一个层级。如“好”“忠”“森”“𩺰”等字。

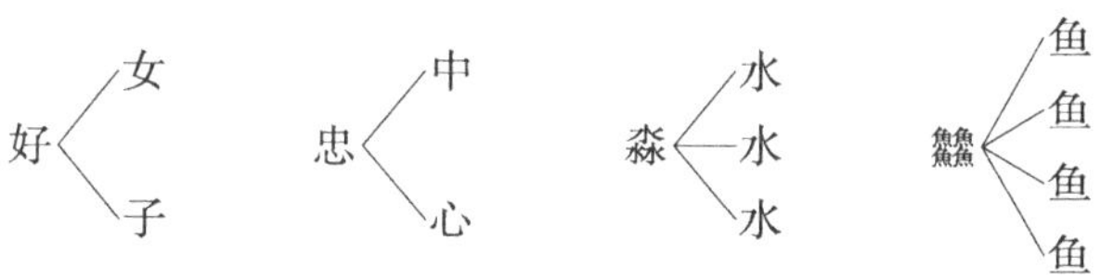

“好”为左右结构；“忠”为上下结构；“森”为上下结构，其下部又为左右结构，也称品字结构；“𩺰”为田字结构。上述四字的构件不论多少，都处于同一层面。

（二）两层级

两层级，指多个构件经过两个层级组合成字。如“婚”“娶”“谜”“齅”等字。

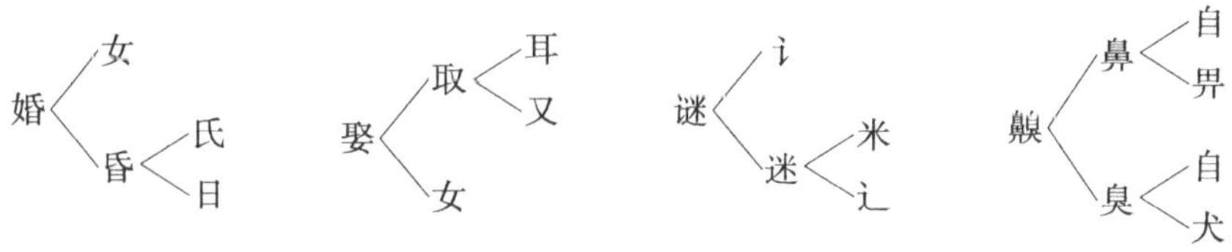

“婚”字的声别构件“昏”有黄昏之义，属于兼义构件，所以分出第二层“氏”+“日”。“娶”字的声别构件“取”有抓耳抢婚习俗之义，也属于兼义构件，所以再分出第二层“耳”+“又”（即手）。“谜”字的声别构件“迷”有迷惑之义，亦属于兼义构件，故再分出第二层“米”+“辶”。“齅”字同“嗅”，《说文解字·鼻部》：“齅，以鼻就臭也。从鼻，从臭，臭亦声。”其义类构件“鼻”为形声合体构件，兼义构件“臭”为会意合体构件，所以都可以再分析出第二个层次。

（三）多层级

多层级，指多个构件，经过三个及其以上层级组合成字。如“源”“憾”等字。

“源”字，由义类构件“氵”+兼义构件“原”构成。合体构件“原”是“源”的本字，由“厂（hǎn，山崖）”+“泉”（水从穴中流出）构成，既表声别，又表意义；构件“泉”，甲骨文是一个象形字“”，到了隶书、楷书成为上下结构的合体字，所以解析为“白”“水”。“白”在这里指泉眼。

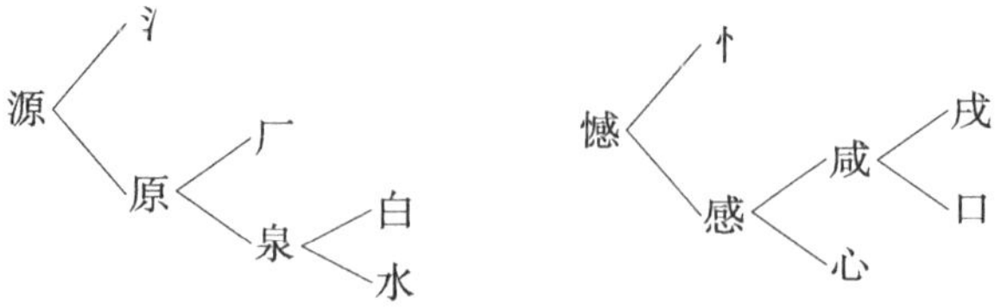

"憾"字，由义类构件"忄"＋兼义构件"感"构成。合体构件"感"从心，感动、感慨之义，都和"憾"一样是心理活动，所以为兼义构件。构件"感"本身为会意兼形声字，所以再分析为义类构件"心"＋兼义构件"咸"。合体构件"咸"字，甲骨文为，由"口"＋"戌"（即戈）会意杀伐时众口喊声震天，为"喊"的本字。

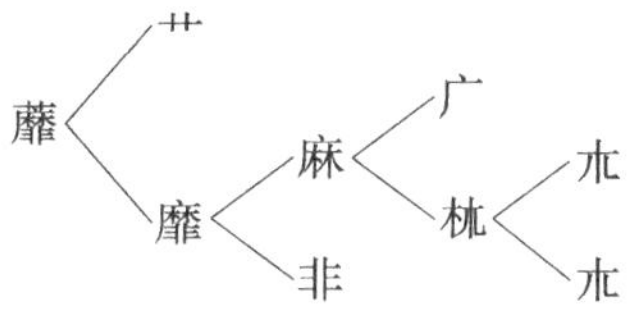

"蘼"（mí，蘼芜，芎䓖［xiōngqióng］的苗）字，由义类构件"艹"＋兼义构件"靡"构成；合体构件"靡"从麻从非，会意散乱倒下；合体构件"麻"为从广（即厂，山崖）从林（pài，《广韵·卦韵》："林，麻紵。"一说治麻）会意，所以再分析为义类构件"广"＋义类构件"林"；合体构件"林"（注意不是"林"），由同体构件"朩"（pìn，《说文解字·朩部》："朩，分枲［xǐ，大麻的雄株］茎皮也。"）构成（注意"朩"不是"木"）。

二、汉字构形层级的分析

（一）层级分析的目的

层级分析的目的在于揭示形意间的关系，以便挖掘其蕴藏的文化意义。所以，应根据文化意义探源的需要逐层展开。一般来说，重在剖析合体构件中与意义有关的义类构件、指事构件和兼义构件。声别构件因为与意义无关，就作为一个整体，不再细分。

比如，"焱（yàn）"（火焰）字，由三个义类构件"火"叠加构成，给人火焰张天的感觉，其形意关系是因形会意，只有一个层级。再如，"孬"

字，由两个义类构件“不”+“好”构成，合体构件“好”又是由两个义类构件“女”+“子”构成，它们的形意关系是以构件义会意，分两个层级，即有“女”有“子”（儿子）就是好，作为二级层级，再用构件“不”+“好”作为一级层级，构成合体字“孬”，以表达“不好，坏”的意义。

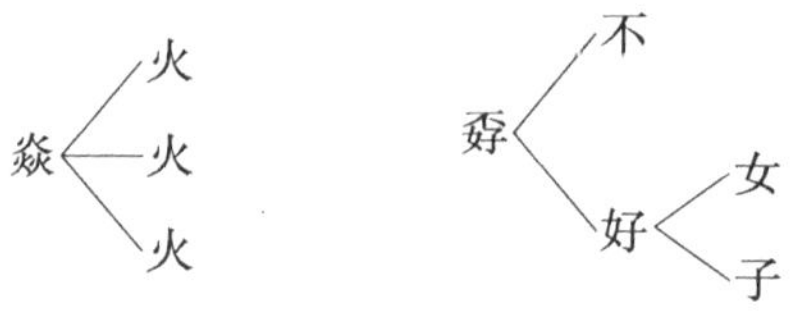

（二）层级分析的原则

1. 层级分析限定于构件层，因为文化寓意只蕴含于构件中。

2. 构件，也只针对与意义有关的构件，即义类构件、指事构件和兼义构件。对于声别构件，在第一次析出后不再往下分解。

比如，“谢”字，分析出第一个层级义类构件“讠”与声别构件“射”就行了，没有必要再分析第二层级为“身”+“寸”。因为构件“射”只是“谢”字的借音，与其感谢的意义无关，就无须再分析构件“射”了。

再比如“照”字，第一层级为“灬”+“昭”，“灬”为义类构件，“昭”为声别构件。但声别构件“昭”又从日，召声，表日光昭明之义，属于兼义构件，所以再分第二层级为“日”+“召”。其中的声别构件“召”（从口，刀声，《说文解字·口部》“召，呼也。”）无表义作用，所以就无须再分为第三层级“刀”+“口”。

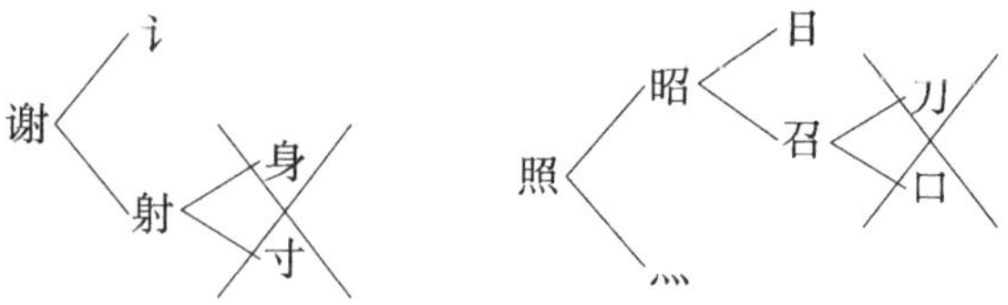

（三）层级分析的方法

1. 从整字开始，从大到小，逐层进行分解，直至不可再分的构件为止。

2. 以层层二分为主，但对并列构件则一层多分。

3. 如有必要，可用圆括号对特殊构件注释说明。

见下例：

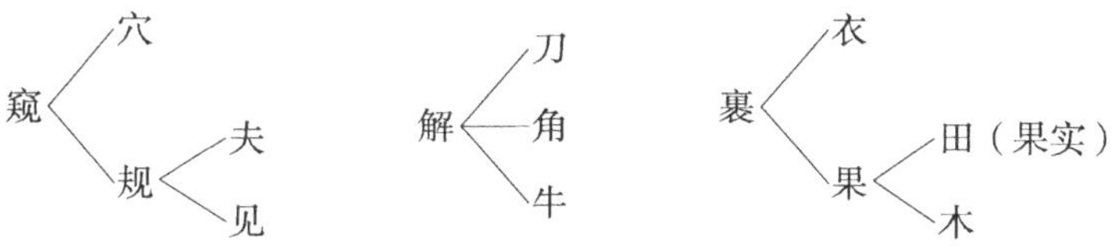

“窥”字第一层二分为单体构件“穴”与合体构件“规”，再将合体构件“规”在第二层二分为“夫”和“见”，由于它们是单体构件，分析到此为止。

“解”字三个构件构位不同，构件“角”居左位，构件“刀”和“牛”分上下居右位，似乎不在一个层面，实际上构件“角”和“牛”都是构件“刀”解剖的对象，所以是同一层级的，因而成为同一层级并列三分。

“裹”字，是包围结构，构件“衣”将“果”包在其中。“果”为声别构件，同时也表包似果之义，属于兼义构件，所以层层二分为两层，最后不可再分的单体构件为“衣”“田”“木”。担心构件“田”被误解为田地之“田”，特用括号注明为“果实”。

三、汉字构形层级分析的表达式

汉字构形层级分析的表达式有三种：图示法，公式法，说明法。

（一）图示法

用小于号折线“<”表示层次关系，尖端为上层汉字或合体构件，分支端为下层构件，立体展示，结构层次简洁分明，是汉字构形层级分析的主要表达法，本书上面举例采用的都是图示法。

（二）公式法

用圆括号“( )”、六角括号“〔 〕”、方括号“[ ]”、尖括号“〈 〉”分别表示第一、二、三、四层级，用“+”号连接构件，用大括号“{ }”作注释。公式法的优点是线性书写，只占一行，比图示法节省纸张，缺点是分析层次不容易看明白。如将前面图示法举例的“窥”“解”“裹”“靡”四字的层次分析用公式法表达如下：

窥：(穴 + 〔夫 + 见〕)

解：(刀 + 角 + 牛)

裹：(衣 + 〔果 [田 {果实} + 木]〕)

蘼：(艹 + 靡〔麻 [广 + 林〈木 + 木〉] + 非〕)

（三）说明法

即用文字说明构件分析层级。如：

“解”字，共三个义类构件“角”+“刀”+“牛”，处在同一层级。

“裹”字构件共两个层级：第一层级为义类构件“衣”+兼义构件“果”，第二层级为义类构件“田”(果实)+义类构件“木”。

说明法有些烦琐，效率低，且不简明；图示法最简明，但占用版面过多；公式法虽然简单，但层次不易辨明，只在层次简单时很高效。读者可以根据表达需要灵活选择。

第四节　汉字构形的“六书”与“三法”

汉字构形，就是汉字形体的构成。自从汉字发明之后，人们在应用当中，发现汉字形体的构成是有规律的，具体表现就是通过字形分解可以释读字义。如春秋战国时期的“止戈为武”“皿虫为蛊”“自环谓之厶，背厶谓之公”等字形寓意解说，就是有意无意地对汉字构形或造字规律的摸索探讨，虽然显得零碎而不成体系。

东周的《周礼》一书，提出汉字构造“六书”（六艺：一曰五礼〔吉、凶、兵、军、嘉〕，二曰六乐〔云门、大咸、大韶、大夏、大濩、大武〕，三曰五射〔白矢、叁连、剡注、襄尺、井仪〕，四曰五驭〔鸣和鸾、逐水曲、过君表、舞交衢、逐禽左〕，五曰六书，六曰九数〔方田、粟米、差分、少广、商功、均输、方程、赢不足、旁要〕）之名，说明其规律终于被发现并总结出来了，遗憾的是并未列举“六书”的具体内容。

之后，东汉史学家班固在《汉书·艺文志》中提到“六书”，罗列出了细目：“古者八岁入小学，故《周官》保氏掌养国子，教之六书，谓象形、象事、象意、象声、转注、假借，造字之本也。”但未具体解释。

东汉文字学家许慎，终于明确给出了“六书说”的比较具体的解释。他在《说文解字·叙》中说：

> 周礼：八岁入小学，保氏教国子，先以六书：
> 一曰指事。指事者，视而可识，察而见意，上下是也。
> 二曰象形。象形者，画成其物，随体诘诎，日月是也。
> 三曰形声。形声者，以事为名，取譬相成，江河是也。
> 四曰会意。会意者，比类合谊，以见指扬，武信是也。
> 五曰转注。转注者，建类一首，同意相受，考老是也。
> 六曰假借。假借者，本无其字，依声托事，令长是也。

现在提到“六书”，一般采用班固说的顺序（形、事、意、声、注、借），许慎说的名称，即象形、指事、会意、形声、转注、假借。

一、“六书”说的利弊得失

“六书”说的优点在于简明扼要地总结了汉字构形特点和规律，反映了大部分汉字的构造原理，使人们对汉字的认识上升到理性高度，对汉字的解说不再随意盲目，而是有了一个理据比较充分的可操作的理论系统，它的价值和意义是显而易见的。称说上也比较简洁，便于使用。应该说，迄今为止，还未有哪种说法能够取代它。

但是，关于“六书”说缺陷的讨论自其问世后就没有停止过。

首先，认为“六书”的说法不在同一范畴，显得体系紊乱而不够确切。

清代语言文字学家戴震指出：“指事、象形、形声、会意四者，字之体也；转注、假借二者，字之用也。”① 也就是说，“六书”中前四书为造字之法，后两种为用字之法，它们不在一个平面层次上。“四体二用”之说，就打破了班固认为的“六书”为“造字之本”的说法。

其次，即使是比较公认的造字“四书”，也认为其分类、定义不够确当。

语言文字学家唐兰在成书于1934年的《古文字学导论》中，就尖锐批评了“四书”之说，并另外提出了中国文字的新系统，即象形、象意、形声，“叫做三书，足以范围一切中国文字，不归于形，必归于意，不归于意，必归于声。”②

1956年，语言学家陈梦家在《殷墟卜辞综述》一书中又提出了一种新“三书”分类，即把唐兰的象形、象意合为象形，增加假借，与形声成为三类，认为“象形、假借和形声是从以象形为构造原则下逐渐产生的三种基本类型，是汉字的基本类型”。③

1988年，语言学家裘锡圭出版《文字学概要》，“认为陈氏的三书说基本上是合理的，只是象形应该改为表意（指用意符造字）。”④

2000年，何九盈出版《汉字文化学》，“也主张把汉字分为表意、形声、假借三个类型，但理论根据和划分层面与唐兰、陈梦家都不同。”“我所说的‘三书’是建立在二元化的表达机制之上的，即造字表达与借字表达，造字表达又分为表意类、形声类。”⑤ 他用图表表示如下：

① 段玉裁：《说文解字注》，上海古籍出版社，1981，第755页。
② 唐兰：《中国文字学》，上海古籍出版社，2005，第63页。
③ 陈梦家：《殷墟卜辞综述》，中华书局，1956，第77页。
④ 裘锡圭：《文字学概要》，商务印书馆，1988，第106页。
⑤ 何九盈：《汉字文化学（第2版）》，商务印书馆，2016，第148页。

- 表达方式
  - 造字表达
    - 表意类
    - 形声类
  - 借字表达 —— 假借类

语言文字学大家们的看法如此分歧，足见“六书”之说不够系统和完善。

二、汉字构形三法

总结“六书”说的利弊得失，在于它的多视觉化，分别从汉字的形、义、音角度对其进行写（造）、识、读、用的总结，所以就显得零乱、错位而不够系统。我们认为，对于汉字构形的理论总结，只能立足于汉字构形，以反映造字者最初造字时设计字形的意图，揭示其形意关系，最终凸显其汉字文化。为此，著者在分析归纳“六书”和“三书”关系的基础上提出汉字构形三法。这“三法”，如同“三书”一样，其实是对“六书”的不同归类。见表 5-10

5–10 汉字构形三法

<table>
<tr><th colspan="4">三法</th><th>六书</th><th colspan="3">三书</th></tr>
<tr><th colspan="2">类型</th><th>结构</th><th>特点</th><th>许慎六书</th><th>唐兰三书</th><th>陈氏三书</th><th>裘、何三书</th></tr>
<tr><td rowspan="2">独体</td><td rowspan="2">象形法</td><td rowspan="2">形</td><td rowspan="2">因形见意</td><td>象形</td><td rowspan="2">象形</td><td rowspan="5">象形</td><td rowspan="5">表意</td></tr>
<tr><td>转注、假借</td></tr>
<tr><td rowspan="6">合体</td><td rowspan="3">形意法</td><td rowspan="2">形 + 形</td><td rowspan="3">约定会意</td><td>会意</td><td rowspan="3">象意</td></tr>
<tr><td>转注、假借</td></tr>
<tr><td>形+指事符号</td><td>指事</td></tr>
<tr><td rowspan="3">形声法</td><td rowspan="3">形 + 声
形 + 声兼义</td><td rowspan="2">知意识音</td><td>形声</td><td rowspan="3">形声</td><td rowspan="2">形声</td><td rowspan="2">形声</td></tr>
<tr><td>转注</td></tr>
<tr><td>借声加形</td><td>假借</td><td>假借</td><td>假借</td></tr>
</table>

在这里，首先对“字之用”的转注和假借提出不同的看法。《说文解字》“六书”中，转注和假借被认为是用字之法，而非造字之法。这一点，有人认为，从许慎在《说文解字》中只以象形、指事、会意、形声四者解析字形的做法，可以得到证明。但是，实际情况并非完全如此。

转注，许慎的解释是“建类一首，同意相受”，例字就是“考”“老”两个字。有人说《说文解字》中有165对转注字，也有人说发现了400多个转注字，但这些都只是个人见仁见智的理解。仅就许慎的本意来说，转注字的特征为：两字同一部首，意义相同，可互相解释，转相为注，如“老者，考也”，“考者，老也”。分析这两字的字形结构，“老”为形（耂）+形（匕），“考”为形（耂）+声（丂），可以分别归入“形+形”的会意字和“形+声”的形声字。它能造新字吗？如果对于“老”字而言，我们未尝不会认为“考”字就是借用“老”的省形“耂”+声符“丂”而造的新形声字。

假借，“本无其字，依声托事”，借已有字的声（当然包括形）来表达新的意思，分两种情况：一种，只借用而不另加形符，如花（开花）—花（花销）、闻（听）—闻（嗅）、夫（丈夫）—夫（语助）等，未造新字；另一种，借用后再加上形符，以区别于所借之字，如莫—暮、云—雲、要—腰等，这就造新字了，所造的新字按结构归于形声字。

所以，我们认为，汉字“六书”都有造字功能，就是班固说的“造字之本”。因此，不能以“四体二用”之说，忽略转注、假借，而只讲象形、指事、会意、形声“四书”。

在此，我们立足汉字文化学，紧扣汉字结构形体，在对汉字“六书”重新分析归纳的基础上，提出汉字构形三法：象形法、形意法和形声法。

（一）象形法

象形法，与“六书”的象形一致，通过描摹事物的形体轮廓或局部特征而构成独体象形字，可以直接因形见意，如“日、月、水、火、人、手、牛、羊”等。这是最初、最基本的造字法。说它最初，是指造字之初，都要经历的“画成其物”的过程；说它是最基本的，是指象形字成为构字的基础构件，后来其他新生字基本上都是在象形的基础上组合而成。象形的方式，有三种，见表 5-11。

表 5–11　象形方式及例字

象形方式	例字
整体象形	日（[illegible]）、月（[illegible]）、鱼（[illegible]）、马（[illegible]）
轮廓象形	犬（[illegible]）、木（[illegible]）、山（[illegible]）、门（門）、户（戶）
特征象形	牛（[illegible]，头部）、羊（[illegible]，头部）、琴（[illegible]，上部调弦处）、弓（[illegible]，弯曲的弓背部）、車（車，轴厢轮部）、竹（[illegible]，叶部）

（二）形意法

形意法，即“形合会意法”。相对于独体的象形，它是构件与构件的组合，是至少由两个构件构成的合体字。这两个或两个以上构件都是独体的象形构件或象形构件 + 指事符号，其结构特点可以形式化表示为“形 + 形”或“形 + 指事符号”。其合体字的意义则由构件组合会意得出。显然，这个类型对应于“六书”的“会意”和“指事”。许慎对于“会意”的说法不如对于“指事”的说法讲得清楚明白，说明这类字就是通过所组合的构件来察识、体悟，进而领会其意义，所以简称“会意”。

比如，“男”字，通过“田”“力”两个构件，来描摹男人在田间用力耕作的场景；“休”字，通过“人”“木”两个构件，来描摹人倚靠树木休息的情景。通过察识所组合的构件构形，综合会意，得出“男性”和“休息”之义。唐兰则省却察识过程，直奔其意，直接归于“象意”——仿佛想象其意义，也有道理。

不过，如果不事先约定字的意义，直接就构件组合进行会意，能准确会意出来吗?

比如“男”字的构件“田”+“力”，在不约定的情况下，也可能会意出“劳作”“耕种”“农事”“农人”等义，却很难准确会意出“男性”之义。

再如“刃”字，“六书”归于指事字，即在“刀”的刀口处加上指事符“丶”，意指刀刃。如果不事先约定，就有可能会意出“刀锋”，也可能是“刀口”“刀刃”，或者其他什么。

又如，“盥”字，通过双“手”+“水”+“皿”（盆）四个构件组合，来描摹在水盆中“洗”这个动作、事件或场景。同样，如果不事先约定，任由人们见形会意，就可能会意出“洗手”“洗菜”“淘米”“洗衣”“捞东西”等。

可见，“六书”的会意字离开了“约定”是无法确切会意的。虽然其意义与构件有紧密的关联，但是还必须经过事先约定指明，才可以准确会意。这也就是本法点明的特点，是“约定会意”，它是语言文字约定俗成规律的具体体现。

形意法比象形法更能造字。据朱骏声《说文通训定声》[①] 汇总，《说文解字》中列为字头的象形字有 364 个，指事字有 125 个，会意字有 1167 个，形声字有 7697 个，合计 9353 字。其中，指事字与会意字合计 1292 个，是象形字的 3.5 倍。用形意法构成的合体字，其组合构件都是有意义的形符（指示符号也是一种特指形符），给人们会意提供了丰富的材料和巨大的空间，最能体现汉字文化的博大精深和迷人魅力，是汉字文化蕴藏丰富、挖掘不尽的宝库。

（三）形声法

形声法，指由表义的形符（或称形旁、义符）和表音的声符（或称声旁）构成合体字的方法，其结构形式为“形 + 声”，所造成的字被称为

① 朱骏声:《说文通训定声》，武汉市古籍书店，1983，第 18～24 页。

形声字。这是“六书”当中最能造字的方法。《说文解字》中列为字头的形声字达7697个，占全书9353个字头的82.3%，充分说明它是汉字的主流造字法。由于它形、声兼表，形为义符，文字的形、音、义三要素都具备，使人能见形知义，又知读音，成为最受欢迎的汉字类型，因而成为最主要的造字方法。如果现代有造字需要，首先采用的就是形声造字法。表5-12所列的新命名的化学元素和一些新概念、新术语，就是用形声造字法造的字。

表5-12 形声法造字表

	字音	形符	声符	声符音	说明或含义
氫	ào	气	奥	ào	新命名的化学元素
碀	tián	石	田	tián	
氕	piē	气	丿	piě	
氘	dāo	气	刂（立刀）	dāo	
氚	chuān	气	川	chuān	
熵	shāng	火	商	shāng	描述热力学系统状态的物理量
砼	tóng	石	仝	tóng	混凝土
犵	hé	牙	合	hé	牙齿咬合

汉字简化也采用形声法，将一些笔画多、结构复杂的会意字通过改为形声字的方法进行简化，因为易于接受，受到群众欢迎。如表5-13所列部分繁体字的简化：

表5-13 形声法简化汉字表

繁体	简体	繁体	简体	繁体	简体	繁体	简体
畢	毕	歷	历	態	态	運	运

续表

繁体	简体	繁体	简体	繁体	简体	繁体	简体
襯	衬	纖	纤	鑰	钥	醞	酝
護	护	竅	窍	藝	艺	樁	桩
華	华	審	审	癰	痈	鑽	钻
艦	舰	勝	胜	郵	邮		

形声字根据形符与声符所处构位的不同，有如表 5-14 所列八种，其中以左形右声结构多见：

表 5-14 形声字的类型

类型	例字
上形下声	字、岗、简、蕾
下形上声	幕、烈、鎏、灸
左形右声	钢、议、沐、睁
右形左声	翎、政、剁、邮
外形内声	围、阁、凰、裹
内形外声	闷、辫、辩、问
形占一角	屎、疆、扈、栽
声占一角	甸、縻、氚、疯

形声字的声符纯粹表声，与意义无关，我们称之为纯形声字。但是，也有部分形声字的声符还兼表义，如《礼记·哀公问》："公曰：'敢问何谓为政？'孔子对曰：'政者正也。君为正，则百姓从政矣。'"构件"正"在这里作为"政"字的声符，同时又像孔子解释的那样，兼表"正当""公正"之义。许慎在《说文解字》里常用"亦声"来解析这类字，如"诏"字，《说文解字·言部》："告也。从言从召，召亦声。"又如"駮"字，《说文解字·马部》："马赤鬣缟身，目若黄金，名曰駮。吉皇之乘，周文王

时，犬戎献之。从马从文，文亦声。”段玉裁在《说文解字注》中将此种类型归于“会意兼形声”（“凡言亦声者，会意兼形声也。”[①]），朱骏声则称之为“形声兼会意”，说《说文解字》中共这种字有 337 个[②]，占形声字总数的 4.4%。实际上，可能不止。有学者认为“总数当在 950 字以上”[③]，约占《说文解字》形声字总字数的 12.3%。这说明形声字的结构形式除标准的“形＋声”外，还有“形＋声兼义”结构，我们要同样重视。

另外，不要以为形声字都有表声偏旁，就一味“秀才识字读半边”，结果把不少字读错，闹出大笑话。这是因为语言是随着时代发展变化的，尤其语音变化更快，一些字的发音古代与现在已经差别很大，若不加分别地按字的声旁去读，自然就会读错。这个错读的概率，或者说，形声字读音不会错的有效率是多少呢？文字学家周有光先生做过调查研究，他于 1978 年发表《现代汉字中声旁的表音功能问题》，通过计算得出形声字声旁的有效表音率为 39%。[④] 2013 年，北京师范大学中文信息处理研究所胡韧奋先生等，以国家颁布的 3500 常用汉字为对象，对其中 2305 个形声字声旁表音的准确度进行测查，结果只有 749 个形声字的声旁可以正确表音（指声韵调完全相同），仅占形声字总数的 32.49%。[⑤]

这些确切的研究数据告诉我们，超过三分之二的形声字的声旁读音是靠不住的。它警示我们：对待形声字，千万不可马虎，读音无把握的，一定事先查查字典，以免读错。同时也提醒我们，想把汉字全部形声化的想法有多么不靠谱。

---

① 段玉裁：《说文解字注》，上海古籍出版社，1981，第 1 页。

② 朱骏声：《说文通训定声》，武汉市古籍书店，1983，第 21 页。

③ 黄宇鸿：《〈说文〉中的“声兼义”现象》，《广西师范大学学报（哲学社会科学版）》1995 年第 1 期。

④ 周有光：《现代汉字中声旁的表音功能问题》，《中国语文》1978 年第 3 期。

⑤ 胡韧奋、曹冰、杜健一：《现代汉字形声字声符在普通话中的表音度测查》，《中文信息学报》2013 年第 3 期。

第六章　汉字的构意

研究了字形，就要研究它所涉及的意义，有人就会想当然地把这里的意义等同于字的意义，误入词义学的研究范畴。从汉字文化学角度说，这里的意义，不是字义，而是字形所蕴含的意义，或者说，通过特定的字形构件而显现或被会悟出来的意义，它与字典中的字义不一样。由于这种意义，只与字形整体结构和具体构件有关，所以我们称之为构意。

第一节　汉字构意概说

一、构意的定义

构意，王宁教授认为，是指“造字意图”，所以又称“造意”①：

汉字形体中可分析的意义信息，来自原初造字时造字者的一种主观造字意图。

例如，“初”字构形中体现的意义是“用刀裁衣”，剪裁是制衣的开始，这个形象用以表现“开端”“开始”的词义。

① 王宁:《汉字构形学导论》，商务印书馆，2015，第55～56页。

> 构形中所体现的意义一旦为使用者的群体所公认，因社会约定而与字形较稳定地结合在一起，便成为一种可分析的客体，我们称作构意，也称造意。

我们觉得，用“造意”来定义“构意”，涉及面有些狭窄，不利于反映汉字文化的全貌。

我们认为，汉字构形与汉字构意是一对相关概念。汉字构形是指汉字的结构形体，汉字构意就是汉字构形所蕴含的文化意义。

我们依据构形来探索其构意，正是汉字文化学的根本所在。所以，构意就是汉字构形所体现、所蕴含的全部意义，它不仅仅包括最初的造字意，还包括本义和在本义基础上的引申义和发展义，当然还有从字形构件搭配中所产生的新义。

比如“王”字，甲骨文和金文、，为锋刃向下的斧头形。斧形的钺是远古时期最重要的工具和武器之一（见图 6-1），借以象征武力和权威。由此蕴含的文化意义，就是远古为王靠武力，也就是“武力为王”。显然，这是“王”字的最初造意。

图 6–1　大型虎纹钺

秦代小篆“王”字，字形变为三横一竖，许慎《说文解字・王部》依据小篆“王”的字形提出了三种新的构意。一是董仲舒说“古之造文者，三画而连其中，谓之王。三者，天、地、人也，而参通之者，王也”，二是孔子说“一贯三为王”，三是许慎说“天下所归往也”。

许慎说，是谐音取义，与我们据形会意不同，更与构形无关，暂且不论。孔子说的“一贯三为王”，也没依据，因为孔子时代尚无小篆，自然不会有三横一竖的“王”字。只有董仲舒依据小篆“王”字字形给出的是文化寓意。这个意义显然不是最初的造意，而是董仲舒赋予的新的文化意义：能把天、地、人都贯通的智者为王，也就是对武力为王的否认，对智者为王的肯定，这正是“王”字构意的新发展。

二、构意的类型

按照我们对于构意的定义，构意有如下类型关系：

- 构意
  - 造意（字源义）
  - 基本义
  - 构件义
    - 构件义
    - 构件形近义
    - 构件组合义

（造意、基本义 → 古文字文化学；构件义、构件形近义、构件组合义 → 今文字文化学）

（一）造意

造意，即造字意图，也就是造字之初的原始意义，也称初始义、字源义。

由于字源义来自于汉字起源之初，因而，最早的甲骨文为代表的古文字就成了探寻的依据。何九盈先生明确提出，要“以古文字为活化石，用考古学的方法，解读这些‘活化石’所蕴藏的文化信息”。[①]

① 何九盈:《汉字文化学（第 2 版）》，商务印书馆，2016，第 134 页。

应该说，何先生的这个提议是很有道理的。如下面各例：

“开”：小篆为，《六书通》中字形为，像两扇门被推开之情形，其造义为“开门”。

“天”：甲骨文为，金文为，小篆为，像人正面顶立之形，且将头部放大以特指，有指事字特点，其造意为“头，头顶”。

“木”：甲骨文为，金文为，小篆为，为树的象形，其造意为“树”。

“色”：小篆为，其构形上为一立人，下为一跪人，会意训斥下跪之人而怒形于色，象形兼象意，其造意为“怒色”。应用之例如《触詟说赵太后》：“太后之色少解。”

通过以上四字解析，我们看到，造意的最大特点，就是象形，或象形又象意，与文字初形结合非常紧密，可以说，造意就是汉字最初构形直接体现的原始意义。这些最初构形，或者称作原始字形，大多属于甲骨文、金文，或者后起的小篆等古文字字形。如果缺乏古文字知识，要获得准确的造意，还是不容易的。

正因为如此，造意的研究，往往可以追溯历史，揭示汉字所蕴含的历史文化，是“以字证史”的重要依据。

（二）基本义

基本义指字的最基础、最常用的意义，简称本义，是转义生发、引申的基础。基本义与造意有密切的关系，一般来说，基本义多是造意，比如“一”“二”“三”“日”“月”“山”“水”等字。但是，也有不一致的情况。

一是造意存在，但不是很常用，而造意的某个引申义因为常用却成了基本义，这种情况还不少。如“开”的造意“开”（门）还存在，由其引申的“开动”义、比喻的“开放”义等成了常用的基本义；“木”的造意“树”在“桃李杏”等字中还存在，而由其造意“树”引申的“木质”义成为比较常用的基本义，在“木”作偏旁的如“桌椅板柜”等字中得到体现。这种意义，因为很常用，人们已经忘记了它是引申义，而把它看作基本义。不过，从学术严谨角度说，还是作为引申义较为确切一些。有一些谈及汉字源流的著作（例如谷衍奎《汉字源流字典》），区分就很清楚，绝不混同，值得肯定。

二是造意消失，由造意引申出来的引申义作为基本义存在。如“初”，《说文解字》卷四“刀部”：“始也。从刀从衣。裁衣之始也。”用刀裁衣，即是造意，引申为裁衣之始、开初。后来，造意“用刀裁衣”消失，引申义“开始”成为常用基本义。再如，“啬”字，构形为从來（徐灏《说文解字注笺》：“今按：‘來’为麦名。《广雅》曰‘大麦，麰也。小麦，麳也’是也。”①）从亩（同“廪”，粮仓），其造意为收麦（粮）入仓。后来，“收粮入仓”的造意消失，由收粮入仓引申为爱惜粮物，再引申为过分爱惜的“吝啬”，成为基本义。

三是造意失而复得，基本义或与造意一致，或不一致，有所增加。比如“雲”字，因为像云朵之云的“云”字被借用为言说之“云”，就又为云朵新造一形声字“雲”，独体象形字变成合体的形声兼会意字，其造意与基本义大体一致，也有增加，不单指云朵，还指可能降雨的云朵。“云”“雲”成为两个形义都不同的字。只是后来又将“雲”简化为“云”字，使“云”字的造意“云朵”失而复得。

以上这些情况，是我们在分析字形造意与基本义时必须要注意的。

对于一个字而言，基本义是基础和核心，造意可能存在，也可能丢失，但是基本义是一直存在的，所以成为我们关注的重点。我们研究构意，绝对不能忽视构形所承载的基本义。

（三）构件义

构件义，即通过对汉字进行拆解，分析出的构件的文化意义。这方

---

① 续修四库全书编委会：《续修四库全书·说文解字注笺》，徐灏笺，上海古籍出版社，2002，第558页。

面，可以分为三种：

一是构件的意义内容。即将汉字拆解成独立成字的构件，用这些构件的字义来探寻其文化寓意。这是最为常见的方式。

例如：拆解“武”字为“止”“戈”，用“止”（制止）“戈”（武器代表暴力战争）的字义来解释“武”字的思想文化义为“以武制止暴力战争”。

拆解“成”字为“丁”“戈”，用“丁”“戈”的字义来解释“成”字蕴含一人（丁）负戈而象征有战乱的文化寓意。

拆解“好”字为“女”“子”，用“女”“子”（男儿）的字义来解释“好”字为儿女双全即为好的文化寓意。

二是构件形近义。即通过拆解字形，用与构件字形近或有联系的字的意义来解释该字的文化寓意。

例如：拆解“亨”字的构件“了”，用它的形近字“子”的意义联系解释，认为“了”是欲为“子”而不成，寓意不祥，故而斥用“亨”字。

东晋桓玄当朝，僭改年号为“大亨”，有人拆解“亨”字构件近似为“二、月、了”，预测桓玄当败在仲春二月。“二、月、了”即为“亨”字构件的形近字。

三是构件另外组合义。即在拆解出的构件上添加偏旁或笔画，另外组合，以出新义。

例如：将“有”拆解成“𠂇”“月”：“𠂇”加捺为“大”，“月”加日为“明”，然后说“有”字就是“大明”二字去掉了一半，寓意大明江山丢了一半。

对“双堆集”的拆解：“双”是两个“又”，“堆”是“土”“隹”，“集”是“隹”“木”，共有两个“隹”，还称“双”，有人解析其寓意为“佳上加佳”，即好上加好。另有组合，将“双”的两个“又”与两个“隹”分别组合，成两“难””，其寓意竟变为难上加难。

北齐尚书令徐之才开玩笑嘲弄秘书监王昕，就给“王”字加偏旁构成新字，再用新字的字义作为“王”字暗含的寓意“有‘言’则‘〔H言王〕’（同誑），近‘犬’便‘狂’，加颈足而为‘馬’，施角尾而为‘羊’”（《北齐书·徐之才传》），以嘲讽王昕疯狂如狗，低贱如马羊。

可见，构件义虽然依据构件，但因为形近可变通，甚至添加构件重新组合，使构意变化多端，丰富多彩，常能给人意料之外而又觉情理之中的惊奇感受。

综上所述，从汉字文化学分类来看，造意与字源关系紧密，主要通过古文字尤其是甲骨文、金文的分析来获得，属于古文字文化学范畴；构件义主要是能独立成字的构件字的意义，立足于楷书字体，属于今文字文化学范畴。基本义是古今文字文化学的交叉地带，如果仅仅留存在古文字中，就归于古文字文化学；如果流传到今文字中，就归于今文字文化学。

三、构意的特点

一是构意立足于构形，离开构形就无法谈及构意。因为构意是通过汉字形体及其组合方式来蕴含、体现的，所以，离开了构形，构意就无从谈起。尤其是造意，与古文字的最初构形密切相关，是汉字文化在汉字字形上留下的历史烙印。构件义着重于对现代汉字字形中构件的分析，从而会悟出其中的隐藏寓意。不管这种寓意如何离奇，却都与字形构件有或多或少的关系。

二是构意不是字典、词典中罗列的字义、词义，不能通过查阅字典、词典得出，只能通过构形分析得出。因为字典中罗列的是字义，一般不依靠字形，也就无所谓构意；词典中罗列的是词义，已经属于语言文化，而非汉字文化。而且，字典一般都不记录字形构意，如，在“武”字头下就没有“止戈为武”的构意，在“衣”字头下也没有华夏服饰“圆领右衽”特点的构意。

三是构意主要探索的只是汉字的造意（初始义）、基本义（包括常用引申义）和结构组合所隐藏的寓意，不包括其比喻义、象征义。因为比喻义、象征义是语言的运用，与字形无关，属于语言文化，而非汉字文化。

比如，《礼记·曲礼下》云："天子死曰崩，诸侯曰薨（hōng），大夫曰卒，士曰不禄，庶人曰死。"就是说天子和皇帝去世，称"崩"，"崩"就像天崩塌了一样，形容皇帝的地位最高，影响最大；诸侯和二品以上官员去世，称为"薨"，"薨"似天崩以后的余声，形容他们的地位低于天子帝王但也属高贵之列；大夫和五品以上官员去世，称为"卒"，因为他们是有地位、有身份的人，终结了生平，就是"卒"（结束）；士和六品以上的官员去世，称为"不禄"，因为他们不从事农耕，而是靠国家的俸禄生活的，去世意味着不再食禄，故称"不禄"；黎民百姓，生前无名，死后也不能流芳，身名俱尽，所以称"死"，"死"就是"澌"，即消尽时日。这里体现等级尊卑的"崩""薨""卒""不禄""死"，被有些汉字文化学书籍认为是封建等级文化在汉字文化上的反映。显然不对。因为从这些字的构形上分析不出来有如此文化含义。这里用的是字义的象征义或比喻义，换作别的字加以定义也行，不是汉字构形所蕴含的构意，它属于语言文化学。

四、构意的优缺点

构意的优点有：

一是通过构形造意，揭示了字源意义，使汉字的理据性、文化性凸显了出来，极大地提高了汉字的文化历史价值，也丰富了汉字文化学的研究内容。

二是为汉字科学、理性地进行规范提供了文化理据，以避免出现"二简"那样"为简化而简化"、忽略字理文化的错误，确保汉字形意优美。

构意的缺点，是构件析义的尺度不好把握。如果把握不准的话，容易随意曲解甚至导致荒诞，反而歪曲了汉字文化。这是我们应当努力避免的。

第二节　构意与构形的关系

构意建立在构形之上，离开构形就没有构意。构意与构形的关系，具体表现在以下四个方面。

一、构意由整字构形体现

构意由整字构形体现，这类字是不可分解的独体字，多数是象形字，还有一些指事字，其构意通过整体构形可以直接表现出来。如山、水、草、木、牛、羊、豕、犬、车、壶、上、下等，可以直接见形知意。

二、构意由构件组合会意体现

构意由构件组合会意体现，这类字是可以分解出构件的合体字，其构意由其中构件的意义会合体现。

“向”字：甲骨文为，金文为，小篆为，构件为“宀”（房屋）、“口”（通光口），其造意由组合会意为房墙上的“窗户”。因为窗户有朝向，便引申指方向、向着，而后为窗户另造“窗”字。

“美”字：甲骨文为，金文为，小篆为，构件为“羊”、“大”（人），表示人头上有羊头形装饰，会意形貌美之构意。这里须注意：从古文字文化学看，不是“羊大肉肥为美”的构意，因为其下的“大”为“人”（+=），而非大小之“大”。但是，如果从今文字文化学看，确为“羊”“大”，其构意就是“羊大为美”。

“祭”字：甲骨文为，金文为，小篆为，构件为“月”、“又”

（手）、“示”（放置祭祀物品的祭台），组合表示以手持祭品鲜肉置于祭台上致祭，会合体现“祭祀”之构意。

“监”字：繁体为“監”，可分解构件为“臣”（实为“目”字）、“𠂉”（半个“⺮”头，实为“人”字）、“皿”（盛水之盆）三个构件（甲骨文和金文只是两个构件），用人在水盆里看自己的面容来表示镜子。金文将人的眼目放大，并与身体断开，成了三个构件。小篆将“目”混同于“臣”字，隶变中将“人”变为半个“⺮”字头，盆为“皿”。后来因为有了铜镜，又加上表金属的“金”字旁作底，为“鑒”，汉字简化为“鉴”（构件“臣”后来又被草书楷化为两竖），本义为镜子；不加“金”字底的为“监”，本义为从旁查看，引申为监视、监督。该字的造意为以盆中水为镜子，引申为监视、监督，再引申为鉴别、借鉴，见表 6-1。

表 6-1　“监”字的构件与构意

甲骨文	金文	小篆	繁体	简体	构意
			監	监	本义为从旁查看，引申为监视、监督。
			鑒、鑑	鉴	本义为镜子，引申为鉴别、借鉴。

三、构意由构件形近变换体现

构意由构件形近变换体现，指成字构件与形近字构成隐含寓意，这个寓意是本字明面上不具有的。如前面所举“成”字的“有人负戈”而寓意战乱不安，“亨”字的“了”构件有“为子不成”的不吉祥寓意，“王”字被添加“言”（诳）、“犬”（狂）等偏旁而产生贬义，等等，都是构意与构形的这种特殊关系所导致。这也就是测字术得以存在的基础，是汉字应用文化的一大奇观。

四、构形与构意关系失联

由于字形随字体的演变，其中的构件发生变易，本是连接的被断开了，或者原是断开的却被连接在一起，或者讹变为其他形体，切断了造字之初的理据关系，使一些汉字构形与构意关系失联，导致我们无法通过构形探索其所蕴含的构意。王宁教授对此有如下举例[①]：

“朋”在甲骨文里作，是用一挂两向的玉串或贝串来表示一种货币，所以有“朋比”的意思，也做货币的量词。小篆误与（凤）混同，变异成凤凰的形象，以为是“凤”的重文，取凤凰飞而百鸟从的意思来附会“朋党”为本义。隶变则变异为两个“月”，完全看不出理据了。

“要”，小篆作，像一个人叉腰站立之形，解释为“身中也”，是“腰”的本字……隶楷却写作从“覀”从“女”，完全丧失了理据。

“執”，甲骨文作，像一个人的双手被铐在刑具里，楷书经过几番演变，构意完全失去了。

“更”，甲骨文作，金文作，都像以手持锤敲梆子打更的形象，小篆作，形体还延续甲骨文、金文……楷书黏合上下两个构件，失去构意，成为黏合式的新独体字。

“丈”，小篆从十从又，作，像手持丈量工具的形状，楷书黏合上下两个构件，成为新独体字，构意丧失。

“史”，甲骨文作，金文作，像史官手持简册的形状，小篆从中从又，作，完全承袭了甲骨文、金文，解释作“记事者也，从又持中。中，正也”。尽管“中，正也”的说法有些含混，原有的构意基本保存。但楷书黏合上下两个构件，成为新独体字，构意丧失。

① 王宁:《汉字构形学导论》，商务印书馆，2015，第 69～70 页。

所以，尽管有名人大家说过，“每个汉字都是一部文化史”，但不少汉字构形与构意失联，使我们难以翻阅这部文化史。我们要正确面对这个现实问题。

第三节 构意与字义的区别与联系

构意与字义是两个不同范围的概念，由于它们都与意义有关，所以既有联系，又有区别。搞清楚它们的联系与区别，是区分汉字文化学与汉字学的关键，也是正确认识和把握汉字文化实质的关键。

一、构意与字义的区别

（一）概念的来源不同

构意源于构形，是汉字形体的构件及其组合方式所蕴含（或所体现）的文化意义，要通过字形和结构分析而得到；字义，是汉字记载和表达的内容，是汉字形、音、义三大要素之一，可以通过字典完整查阅到。

例如：“婚”字，《现代汉语词典》（第7版）字义为：“婚 hūn ①结婚：~期 | 未~ | 新~。②婚姻：~约 | 结~ | 离~。”而构意，需分析字形：“婚”从女昏声，“昏”兼表意，所蕴含的文化信息有四：一是“婚”字从女旁，说明主要是女子通过结婚寻求家庭依靠和安全保障，透露出女性的弱势；二是“婚”字的声旁兼表意，指“黄昏”，说明古时结婚多在黄昏时进行，有抢婚遗俗；三是“昏”有昏乱之意，形容结婚来客多、事多，比较昏乱；四是有人说结婚的人往往“一好遮百丑”，头脑发昏易做糊涂事。这些构意，既有古文字字源方面的造意，也有今文字构件现代义，反映了古人和今人一定的思想观念和文化习俗，其含义要比字义丰富得多。

“瘦”（shòu）字，《现代汉语词典》（第7版）字义为：“瘦 shòu 形

①（人体）脂肪少；肉少（跟‘胖、肥’相对）：面黄肌~|他近来~了。②（食用的肉）脂肪少（跟‘肥’相对，下同）：这块肉太肥，我要~点儿的。③（地力）薄；不肥沃：~田。④（衣服鞋袜等）窄小：裤子做得太~了，可以往肥里放一下。”而构意，需分析字形：“瘦”，形声字，从疒，叟声。从形旁为“疒”字旁来看，古人有以胖为美思想观念，认为瘦是病态，身体不健康。

（二）概念的内容和侧重点不同

字义，内容全面，一般包括本义、转义和假借义。本义，指基本的、核心的意义，是转义生发的基础。转义指以本义为基础的引申义、比喻义、借代义、象征义。假借义与本义无关，它是借音表义，应该作为另一个字看待，但是因为字形无区别，就作为假借义系在本字头下。举例见表6-2。

表 6–2　字义的类别

例字	本义	转义				假借义
		引申义	比喻义	借代义	象征义	
花	花朵，花开	雪花，水花，烟花，葱花	革命之花，校花	寻花问柳		花钱，花时间
红	红色	红花，红似火	红人，开门红	落红无数，偎红倚翠	闹红，又红又专	
闻	（用耳朵）听	声闻于天，闻名，默默无闻				（用鼻子嗅）闻闻什么味？

构意，侧重于字的基本义，简称本义。本义有的就是初始义或字源义（造意），有的是初始义或字源义（造意）的引申，只是造意丢失，或是因为这个引申义很常用而被当作了基本义。比如，前面所举字例“初”，“用

刀裁衣”的造意丢失，而用刀裁衣为制衣初始的引申义成为基本义。再如“木”字，造意为“树”（榆杨槐柳），引申指“木质”（桌椅橱柜），都作为基本义对待。一般情况下，较少涉及转义与假借义。如“闻”，从耳门声的形声字，其字源义就是用耳朵听，不涉及“名声”之类的转义，更反对与字形无关的假借义“嗅闻”。但在以现代汉字为对象的构件义中，构意是可以涉及基本义之外的转义，甚至是假借义的。

（三）概念各有特点

字义记载的内容比较确定，通过字典列为义项表现得规范而明确，一般不会出现因人而异的释义或说法。而构意，虽然依据构形，但解说者因为思想观念差异或角度不同，构意便有不同的解说。比如“美”字的构意就有三说（见表 6-3）。

表 6–3 “美”字的构意

例字	构意
美  甲骨文  金文  小篆	甲：下部为人，人的头上戴着羽毛之类的装饰物，很像现在京戏中武将头上所戴的雉鸡翎，显得威武而好看。这就是“美”。①
	乙：象形兼会意字。甲骨文下从人，上像有羊形头饰之状，表示形貌好看。……隶变后楷书写作美。②
	丙：“美”是以“羊、大”二字构成的会意字。“大”，在这里既表示健康强壮的男子汉，也有“羊大为美”的含义……第一，视觉上的，即对羊体肥胖强壮的姿态感受；第二，味觉上的，对于羊肉肥厚多油的官能性感受；第三，触觉上的，期待羊毛羊皮作为防寒必需品，从而产生一种舒适温暖的感受；第四，从经济角度预想羊的交换价值，从而产生一种拥有的喜悦感。当这四种感受混合在一起，无疑，稍微震颤的心灵便有了“美”的感受。③

注：①左民安：《细说汉字》，九州出版社，2005，第 430 页。

②谷衍奎：《汉字源流字典》，语文出版社，2008，第 920 页。

③唐汉：《汉字密码》，陕西师范大学出版社，2009，第 4 页。

二、构意与字义的联系

（一）意义内容基本相同

一些结构简单、意义单纯的字，字义与构意基本相同。这种情况较少。举例见表 6-4。

表 6-4 构意与字义基本相同

例字	构意	字义
飧（sūn）	“夕”“食”，会意晚餐。	晚饭
蚊	从虫文声，蚊子。	蚊子
聝（guó） 馘，同聝，正体。	形声兼会意，从耳或声，戈戟征战中斩首割取左耳；被割取的左耳。	征战中斩首割取左耳；被割取的左耳。

（二）意义内容部分相同

由于依据构形的构意重在字源义的挖掘分析，是字的造意，一般情况下，也就是字的基本义。之后产生的转义，多是字的用法的扩展，这就出现了字义内容大于构意的情况，也就是构意与字义仅在本义部分相同，而占字义大部分内容的转义是构意所没有的。这种情况占多数。

例如：“三”字，会意，用三画表示数量三，三个就是它的构意，成为本义，这点上，构意与字义相同。但该字义进一步发展，引申为数量多，就是字义的扩展了。

“口”字，象形，构意为嘴。作为字义，在口的本义上，再引申为人口、出口、伤口等转义，就是构意所不具有的了。

“下”字，指事字，构意为位置在下的。而字义引申为下等、下人、部下、钟敲了五下等转义，又是其构意所不具备的。

“姨”字，形声字。《说文解字·女部》：“姨，妻之女弟同出（都已出嫁）为姨。从女，夷声。”构意为妻子的姊妹。字义之本义与构意相同，但引申为母亲的姊妹（姨妈）、与母亲年龄相仿的女性称谓（如：刘姨、阿姨）、妾（姨太太）等，义项就多于构意了。

（三）意义内容完全不同或构意有而字义无

构意内容与字义内容完全不同，或者构意有而字义无，主要表现在两个方面。

一是构意被显化，加上偏旁成为新字，原字被用作它字，其原有构意消失，自然与现有字义内容不同。这种情况也不少见。

例如：“要”字，金文，小篆，构形为两手叉腰，构意为“腰”部。但“要”因书写流变，失去“腰”意，仅借音用作要不要的“要”字。只好以“要”为声，加肉月旁，另造字表示身体的“腰”部。原“要”字的构意“腰”与字义要不要的“要”完全不同。

“且”字，甲骨文为，金文为，小篆为，是象形字，像先祖的牌位，构意为祖先的“祖”。但因为“且”被借用为连词“而且”的“且”，就给“且”加上表示祭祀的“示”（礻）字旁，另造一个会意字，特表示是需要祭祀的祖先之“祖”，“且”的祖先构意消失。

二是拆解构件所得的构意在字义中无。比如，武则天给自己造了个“曌”字作为名字，其构意为“日月并明，照临天下”，但字典中“曌”的字义同“照”，没有“日月并明，照临天下”之义。公元683年，徐敬业因为被武则天贬为柳州司马，加深了对武则天专权的不满，最终起兵征讨武则天，发出了著名的由骆宾王撰写的《为李（徐）敬业讨武曌檄》。檄文中故意将“曌”字上部的“日月”写作“眀”。《汉语大字典》（第二版）解释说“同‘瞿’，左右惊视。《说文解字·眀部》：‘眀，左右视也。’徐灏注笺：‘左右视者，惊顾之状。’《正字通·目部》：‘眀，瞿本字。’”改字后，其构形带有惊恐不安而“贼眼鹰视狼顾天下人”的贬斥构意，也是

“罂”字义没有的，却赢得当时人信服并接纳。

还有“思”字的构意是用“心脑”思考，“狱”字的构意“两狗吠咬”，“群”字的构意“羊群”等，在其字典的字义中都是没有的。

三、构意与字义非互补关系

构意是汉字文化学概念，字义是汉字学概念，它们有时因为交叉（内容上部分相同）易于混淆，但是，汉字文化学作为一门专门的学科，是不能混淆的。有人说，这两者是互补关系，构意弥补字义中字源学的不足，而字义弥补构意中的转义不足。貌似有理，其实不行，因为构意与字义各有各的运用语境，加之古今字形变化很大，构意是无法并入现代汉字字义之中的。

因此，我们在研究汉字文化学的过程中，由于回避不了字义问题，所以一定要明确构意与字义的联系与区别，始终把研究的立足点置于汉字文化学上，不要被字义、词义等语言文化所干扰。这里的关键，就是紧抓构形不松手，使构意始终建立在构形基础上，而非字义甚至词义的基础上。

第七章　以字证史的汉字历史文化

以字证史，是汉字文化学早期的应用。它揭示了蕴含在汉字构形中的历史文化，证明了汉字是历史文化的“活化石”。下面，分别从社会生活文化、思想观念文化和社会习俗文化三大方面加以论述。

第一节　反映古代社会生活文化

一、天文地理

太阳的东升西落，月亮的阴晴圆缺，天空的电闪雷鸣，四季的寒暑冷热，山川的高低起伏，江河的奔流倾泻……都与先民们日常生活息息相关。看天出行，靠天吃饭，人们对天的敬畏与依赖到了无以复加的地步，所以敬畏天、关注天，掌握天文地理知识，以指导生活作息，成为先民的必然课题。可以说，世界上，没有哪个民族能像中华先民那样重视天文地理。清初著名学家顾炎武说：“三代（夏商周）以上，人人皆知天文。”（《日知录・天文》）话虽夸张，却说明了天文学受重视的程度。许慎在《说文解字・叙》中说：“古者庖牺氏之王天下也，仰则观象于天，俯则观法于地……”天地之象，在汉字这一活化石上自然有充分的反映。

（一）“观象于天”的日、月、星、云、风、雨、雷、电

日

甲骨文　金文　小篆　隶书　楷体

甲骨文因为是用刀刻坚硬的龟甲兽骨，不易刻出圆日，所以近似方形。金文是先做模具再浇铸，所以较圆。小篆字形规范为长圆，至隶、楷字形方块化。但是，不管字形圆不圆，都知道是像圆圆的太阳。其中值得称赞的就是内部有一点或一横，有人据此说中国人首先发现了太阳中有黑子，故以黑点表示。这显然是玩笑：太阳黑子肉眼能看到吗？圆圈和一横（或一点）的构形，蕴含的构意是太阳不是空洞无物，而是其中有内容的实体，最直接观察和感受到的就是太阳的明亮光线。《说文解字·日部》：“日，实也，太阳之精不亏，从囗一，象形。”刘熙《释名·释天第一》曰：“日，实也，光明盛实也。”这光线太多了，就用一横代表。这是多么高的智慧啊！一个“日”字，就把太阳的形状和发光表现出来了。这既是象形字的优越之处，更是这个构形所蕴含的文化意义的独到之处。

月

甲骨文　金文　小篆　隶书　楷体

月亮与太阳一样是个发光（月亮反射太阳光，但造字时先民还不知道是反光）的圆球体，如何与太阳在字体上区别？先民很聪明：月亮最亮时最圆，但毕竟圆少缺多，就描画它的缺月形，其中的一横与太阳中代表光线的一横同义。《说文解字·月部》：“月，阙（缺）也，大阴之精。象形。”

小篆变长方体，其中的一横和封口的一横成为“月”字中的两横。“月”字相对于“日”字，不封口，也就不圆满，使人看到“月”字，就想到天上的缺月，不由地期盼着月圆人圆美梦成真之时，引发文人骚客“月有阴晴圆缺”的诗意感叹，其文化意蕴非常深厚。

星

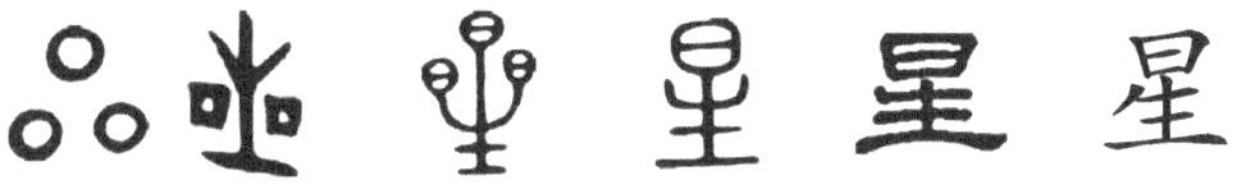

甲骨文　金文　小篆　隶书　楷体

天上除了日月，就是数不清的星星。先民的造字构形，也很智慧：仰望星空，繁星点点，便画三个小圆圈代表众多的星，所以甲骨文写作。后来为了表达准确，又加上声符（生），写作。金文变为上下结构。《说文解字·晶部》：“万物之精，上为列星。从晶生声。”“星”字的构形蕴含一个难解的秘密：我们看到的和先民看到的星都是一点、一点的，先民造字时为什么不用点，却画成了圆圈，难道他们知道那一点、一点发光的星星，就是与太阳一样的圆球体？古人没有天文望远镜，又是如何知道的？我们不得不佩服先民的高深智慧。

云

甲骨文　金文　小篆　隶书　楷体

甲骨文和金文都是云朵的象形。小篆加上了“雨”字头作偏旁，成为会意形声字。这一构形所蕴含的构意显示，先民对天气现象有详细的观察和总结：下雨前会有大量的云朵产生和涌动，下雨更是聚集在云气中的水珠在达到一定重量后的自然下落。云雨的这种相关性，造成“雲”字从雨从云。有人说，“云”字本无“雨”字头，因为被借去表示说话的“说”

（如“子曰诗云”），就只好给“云”加个“雨”字头为“雲”。其实，即使不被借用，“云”也应该加上“雨”字头，因为不管是下雨的乌云，还是晴空飘浮的白云，其实都是水汽的聚集，都是雨云。由此，很佩服给“云”加“雨”字头的先民的智慧，证明了他们对天象的观察和了解细致而深刻。

风

甲骨文　　小篆　　隶书　　楷体

风是无形的，要象形很难。甲骨文用“凤”鸟的形象来表达。这个构形所蕴含的构意，就是古人对风的起源的朴素认识，即神鸟凤的飞行带来了吹卷草木的大风（《说文解字·鸟部》:〔凤〕“出于东方君子之国，翱翔四海之外……莫〔暮〕宿于风穴，见则天下大安宁。……凤飞，群鸟从以万数……”）。秦篆，则是用旗子被风吹展后飘飞的形象成字，比用凤鸟来描述风更直观而准确。小篆则用风把长绢和丝带吹动成折叠和弯曲的形状以表示风，方法同秦篆，可见篆书“风”字的象形思路。后来的汉隶变为“几（凡）+ 虫（虫）”组合的“風”，飘动的丝带被误会为虫，丢失了构意。

雨

甲骨文　金文　　小篆　　隶书　　楷体

云层形成的天幕下，点点雨滴落下，俨然一幅动态下雨图，典型的象形象事。《说文解字·雨部》:“雨，水从云下也。一象天，冂〔tóng，同字框〕象云，水霝〔líng，古同“零”，（雨等）降落〕其间也。”其构意显示雨滴来自云气，这种天象认识，接近科学。

雷

甲骨文　金文　小篆　隶书　楷体

枝杈般的闪电在云朵间弯折穿插，伴随着一声声炸雷震响——甲骨文雷字所描绘的打雷闪电的天象。金文将云朵变幻为圆球形炸雷，与闪电交叉均衡分布，且增加多个炸雷以突出雷声不断。小篆则沿袭“雲”字思维，雷电往往有大雨伴随，去掉曲折的闪电，加上雨字头，形象地展现了暴雨倾盆、电闪雷鸣的天气。隶书简化，只留一个炸雷“田”作代表，以保留其构形寓意。

电

金文　小篆　隶书　楷体

与“雷”字相似，也是雨天有闪电，所以加“雨”字头，金文“电”为下雨时闪电在天幕上曲折闪现的形状。经小篆、隶书规整化而为“電”，下部变形太大，不象形了，最后简化为“电”字，使构意丢失。

（二）“观法于地”的丘、阜、山、原、谷、泉、河、昔

丘

甲骨文　金文　小篆　隶书　楷体

甲骨文字形与“山”字很相近，不同的是山有三个紧挨的峰，而丘是两个峰，且之间有平地相隔，可见古人观察之细微，因为丘陵的特点就是一个个有平地相隔的土山包。丘的本义是在平地上隆起的土山，也即小而低矮的山丘。金文和小篆在保持象形的基础上向笔画、符号转化，隶书、楷书笔形变化更大，看不出土丘的样子了，导致构意丢失。

阜

甲骨文 金文 小篆 隶书 楷体

甲骨文像是一层层的台阶或阶梯，也有人说是一层层凸出的山崖，又像山坡上的石阶。这个字的构形，说明先民由巢居转而选择在坡崖下背风避雨处的洞穴里安居，“阜”就是在坡崖上挖出的供上下出入蹬脚的台阶式坑窝。

因为沿台阶有上下升降，所以用它作左偏旁的字就有坡崖和升降的含义。如“坠”字，甲骨文为，像一个人从坡崖上头朝下坠落；“陟”字，甲骨文为，脚丫向上登攀，意为登上高坡；“降”字，甲骨文为，脚丫朝下登踏，意为下降。可见，象形的“阜”字，真切反映了古代先民穴居时拾级而上或踏阶而下的生活场景。

山

甲骨文 金文 小篆 隶书 楷体

甲骨文像一座有多个高耸山峰连绵并立的大山，金文、小篆乃至楷书，始终保持峰峦并立、中峰高出的形象。汉字中，带构件“山”的字，大都与山岭形态和其高大险峻之意有关，如“崇”“峻”“巍”“峦”

“岗”“崖”等。

原

甲骨文　金文　小篆　隶书　楷体

金文像山崖“厂”（hǎn，凸出的山岩）下有泉水流出来，是水之源头。小篆保持原形。可见“原”字的造意是“源泉”。《左传·昭公九年》：“木水之有本原。”即木有根本，水有泉源。由此义引申为起源、开始、事物的开初等，如原本、原地、原料、原先、原来，又借音指平原。为了突出水源、源头之义，就在左边再加上水（氵），构成左形（氵）右声（原）的形声字“源”，本来的“原”字只代表原来、平原等义，使“原”“源”分工明确。

谷

甲骨文　金文　小篆　隶书　楷体

甲骨文上部像水流，下部像山涧，会泉水流出山涧之意。金文相同，小篆规整化，隶变后楷书写作“谷”。《说文解字·谷部》：“谷，泉出通川为谷。从水半见，出于口。”字形构意为山涧泉水。由于山涧泉水往往夹在山峰之间，故用来指山谷。如今“谷”又被借音作了“穀”的简化字，表示谷物。

泉

甲骨文　金文　小篆　隶书　楷体

甲骨文“泉”字像水从地穴泉眼中涓涓流出，金文保持泉眼流水的形状，小篆外则保持泉眼之形，内如“丁”字形的也是表示“一线如注”的细流。隶楷变形后，独体变为合体，失去象形意味，构意丢失。以致有人仅凭现代楷书，望形生义，认为“白水为泉”。

河

甲骨文　金文　小篆　隶书　楷体

甲骨文第一个为河道之形，第二个为会意字，左为水，右为弯折河道。金文从水，何声，为形声字。篆文省声为可，隶变后水波省为三画，楷书将三画变作三点，写作“河”。《说文解字·水部》：“河，水。出焞（敦）煌塞外昆仑山发原（即源），注海。从水，可声。”本义为黄河。后引申泛指河流（多用于称谓北方河流），如“国破山河在，城春草木深”（杜甫《春望》）。因为天上银河与地上大河相像，所以，河又引申指银河。

昔

甲骨文　金文　小篆　隶书　楷体

会意字。甲骨文为日与大波浪，表示大水，有日上水下的写法，更多的是水上日下。水上日下，形象地表达了洪水滔天、遮天蔽日的景象。这个字，通过构形，反映了地球昔日发生大洪水的史实。字形构意指远古洪水泛滥的日子，引申指昔日、从前。

关于洪水泛滥，《山海经·海内经》记载：“洪水滔天，鲧窃帝之息壤以堙洪水，不待帝命。帝令祝融杀鲧于羽郊。鲧复生禹。帝乃命禹卒布土以定九州。”大意为：大水漫上天际，鲧盗取了天帝的息壤来堵塞洪水，违抗了天帝的命令。天帝命令祝融在羽山近郊杀死鲧。鲧腹中生出禹。然后，天帝又命令禹率部下铺填土壤，平治洪水来安定九州。禹采用疏导法来治水，平定九州水患。

西方的《圣经·创世记》第 6 至 8 章也有洪水泛滥的传说。

可见，地球上确曾发生过一场灭绝人类的大洪水。东西方都以神话传说的方式予以记载。而汉字“昔”，则是通过构形，将昔日洪水滔天的骇人景象永远保留了下来。

二、家国社稷

小至家庭，大至国家社稷，在汉字文化中都有充分的反映。分析这些汉字的构形所蕴含的构意，就可以使我们得以观见古代先民对家国社稷的认知程度和对待方式。

家

甲骨文　金文　小篆　隶书　楷体

甲骨文是房中有一头猪头左向的猪，金文是房中有一头猪头右向的猪，小篆以猪头左向的猪为本做文字化变形，其字形构意就是“有‘豕’（猪）为家”。家中为什么是有猪而不是有人？难道猪比人重要？这样的构形反映了一种什么样的文化信息？对于这个问题，总括起来，有三种解说。

一是人猪共住生活习俗的反映。

上古从狩猎为主的渔猎社会转入以耕种为主的农业社会后，人们开始过定居生活，有了固定的房舍，猪也被驯化圈养起来。为了确保猪的安全，就采用人猪共居的办法，将房屋修建为两层，下层养猪，上层住人。

住人的一层四面有墙，看不见里面的人。养猪的下层，只是用栅栏做围挡，能看见里面的猪。所以，画出的家的样子，就是上面是看不见人的房顶，下面是被圈住的猪，如同甲骨文、金文的字形。

二是祭祀祖先、神明的鬼神文化和财富观念的反映。

上古社会是个多神崇拜、迷信风行的社会，人们敬天畏地，祭祖祀神，少不了要准备祭拜用品——牺牲，而最好的祭品便是猪。所以，对一个家庭来说，圈养的猪，既可以敬神祭祖，又可以改善生活，是一个家庭拥有神明保障和财富地位的重要标志。当时人的寿命只有30多岁，且力弱多病，张口要吃，成为家庭负担。所以，相对而言，猪就重要了，"家"字自然要突显最重要的猪。从原始社会墓穴中往往有大量的猪腭骨作为随葬品的现象看，猪是农业部落时期家庭财富的象征。以猪为家宝的"家"字正是先民祭拜祖先、神明的鬼神文化和财富观念的反映。

三是婚姻家庭制度文化的反映。

家，会意兼形声字。《说文解字·宀部》："家，居也。从宀（mián，房屋，引申为覆盖），豭省声。""豭"（jiā），牡（雄性）豕也。从甲骨文和金文的写法看，猪肚子下突出地描画出了猪的雄性生殖器，说明"家"以公猪为贵。这是什么意思呢？文字学家唐汉有解释①：

> 上古先民在圈养"豕"的时候，会发现野公猪，也就是"豭"常常在晚上光临他们的猪圈，并且使他们的母猪怀孕，生下一窝小猪崽。这些不请自来的公猪，就像上古时期的男子一样，黎明时悄悄离去。野公猪与男人之间，两者有惊人的相似，让古代先民们创造出"家"这个文字，并给我们留下饶有趣味的信息密码。
>
> 这种婚姻习俗，曾经存在过很长一个阶段，殷商晚期，仍普遍流行在商民族的中下层社会。甚至西周时期的姬姜世代通婚，以及孔子

① 唐汉：《汉字密码》，陕西师范大学出版社，2009，第44页。

的“野合”而生，都与这种婚俗有关。秦始皇统一中国后，为制止这种“淫佚”现象，巡狩会稽时，刻石明令：“禁止淫佚，男女洁诚；夫为寄豭，杀之无罪。”“夫为寄豭”，便是说，男子像公猪一般去走婚。“杀之无罪”应该很好理解了。

何九盈先生则认为，这里从豭的“家”字“并不是后人所谓家庭的‘家’，而是一个血族团体”，因为，“豭是公猪，所以，关于‘家’的话语必须要进入两性话语场或婚姻话语场，才有可能获得满意的解决。也就是说，‘家’和‘室’要联系起来考察。”①

从春秋战国时期的资料看，古人是很重视家室的。

《左传·桓公十八年》：“女有家，男有室。”

《孟子·滕文公下》：“丈夫生而愿为之有室，女子生而愿为之有家。”

男子结婚为“有室”，女子结婚为“有家”。“室家”指的就是结成夫妇，“之子于归，宜其室家”（《诗经·周南·桃夭》）。

女子未出嫁时，与母亲一起生活。母亲就是女儿的家。但这个家是名义上的，自己做不了主，是女子暂时寄住的地方。女子只有嫁人了，才算成家立业，有了属于自己的家，所以男人才是女子真正意义上的家。

男子在母亲家里比女子更理直气壮一些，因为不会“嫁出去”。但男子不能老跟在母亲后面长不大，要娶媳妇成家立业，建立属于自己的屋子，这就是妻子所在的屋室，才真正属于自己。“室”字拆开为“宀”+“至”，构意为男人可以去的屋子。

在母系氏族和父系氏族早期，“家”对女子来说就是晚上来的一个男人，将之比作财富的象征“猪”，因为是男性，所以特用公猪“豭”（这里不是骂人，后来嫌猪懒惰、脏兮兮的才有了贬义）；女子所在的“室”就是男子应该走婚去的屋。云南纳西族的走婚制就是这种两性婚姻文化的证

① 何九盈：《汉字文化学（第2版）》，商务印书馆，2016，第139页。

明。从秦始皇统一中国后，颁布禁令“禁止淫佚，男女洁诚；夫为寄豭，杀之无罪”（《史记·秦始皇本纪》）来看，走婚制的时期还是比较长的。

文化发展，社会进步，人们对两性感情、婚姻家庭的认识有了很大提高，女子就直接出嫁到夫家，家室不分了。但在日常生活中，这种痕迹常能见到：已结婚女子回娘家时间长了，母亲或哥哥就会催她回家去；有了媳妇却还围着母亲转的男子，母亲会撵他到自己屋里（媳妇那里）去。

一个“家”字，就有如此丰富的两性婚姻制度和家庭观念的历史文化，可见汉字文化的博大精深。

另外，历史上“家”的概念与今天不同。今天仅指一家一户的“家”，而中上古时期只指母系、父系的大家族，到封建时代称卿大夫的封地采邑为家。

国

甲骨文　　金文　　小篆　　隶书　　楷体

会意字。“或”“域”“國”同源。甲骨文从口（城）、从戈，表示以戈守卫城池。可见在甲骨文中，“或”字就是“国”字。金文左边为，像邑外四界之形。《周礼·地官·封人》：“凡封国，设其社稷之壝（wěi，古代祭坛四周的矮墙），封其四疆，造都邑之封域者亦如之。”金文第二字将其中邑的周围简化为上下两条界线，字形更加简明。因为古代的邦国指的就是一座城池及周围的地域。为了与“或”相区别，又在其外加了一个口，以突出四周范围疆界之意，成为会意字。隶变后楷书写作“國”，如今简化作“国”。《说文解字·囗部》：“國，邦也。从囗，从或。”本义为邦国，古代王侯的封地：“治世不一道，便国不必法古。”（《商君书·更法》）也指都城：“先王之制，大都不过叁国之一。”（《左传·隐公元年》）后来主要指国家：国以民为本，民以食为天。“国”要有地域、城池，就要靠武装（兵戈）来守卫，这便是“国”字的构意所展示的政治文化内涵。

《孝经·争谏》：“诸侯有争臣五人，虽无道，不失其国。”《史记·高祖本纪》：“四月，兵罢戏（戏，通“麾”）下，诸侯各就国。”可见，古代的“国”为诸侯王的封地。

由于“家”是卿大夫的封地，“国”是诸侯王的领地，所以“家”和“国”便相提并论，如《易经·师卦》：“开国承家，小人勿用。”孔颖达疏：“若其功大，使其开国为诸侯；若其功小，使之承家为卿大夫。”《周礼·秋官·罪隶》：“凡封国若家。”《论语·季氏》：“丘也闻有国有家者，不患寡而患不均，不患贫而患不安。”《孟子·离娄上》：“人有恒言，皆曰天下国家，天下之本在国，国之本在家，家之本在身。”可见，“家”与“国”形式上差不多，这也就是“家国一体”的来由。只是“国”与“家”在大小、等级上绝不一样，虽然相提并论，但不是一个词，不是一回事。这就是分封制时代的“国”与“家”。现代，“国”与“家”也有区别，即国是阶级统治的工具，是一个有众多人口、广袤土地、军队和监狱等国家机器的地域和政体；“家”则指姻亲和血缘关系为纽带的一家一户的家庭。“国”与“家”合为一个词“国家”，是偏义复词，仅指“国”。

社

甲骨文　金文　小篆　隶书　楷体

甲骨文像地上立了个大土堆形。金文成为左右结构的合体字，左边为“示”（礻），表祭拜；右边是土上立“木”，为原始的祭社形象。小篆直接为左“示”右“土”，省掉“木”，成为“社”字。隶书、楷书继承小篆，写作“社”，专指土地神：“社，土地神主也。”（《玉篇·示部》）用作动词，指祭祀土神：“择元日，命人社。”（《吕氏春秋·仲春纪》）用作名词，也指祭祀土神的地方或日子：春社，秋社。又借指古代的行政单位：周代二十五家为一社。又引申指从事某种共同工作或生活的集体组织机构，如集会结社，旅行社等。“社”字的文化构意不仅在于对土地的敬拜，还在于与“稷”组成“社稷”一词，凸显农耕文化与社会政治的密切关系。

稷

甲骨文　金文　小篆　隶书　楷体

甲骨文像一个人半跪着侍弄谷禾，有栽种义。金文的左边是谷禾，右边上面是田地，中间是人，下边是向后的脚丫，像人在田地里退着走，有人认为是在插秧。但《尔雅·释草》孙炎注认为“稷”即“粟”，指“谷子”，为北方耐旱作物，不是水田作物，解释为插秧显然不对。有人说“田”为大头鬼，是将“稷”视为谷神而跪拜之意。因为稷为“五谷之长”（《说文解字·禾部》），得之则安，不得则危，所以被敬拜为“谷神”。此说较为有理。金文和小篆演化为形声字，“从禾畟（jì，古同‘稷’）声”。此字的构意表现了先民对农作物种植技术所具有的丰富经验，也展现了古代人们对农业的高度重视。

“社”是土地之神，“稷”是五谷之神。国君有民才有天下，而民以食为天，食则从土地而来，所以，土地和粮食就成为一个国家百姓赖以生存的必要条件。我国自古就是农业大国，土地和粮食从来都是立国之本。所以，古代封土建国，除了立宗庙祭祀祖先外，头等大事就是要建立社稷之坛，合建一处，祭拜土神和谷神，期盼风调雨顺，五谷丰登，百姓温饱，天下安乐。《礼记·祭义》：“建国之神位，右社稷而左宗庙。”“社稷”二神就成为国家生死之神，“社稷”一词就成为朝廷、国家的代名词。史学家班固对此有解说：“人非土不立，非谷不食；土地广博，不可遍敬也；五谷众多，不可一一祭也，故封土立社，示有土地。稷，五谷之长，故立稷而祭之也。”（《白虎通义·社稷》）“社稷”二字，是中国农业立国、农耕文化辉煌发展的历史文化名片。

三、衣食住行

衣食住行，是人们日常生活的四大方面，只有都解决了，生活才算有了保障，人就能生存下去了。所以对人而言，过得好坏，就看这四个方面解决得好坏。《战国策·齐策》的著名文章《冯谖客孟尝君》，就是对衣食住行重要性的典型证明。

冯谖寄食孟尝君门下。一天，他靠着柱子弹剑而歌：“长铗归来乎！食无鱼。”孟尝君就让他与其他门客一样，吃上鱼肉等好饭菜。不久又弹剑歌曰：“长铗归来乎！出无车。”孟尝君就给他配上车子。之后不久又弹剑歌曰：“长铗归来乎，无以为家。”孟尝君知道他是为了老母亲，便派人给其衣食。衣食住行问题全都解决了，冯谖不再弹歌，就开始为孟尝君做大事了。

可见衣食住行对生活的重要，自然就会在汉字文化中得到充分的反映。

（一）服饰：衣、常、裳、裘、表、卒、鞋、冒

衣

甲骨文　金文　小篆　隶书　楷体

甲骨文、金文为象形字，描画的是圆形交领、右衽的上衣。衣领左右相交，右襟小、左襟大，左面覆盖到右边去，故称右衽；中腰用腰带收束。这与北方民族的左衽，以及后来的圆领（毛衣领）、直领（立领）、翻领（中山装）、开领（西装）等都有很大的不同。

图 7–1　汉服图

衽，衣襟。上古时代，上衣多为交领斜襟。黄帝制衣，交领右衽，中国汉族的汉服衣襟都是右衽的（见图 7-1），左边那片包住右边那片，胸口领子的样子看起来就像是英文字母 y 的形状。这是中国汉族人服装的特性。因为中原华夏崇尚右，习惯上衣襟右掩，称为右衽；而古代北方民族崇尚左，衣襟左掩，是为左衽。右衽与左衽，从服饰上鲜明地表现了华、夷之分。服饰无小事，服饰是文化。孔圣人曾经感慨道：“微管仲，吾其被发左衽矣。”（《论语・宪问》）意思是说，若无管仲辅佐齐桓公尊王攘夷，称霸中原，保卫中原地区汉文化不受北方民族的侵扰，我们这些华夏人就会沦为披头散发、衣开左衽的“蛮夷”了！孔子此话，在今天看来，颇有华夏正统大民族主义的偏见，但在当时历史条件下，确实是维护华夏民族团结和尊严的需要。

正是汉字“衣”的圆领右衽构形，为我们保留了汉民族服饰样式文化，更为我们保留了民族尊严和民族服饰特色。

常、裳

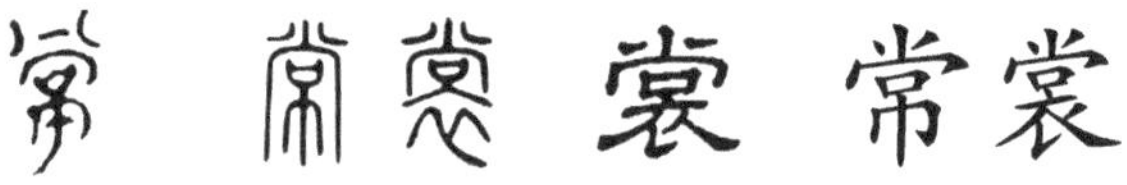

甲骨文　金文　小篆　隶书　楷体

常（cháng），形声字。《说文解字・巾部》：“常，下帬也。从巾，尚声。”从金文构形看，上部“尚”表声，下部“巾”为一大布块，说明是遮盖下体之衣，即下衣，也就是裙装。《诗经・邶风・绿衣》：“绿兮衣兮，绿衣黄常。”《毛诗正义》注云：“上曰衣，下曰常。”上衣因为天热，可以脱去，但下衣遮羞，不能随便脱掉，要经常穿在身上，因而引申出恒久、恒常之意。后来因为“常”字被多用为经常、恒久之意，于是便将“巾”换作“衣”，造出上声（尚）下形（衣）的“裳”字，专指下衣裙装（不是裤子）。

要注意的是，古代汉语“衣裳”（yīcháng）并举，为两个词（见图 7-2），“衣”为上衣，即衫、褂、袄，“裳”为下衣裙装，如《霓裳羽衣曲》。在现代汉语中，“衣裳”（yīshang），为一个词，即衣服。

图 7–2　古代的“衣”和“裳”

裘

甲骨文　　金文　　小篆　　隶书　　楷体

甲骨文是象形字，是甲骨文（衣）的交领处加上外翻的兽毛，有兽毛的衣服就是皮衣。金文第一个“裘”字演变为会意字：在兽毛之衣的交领处加上“”（手），意思是表明手袖如衣领一样有皮毛；第二字则突出手腕袖子上带毛，就把交领上的毛省去。金文的这个造意，突出表示是带袖子的完整皮衣，区别于无袖子的皮马甲之类。小篆将字形拉长，圆领部分与带毛手袖部分高居上部，交领落到下部。隶、楷则将带毛手袖部分升到最高，将圆领拉下来与交领合成“衣”字居下，成为“裘”字。由此可见，“裘”的本义指有袖的“皮衣”。

表

甲骨文　　籀文　　小篆　　隶书　　楷体

甲骨文是象形字，像衣的交领处有外翻的兽毛，即兽毛朝外的皮衣，与“裘”的甲骨文相似。籀文“衣”+“鹿”，表示用鹿皮制作的高级的“表”。小篆改成包围结构，（毛）在“衣”中。隶书误将小篆字形的上半部的领和毛连接在一起，以致兽毛形状、衣领样子完全消失，构形与构意失联。

《说文解字·衣部》：“表，上衣也，从衣从毛。古者衣裘，以毛为表。”徐锴《说文解字系传》：“古以皮为裘，毛皆在外，故以毛为表。会意。”可见，古代是穿毛在外的皮衣，因此，“表”字有外表、表面等义，如“表层”“表皮”“表面”“仪表堂堂”等。

“表”字的构形，所蕴含的文化信息为：古人穿着带毛的皮衣，开初是将毛显露于外，后来则喜欢反穿皮袄，将毛朝内，皮板朝外。现在则视其需要，毛朝内朝外均可。至于“表”字，因为构形变化，“毛在外的皮衣”的构意丢失，目前仅留下引申义“外表”“表面”等义项。

卒

甲骨文　金文　小篆　隶书　楷体

会意字，其异体字为“卆”。甲骨文从衣，从 ×（衣上标记），指带有特殊标记的衣服，一般认为是特指古代隶役穿的一种衣服。金文相同，小篆规整化，将标记号 × 放大，隶变后楷书写作“卒”。也有学者认为，该字的结构正如异体字，从衣从十，是为屈指计数的最后，表示终结，所以“卒”字的构意是制衣的终结，也就是衣服已经做好完成，引申指终结之义，再由终结引申为死。古代士兵的制服上常有一个很大的卒字，就是标明为走向终结的“敢死”之人，表达勇敢之义。这可以从中国象棋上“卒”只能勇敢前进而不能后退的规则得到证明。“卒”后来直接写作“勇”，都表明“卒”是军队中的敢死勇士。

鞋

甲骨文　　金文　　小篆　　隶书　　楷体

找不到小篆之前的字形。仅小篆而言，当是一个会意字。左边的“革”，表示皮革，指动物毛皮；右边是用手系鞋带的写意，交叉打环捆绑得比较结实。构形说明，古人大概都喜欢穿耐磨的绑带兽皮鞋。所以，尽管有“履”（lǚ，小舟般的方头鞋）、“屐”（jī，木头鞋）等，但仍以“鞋”为总称，它证明古代主要以绑带子的猎物毛皮鞋为主。这便是该字形构意所蕴藏的文化信息。

冒

甲骨文　　金文　　小篆　　隶书　　楷体

会意字。古文字中的“冒”字原本是“帽”的初文。金文的“冒”字，上部是一顶帽子的形象，帽下则是一只明亮的大眼睛，这是以“目”代表脸面，指明该物是眼睛之上头部戴的东西。小篆则将“目”上之“帽”两边拉长，像帽子的护耳。楷书将护耳去掉，回归甲骨文的帽子形状，将上部写作冃（非“曰”）。后世，因“冒”字被借作“冒烟”“冒充”之“冒”，所以，当“帽子”用时，只好给“冒”字增加一个表示布巾之类的“巾”字旁，以区别于“冒”，这就形成了一个左形（巾）右声（冒）的形声字“帽”。

（二）饮食：炮、燔、烹、炙、食、饮、饔、飧

《礼记·礼运》：“昔者先王……未有火化，食草木之实、鸟兽之肉，

饮其血，茹其毛……后有圣作，然后修火之利……以炮，以燔，以烹，以炙。”经学大家郑玄注：炮，“裹烧之也”；燔，“加于火上”；烹，“煮之镬也”；炙，“贯之火上”。这就明确了炮（带毛裹烧）、燔（去毛烧）、烹（水煮）、炙（去皮毛火烤）等都是先民饮食加工的方式之一。

炮

甲骨文　金文　小篆　隶书　楷体

甲骨文、金文缺，小篆为形声兼会意字。《说文解字·火部》：“炮，毛炙肉也。从火，包声。”徐灏《说文解字注笺》：“炮本连毛裹烧之名，故用‘包’为声。引申之为凡炮炙之称。”《说文解字》段玉裁注：“毛炙肉，谓肉不去毛炙之也。”《广韵·肴韵》：“炮，合毛炙物也，一曰裹物烧。”郑玄在《礼记·礼运》中注解“裹烧之也”，即用荷叶泥巴包裹住食物放在火中去烧，有名的“叫花鸡”就是如此炮制。可见，“炮”字的构形，蕴藏着“连毛包裹火烧”的烹饪方法。

燔

甲骨文　金文　小篆　隶书　楷体

甲骨文、金文缺，小篆为形声兼会意字。《玉篇·火部》：“燔（fán），扶藩切，烧也。”《韩非子·和氏》：“燔《诗》《书》而明法令，塞私门之请，而遂公家之劳。”《汉书·东方朔传》：“推甲乙之帐燔之於四通之衢。”颜师古注：“燔，焚烧也。”《集韵·平声二·文韵》：“焚，古作燔。”

从这个“燔”字的构形看，右边声符“番”还兼有三番五次之意，说明焚烧的方式是反复在明火中翻烧，目的是除掉肉皮上的细小之毛。

烹

甲骨文　金文　小篆　隶书　楷体

形声字，火（灬）形亨声，声符“亨”为象形字。“烹”与“亨”“享”同源。“亨”“享”在甲骨文和金文中原为一个字，甲骨文的构形像高大台基上有殿堂建筑，为祭祖的宗庙。金文在基座中加一点，指明在这里祭献神明、祖宗之意。小篆上下分开，隶变后楷书分别写作“亨”与“享”。

“亨”字的字形构意为宗庙，由“宗庙”引申为宗庙祭祀的“亨（烹）饪”祭品，如《易经·鼎卦》：“亨，饪也。”因为祭品是献给鬼神来享用的，所以引申为“享用”“享受”，字形变为比“亨”多了一横的“享”（xiǎng）字。又因为神祖享用了祭品，可以保佑后代，使之亨通顺达，“亨”（hēng）字就专表“亨通”之意。后来给“亨”下加“火”（灬）字偏旁，成为“烹”（pēng）字，专表“烹煮”“烹饪”，如《左传·昭公二十年》：“以烹鱼肉。”老子《道德经》第六十章：“治大国，若烹小鲜。”独体象形的“亨”字演变为合体的形声字。

炙

甲骨文　金文　小篆　隶书　楷体

会意字。金文和篆文“炙”，上面是“肉”，下面是“火”，构形所蕴含的构意为以火烤肉。《说文解字·炙部》：“炙，炮肉也，从肉在火上。”本义为烧烤。由烧烤肉块，引申为一般意义上的烧和烤。如成语“炙手可热”，是指手一挨近就觉得热，比喻气焰极盛，权势很大；“脍炙人口”则用人人爱吃烤熟的肉，比喻诗书文章受人欢迎。

以上四字的构形都有“火”字构件，其文化寓意说明：我们的饮食文化传统注重用火烹制的“熟食”，而不主张茹毛饮血的“生食”。熟食杀毒灭菌，便于吸收消化，有利于身体健康和体质的提高，这是文明的进步。而现在有些人倡导生食，说是有利于营养吸收，显然不符合汉字文化所蕴含的饮食文化传统。

食

甲骨文　金文　小篆　隶书　楷体

会意字。甲骨文上边是个朝下的口，下边的食器中盛满了饭，两点象征香气，会张口吃饭之意。金文稍变。小篆规整化。隶变后楷书写作“食”，变形太大，使形意失联。如今作左偏旁时简作饣，字形造意当为张口吃饭，再由动词引申为名词“食品”“食物”等，存意于“馍、饼、饵、饷”等字形中。

饮

甲骨文　金文　小篆　籀书　隶书　楷体

甲骨文像一个人手扶酒坛，弯腰低头伸出舌头去饮用坛中美酒，构形夸张突出口和舌头。金文省去甲骨文字形中的“舌”，只留“口”，弯腰低头的人扬起头站在右边。小篆将金文字形中的“口”写成“今”（即“吟”字省，表音为饮酒的yǐn），右边的人成了打呵欠的“”（欠）。篆文异体字省去“欠”。籀文以“食”代替“酉”（酒），表示喝酒与进餐的关系。隶变后楷书写作㱃（yǐn），《说文解字·㱃部》：“㱃，歠（chuò）也。从欠

畲聲。凡㱃之屬皆从㱃。”“㱃”为“饮”的初文，本义为饮酒，引申为喝（水等液体）。现在楷书以“饮”为正体。《孟子·告子上》：“冬日则饮汤，夏日则饮水。”再引申指可喝的东西，如“饮料、冷饮”，又由“饮用”义引申表示“忍”或“吞”的意思，如江淹《恨赋》：“自古皆有死，莫不饮恨而吞声。”

“饮”字的甲骨文和金文形象生动，与“食”字构形相似，其蕴含的构意为喝酒，说明古代人吃饭多以酒佐食，后来引申泛指喝。楷化后，形体变化较大，形意失联。

饔

甲骨文　金文　小篆　六书通　隶书　楷体

形声兼会意字。表声的“雍”，金文𨿭，为鹡鸰鸟，俗称张飞鸟，早上就在水边鸣叫，这时正是吃早饭时，与“食”合起来表示“早饭”“朝食”。

飧

甲骨文　金文　小篆　六书通　隶书　楷体

甲骨文、金文、小篆缺，六书通“飧”（sūn）为会意字，构形为夕＋食，会意指晚饭。

饔飧两字，从构形说明，是指早、晚两顿饭。《孟子·滕文公上》引农学家许行之言曰：“贤者与民并耕而食，饔飧而治。”意思是说，贤明的君主与百姓一同耕种，通过自食其力的早、晚两顿饭的亲力亲为表率，实现天下大治。

（三）房舍：房、屋、宫、殿

房

甲骨文　金文　小篆　隶书　楷体

形声兼会意字。小篆从户，方声。“户”的甲骨文表示是单扇门的小房或与正房相对的偏房。“方”除表声也兼表旁（旁从方）边之意。隶变后楷书写作房。《说文解字·户部》：“房，室在旁也。从户，方声。”字形构意指古代正室旁边的房间，如“凡堂之内，中为正室，左右为房，所谓东房西房也”（段玉裁《说文解字注》）。引申泛指房屋，如房间、正房、书房、厨房等。因为家族的分支住在不同的地方，犹如在两旁之房，故又引申指家族的分支，如远房亲戚。

室

甲骨文　金文　小篆　隶书　楷体

会意兼形声字。甲骨文从宀（房屋），从至，会意为人至歇息的地方。至也兼表声。金文、小篆基本相同。隶变后楷书写作“室”。《说文解字·宀部》：“室，实也。从宀，从至。至，所止也。”本义指人所安息的堂内的房间、卧室，如“由也，升堂矣，未入于室也”（《论语·先进》），引申泛指房屋、住宅。

宫

甲骨文　金文　小篆　六书通　隶书　楷体

会意兼形声字。甲骨文从宀（像环形房屋透视轮廓形），从吕（像上下有窗口的高墙），会意为门窗俱全的大房。金文、小篆基本相同。隶变后楷书写作宫。《说文解字 · 宫部》："宫，室也。从宀，躳（躬）省声。"字形构意指门窗俱全的大房，泛指房屋，如"入于其宫不见其妻，凶"（《周易 · 困卦》九三爻），后来特指帝王豪华的住所，如皇宫、王宫。

殿

甲骨文　金文　小篆　隶书　楷体

会意字。小篆从殳（shū，表示敲打）从展（同"臀"），会意为身后敲打声，展也兼表声。隶变后楷书写作"殿"。《说文解字 · 殳部》："殿，击声也。从殳，展声。""殿"字字形构意指身后敲打声，引申为行军走在最后，如殿后。又引申指供人们起坐活动的高大堂屋，后专指供奉神佛或帝王上朝理事的高大宫屋，如大雄宝殿、金銮殿等。

（四）出行：步、行、走、车、船、舆

步

甲骨文　金文　小篆　隶书　楷体

甲骨文是一前一后两只脚趾向前的脚掌向前行走。金文相同，只是笔画因为变粗而将脚印涂实，更像脚掌。小篆线条化整齐化，楷书规整为"步"，字形构意为用脚走。见表 7-1。

行

甲骨文　金文　小篆　六书通　隶书　楷体

甲骨文是中间一条大道，左右两侧又有小路，金文则是四通八达的通衢大道。小篆和六书通为篆字变形，看不出通衢大道的样子，却为隶变和楷书打下基础，与今天的楷书“行”近似。显然，“行”的字形构意为“四通八达的路”，《诗经・豳风・七月》中“遵彼微行（háng）”，就是沿着那条小路的意思。有路就可以行走，所以“行”引申为“行走”，如李商隐《瑶池》：“八骏日行（xíng）三万里。”见表 7-1。

走

甲骨文　金文　小篆　六书通　隶书　楷体

甲骨文像人甩动两臂大跨步向前，其字形构意就是“跑”。金文、小篆在下面又添加了脚（止），意思更明确。《说文解字・走部》：“走，趋也，从夭止。夭者屈也”。段玉裁注：“《释名》曰：‘徐行曰步，疾行曰趋，疾趋曰走。’”隶书将上部人体奔跑形象（许慎误以为“夭”）误笔为“土”，造成形意失联。现在的“走”为行走，没有“奔跑”义。“走”类化为走动义的偏旁，俗称“走之旁”，简化作为构件写作“辶”，如“途、达、送、过、随、迁、迈”等字中的偏旁部首。与“走”形义相似的有“辵”（chuò），从彳从止，意为乍行乍止、走走停停。甲骨文为，形意为脚板（，止，即“趾”，脚板）行走在四通八达的大道上（，行，四通八达的大道）。作为汉字偏旁，隶书连写成，楷书写成“辶”。见表 7-1。

表 7-1　步、行、走的字形和古今义对照表

	甲骨文	金文	小篆	古义	今义
步				步行，用脚走	脚步
行				道路，行走	行走
走				跑	行走

车

甲骨文　　金文　　小篆　　隶书　　楷体

甲骨文是象形字，车的整体取自俯视图形，车轮之形却取自侧视图形；中间的一条长的竖线是车辕，车辕的上端是“衡”（驾马处），两个圆形是车轮，串联车轮的是车轴。金文的形体基本上与甲骨文相同，只是更加细致，也更加复杂。小篆的“车”字比较简省，仅保留了一个车轮，具有十分强烈的符号特征。楷书由小篆承接而来，写作“車”，后简化为“车”。

一般认为，下面这个金文“车”字（见图 7-3）是最为复杂的：

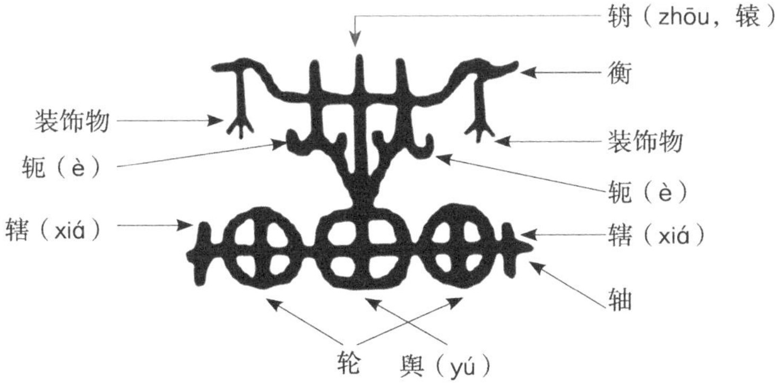

图 7-3　金文“车”字

目前，考古发现最早的车是在安阳出土的商代独辕车。由于形制不同、用途各异，古代的车有许多种类。按照牵引力来分，有马车、牛车和人力车。先秦时代，马车独辕，乘人，被称作“小车”；牛车双辕，载货，被称作“大车”。马车又分为“高车”和“安车”：高车立乘，兵车也属于高车；安车坐乘，卧车都属于安车。不同的车有不同的等级：士乘栈（zhàn）车，乃是用竹木条编制车厢，形制比较简陋；“轩”则供大夫以上贵族乘坐；“辇”原指人力拉的车，汉以后特指皇帝乘坐的车。“舆”为人抬的“车”，即轿子；“轺”（yáo）是指一种轻便、快速的马车。

《史记·秦始皇本纪》：“车同轨，书同文字。”说的是秦始皇统一中国以后，统一了车轨（两个车轮之间的距离）和文字。

“车”有配备兵器“戈”的，就是“战车”，河南淮阳马鞍冢出土的古代战车，车厢上就设有专门插戈的圆筒，正好印证了这个字。

战车都用马驾。按驾马的数量分为二、三、四、六不等。“骈”（pián）、“骖”（cān）、“驷”三字，其构形就分别指明了是两匹马、三匹马、四匹马拉的车。《说文解字·马部》：“驷，一乘也，从马四声。”由四匹健壮的马拉的车，其速度是很快的。有句成语“一言既出驷马难追”，就是说最快的驷马车也追不上语言的速度，警示人们说出的话是追不回来的，所以出言要慎。驷马车才叫一辆战车。在春秋战国之时，战车多少是衡量一个国家强弱的重要指标，“千乘之国”便是大国，“万乘之国”就是超级大国了。驾六匹马的车是级别最高的车，只有天子才能乘用，一般诸侯是不敢僭越的。

一个“车”字，既画出了逼真的形制，表现了先民的聪明智慧，又揭示了日常出行、身份等级、国力强弱、车战争胜等诸多历史文化。

船

甲骨文　金文　小篆　隶书　楷体

金文左边为小船“舟”的象形，右边为由撇捺与口表示的水流与渡口，会意渡口的运输工具“船”。但后来有的人将右半边因为形似误认为“公”，于是楷书写作“舩”；有的人则误认为“几”+“口”，于是楷书写作“船”，现在以“船”为正体，“舩”“舡”为异体。一般将狭长者称为“舟”，宽大者称为“船”。

就“船”字构形的造意而言，仅指渡口的运输工具。

舆

甲骨文　　金文　　小篆　　隶书　　楷体

“舆”（yú）字虽从车，但古文字构形没有车轮，只有轿厢，是由众人四面肩扛手抬的“车”，用于不能通车的崎岖山路，可以载物，也可以载人。载人的，有两人、四人或八人肩抬的轿厢，是所谓高贵者才能乘坐的“车”。形声字“轿”是后起之字，从“车”，说明是人抬的无轮之车。因为车用于作战，作战时要有预先标出车行的带地名的路线图，所以引申为“舆图”；“舆”为众手并举共抬，又引申出意义为公众言论的“舆论”。这些，都是从无轮之车引申而来的。

四、婚姻嫁娶

男大当婚，女大当嫁。一个人只有完成婚娶，才算成家立业。所以，婚姻嫁娶，就是人生大事，关系个人，也关系家族繁衍，更关系国家发展壮大。汉字文化对此等关系人生、家族、国家、社会的大事自然也有生动的描述。

婚

甲骨文　　金文　　小篆　　隶书　　楷体

甲骨文、金文缺，小篆为形声兼会意字。其字形左边是“女”字，右边“昏”字既表音 hūn，又兼表意，即黄昏。“昏”的甲骨文为，像用手触摸下面的日，形象表示太阳落到地平线，人垂手可触日，也即黄昏之时。《说文解字・日部》:“昏，日冥也。从日，氐省。氐者，下也。”许慎的说法，是因为甲骨文上部的手形后来演变为“氏”，不好解释，所以认为是“氐”的省形。

东汉章帝建初四年（79），因为朝廷召开白虎观会议而成书的《白虎通・嫁娶》说:“婚姻者，何谓也？婚者昏时行礼，故曰婚。”这种把结婚仪式和酒席安排在傍晚的风俗，至今在南方一些地方仍有保留。古代嫁娶时间为什么要在黄昏时分举行？一种说法为趁黄昏视物不清、人归家鸟归巢的昏乱之时进行抢婚的旧风俗。

俗话有“男大当婚，女大当嫁”一说，这里的“婚”字，特指男子娶妻。男子娶妻结婚，应该写作“男＋昏”，但实际造字却是“女＋昏”，似有女子昏乱不清、轻视女子之意。一个“婚”字，其形声兼会意的构形，至少蕴含了三层文化信息：抢婚、黄昏时进行、轻视女子。

姻

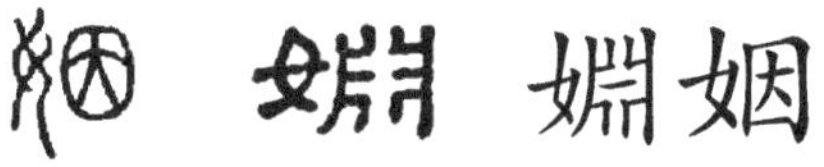

甲骨文　　金文　　小篆　　隶书　　楷体

小篆为形声兼会意字。其字形左边是“女”字，右边是“因”字。“因”字表音，兼表意。“因”的本义为原因、因为，引申为凭借的意思。父权制确立后，中国的婚姻风俗，一般都是女子出嫁到男方家里。新郎的家，因而成为新娘所“因”（凭靠）之处。《说文解字・女部》曰：“姻，婿家也。”《尔雅・释亲》曰：“婿之父曰姻，妇之父为婚。”这是说：亲家之间，女方的父亲叫“婚”，男方的父亲叫“姻”。现代汉语中，“婚”“姻”不加区别，成为一个词，都表示男娶女嫁。

嫁

甲骨文　金文　小篆　隶书　楷体

小篆为形声兼会意字。其构形从女，家声，家也兼表成家之意。隶变后楷书写作嫁。《说文解字·女部》：“嫁，女适人也。从女，家声。”字形构意为女子出嫁结婚以成家。

女子只有出嫁嫁人，才有自己的家，反映了古代女子地位低下、不独立的社会现实，是社会轻视女性的文化表现。

娶

甲骨文　金文　小篆　隶书　楷体

形声兼会意字，从女从取，“取”为声符又兼表意。甲骨文“取”从又（手）从耳，表示（抓到野兽或战俘时）割下左耳之意。金文相同。小篆规整化。隶变后楷书写作“取”。《说文解字·又部》：“取，捕取也。从又，从耳。《周礼》：‘获者取左耳。’《司马法》曰：‘载献聝。’聝（guó）者，耳也。”字形构意为割下左耳。“取”又通“娶”，如《诗经·齐风·南山》：“取妻如之何？非媒不得。”《史记·吴起传》：“吴起取齐女为妻。”后世因为“取”多用于取拿东西，所以又加“女”字旁为“娶”，以明确为婚娶之意。

从“取”有“娶妻”意看，隐含武力抢取之意，说明中上古时代有从战争中所俘获女性为妻妾的抢夺婚习俗。

姓

甲骨文　金文　小篆　隶书　楷体

会意兼形声字。甲骨文字形左边是“女”字，右边是表示草木发芽生长的“生”，既表声音，又表出生之意。整字构形会意，表示在母系氏族社会，一个氏族部落的人是同一女性始祖所生育的后代。金文的“姓”字，右边的字符中间增加了一短横，左边的“女”字旁演变为“人”字，表明此时的社会已进入男性权力时代。小篆的“姓”字与甲骨文相同“从女从生”，似乎在说，男人已不在乎这个字究竟是什么偏旁了。实际上，这一时期，早已是男性姓氏的天下，“张、王、李、刘”等单姓，“司马、诸葛、欧阳”等复姓，均是子女从父系得姓。

《说文解字·女部》：“姓，人所生也。……从女，从生，生亦声。”上古社会，个人以及氏族的“姓”，都源出女性血统。这一点，可以从早期姓氏的文字构形中取得证据。如：“姜”姓，神农居姜水以为姓，从女羊声；“姬”姓，黄帝居姬水以为姓，从女𦣞声；“嬴”姓，帝少皞之姓也，从女，嬴省声；“姚”姓，虞舜居姚虚，因以为姓，从女兆声；等等。

上古时代，平民和奴隶都没有姓，只有代表氏族集团的贵族首领才有姓（实质上是对早期“姓”的权利的垄断）。奴隶没有姓，故“百姓”一词即指有姓的“百官”而非平民百姓，是贵族百官族姓之称，如“群黎百姓”。战国后，平民也有了个人的姓氏，“百姓”一词才用来表示一般的平民。

可见“姓”字构形，是母系氏族社会曾经存在的历史文化证明。

五、礼乐征伐

《论语·季氏》记载了孔子的一句名言：“天下有道，则礼乐征伐自天子出；天下无道，则礼乐征伐自诸侯出。”意思是天下有规矩、有秩序的时候，制作礼乐和出兵打仗都由天子做主决定；天下混乱无规矩的时候，制作礼乐和出兵打仗，由诸侯做主决定。制作礼乐，体现和平；出兵打仗，发动战争。和平与战争，都是国家大事。它们在汉字文化中都有体现，仅“礼乐征伐”这四个字的构形与构意即可说明。

礼

甲骨文　金文　小篆　隶书　楷体

象形兼会意字。最初的“禮”无“礻”字旁，有豊（lǐ）与豐（fēng）两种写法，在甲骨文中是一个字，其上部像许多打着绳结的玉串，下部为“壴”（zhù），是有脚架的建鼓。《说文解字・豊部》：“豊，行礼之器也。从豆，象形。”整字的构形所蕴含的寓意表示击鼓献玉，敬奉神灵。金文、小篆与甲骨文相同。隶变后楷书写作“豊”（表示致祭）与“豐”（表示五谷丰登）。

后来，将事神之豊加“示”写作“禮”，简化时规范为“礼”（礼原来是禮的异体字）。五谷丰登之“豐”仍为原字，现在简化为“丰”。

“礼”字本义为古代祭祀用的礼器、礼品，引申为礼仪，包含当时的等级制度以及行为准则、道德规范在内的社会礼仪、礼俗与习俗。如《礼记・曲礼上》：“夫礼者，所以定亲疏，决嫌疑，别同异，明是非也。”又如《左传・成公三年》：“其竭力致死，无有二心，以尽臣礼。”这些所谓的“礼”，其等级尊卑非常严明，有“礼不下庶人，刑不上大夫”的制度。

中国人素以礼尚往来自许，又以礼多人不怪自我慰藉。在上古时期，送礼是一种公开之举。因而，送礼的击鼓张扬，收礼的酒席招待，光明正大，其乐融融。今之送礼，除了诚挚的亲朋交往外，其他的已经变味，令人遗憾。

乐

甲骨文　金文　小篆　隶书　楷体

象形字。甲骨文像木物上绷有丝弦，金文则在中间加上一个“白”字，像似弹拨的指板或调弦松紧的器物。总体上看，像古代有丝弦的弹拨乐器。小篆、隶书使变化线条规整。楷书写作“樂”。后来，通过草书楷化，简化为“乐”。

因为是弹奏音乐的器具，“乐”字读 yuè。音乐使人快乐，故“乐”又读 lè。令人快乐的东西自然会让人喜欢，所以“乐”又读 yào，表示喜好，如“知（智）者乐水，仁者乐山”(《论语·雍也》)。不过，大部分人将这里的 yào 读 lè，说不定“约定俗成”，最后会统一读“lè”。

此字构形所蕴含的文化信息说明，中国古代乐器主要是丝类的弦乐，如琴、筝、箜篌、琵琶、二胡、板胡等，样式繁多。因为琴多用多见，所以“琴”也就成为乐器的代表，所谓“琴棋书画”即是体现。

征

甲骨文　金文　小篆　隶书　楷体

会意字。甲骨文从彳（道路，行）、从（止，脚趾朝前的脚，表行动）、从口（城池），构形会意为对着城邑行进，引申为“征伐”。金文将城邑填实；小篆将左边道路换作辵（走），右边城邑缩变为一横。隶变后楷书写作“征”。《说文解字注》：“正行也（释言、毛传皆曰：征，行也。许分别之。征为正行，迈为远行），从辵正声（形声兼会意，诸盈切，十一部。廴部又有延字，行也）。”“征：延或从彳（引申为征伐。孟子曰：

征之为言正也。)”括号中是段玉裁的注解，显然是针对小篆字形而言。

因为“征”字是会意兼形声字，右边的“正”字所标示的“正当”“正义”就贯穿在“征伐”中。所以，凡是出现“征伐”“征讨”字眼，就表明行为是正义的，是对非正义的惩罚。这也就是“征”字构形所蕴含的文化意义。

伐

甲骨文 金文 小篆 隶书 楷体

会意字。甲骨文左边是面朝左站立的一个人，右边是一把长戈，戈的长锋戳透了人的脖子。其构形的会意为“击杀”。金文与甲骨文大致相同，篆文左右结构不变，只是将人、戈分离。隶变后楷书写作“伐”。《说文解字·人部》:“伐，击也，从人持戈。”可见本义为击刺、砍杀，引申指砍（坎坎伐檀兮）、击（撞洪钟，伐灵鼓）、攻打、讨伐（奉辞伐罪）等义。

古代有“九伐”之说，即九种须加征伐之事，见《周礼·夏官·大司马》:“以九伐之法正邦国：凭弱犯寡则眚（shěng）之，贼贤害民则伐之，暴内陵外则坛之，野荒民散则削之，负固不服则侵之，贼杀其亲则正之，放弑其君则残之，犯令陵政则杜之，外内乱、鸟兽行则灭之。”

“伐”常与“征”字连用，所以也有征伐邪恶之正义。这就是它的文化蕴含。

斩

甲骨文 金文 小篆 隶书 楷体

会意字。小篆从車，从斤（斧）。隶变后楷书写作“斬”，今简化作“斩”。

《说文解字·车部》:“斩，截（音 jié。《玉篇·戈部》:“截，亦作截。”）也。从车从斤。斩法车裂也。”按许慎的说法，“斩”字从“车”从“斤”（斧），是古代一种用车裂杀人的酷刑。从该字构形来说，仿佛很有道理。其实，考察古代酷刑，车裂并非常见的杀人刑罚。

车裂，又称轘（huàn）、轘煞、轘裂，就是把人的头颅和四肢分别绑在五辆马车上，执行者抽打马匹，分别向五个不同的方向拉扯，直到把人的身体生生撕裂为五块，所以名为车裂。有时，执行这种刑罚时不用车，而直接用五头牛或五匹马来拉扯，所以车裂又俗称五牛分尸或五马分尸。车裂之刑，场面酷烈骇人，是古代的一种极其残酷的刑罚。一般情况下，它专用于诛杀谋反、篡逆等大逆不道之人。

据有关史料，我国从夏代逐步确立了墨（在脸上刺字并涂墨，亦称“黥”）、劓（yì，割掉鼻子）、剕（fèi，砍掉脚）、宫（阉割生殖器）、大辟（死刑）的五刑制度，其中前四种为伤残身体的刑罚，第五种“大辟”为死刑。

据《刑书释名》记载，周代的大辟分为七等：1. 斩，诛之斧钺；2. 杀，以刀刃刑于市；3. 搏，去其衣而磔（zhé，割肉离骨，断绝肢体）之；4. 焚，以火烧杀之；5. 辜，指焚裂尸体；6. 踣（bó），毙之于市场；7. 罄（qìng），缢之于隐处。又据《汉书·刑法志》记载，战国的大辟又增加 3 种：1. 凿颠（凿去头顶）；2. 抽胁（抽去肋胁）；3. 镬烹（在锅里煮死）。

可见，在周、秦时代，车裂只是死刑中的一种。“斩”刑是用斧钺之类的重型刀斧砍去头颅，虽然骇人，但一刀毙命，它与酷烈骇人的车裂不是一回事。

汉灭秦后废除秦朝苛酷之刑，但在汉初诛戮功臣时仍有夷三族之令，不但五刑俱全，而且揃（jiǎn，分割）其骨肉于市。高后（吕雉）元年（公元前 187 年）废除以上酷刑后，大辟之刑为腰斩（拦腰斩断，让人疼死）、弃市（当众执行死刑）、枭（xiāo）首（砍下人头悬挂城门示众）、磔（zhé，把肢体分裂）。汉景帝中元二年（公元前 148 年）又改磔为弃市。

车裂酷刑的最早记录见于周代。《周礼·秋官·条狼氏》:“凡誓，执鞭以趋於前，且命之，誓仆、右曰杀，誓驭曰车轘。”郑玄注：“车轘，谓车裂也。”春秋时期，车裂之刑不时有闻，如《左传·桓公十八年》中的“轘高渠弥”、《左传·宣公十一年》中的“轘诸栗门”等。车裂酷刑从明确为刑罚并写入律例，起于秦朝，终于西汉。而实际上，战国初期就出现了，直到隋朝还在使用，尽管用例较少。据不完全统计，历史上，受此酷刑的前后有十八人：

郑国权臣高渠弥、陈国权臣夏征舒、东周王室大夫苌弘、战神吴起、秦国变法功勋商鞅、战国时期著名的纵横家张仪、战国时期著名的纵横家苏秦、秦国宦官嫪毐、秦朝丞相李斯、秦末农民起义军陈胜部将宋留、三国吴豫章太守张俊、前凉禽兽白兴、前秦盗母贼、前秦悍妇、五胡十六国南燕尚书左仆射封嵩、西秦乞伏公府、隋朝大臣杨玄感、唐末至五代猛将李存孝。

这十八例车裂酷刑，说起来不少了，但相对于古代随便一场战争所斩杀的成千上万人来说，就太微不足道了，古人不可能将一个使用频度较高的“斩”字只局限于描摹极其少见的车裂酷刑。加之，车裂只用“车”而不用“斤”（斧），更说明“斩”字不是指车裂酷刑，只能是泛指砍杀斩首。但是这个字为什么要从“车”呢？道理很简单：古代斩杀人犯，人犯被关押在囚车上，旁边是肩扛大刀的刽子手，车和大刀是斩杀人犯的主要器具。另外，军营斩人，都是“推出辕门斩首”，辕门即是由战车圈围起来的军营之门，在战车旁举刀砍人，造字者自然将“车”与“刀”（斤）组合为表达砍杀之意的“斩”字了。这应该才是“斩”字构形所蕴含的历史文化意义。

六、生老病死

生

甲骨文　金文　小篆　隶书　楷体

象形会意字，本义是草木从土里生长出来。甲骨文的“生”，整个字形就像地面上刚长出来的一株幼苗，下面一横代表地面泥土，上面歧出的笔画代表茎芽，金文则在中间多了一点，代表初生幼苗带出地面的种子的壳皮，可见古人观察作物初生情况之细致。小篆则把这一点演变成了一横，与地面构成“土”字，上面的茎芽被圆转变形为折笔。隶书与小篆相似，楷书又将小篆的圆转折笔拆分为撇横。《说文解字·生部》：“生，进也，像草木生出土上。”“生”字描绘的是植物在地面上的初始生长，其字形造意指植物的萌发、生长，引申为生长、生育。可见，“生”字是独体字，不能像有的书籍将它分析拆解为“牛”+“一”或“人”+“土”。

老

甲骨文　金文　小篆　隶书　楷体

甲骨文是象形兼会意字。字形像一位长发驼背的老人，手中拄着拐杖，正在踟蹰慢行。金文突出上部毛发以凸显年老之意，拐杖却与手分离，且变形为不知何物的凵。篆文承接金文，将下部的凵再讹为“匕”。隶变后楷书写作“老”。《说文解字·老部》：“老，考也。七十曰老，从人、毛、匕，言须发变白也。”许慎是根据小篆文字所做的解说。字形造意为长发驼背、需要拄拐杖的老人（老头儿、老当益壮）；又引申指时间长（老工人、老领导）。

病

甲骨文　金文　小篆　隶书　楷体

象形兼会意字。甲骨文从人、从爿（疒，疾本字，是床竖起的形象），会意为人得了重病躺在床上，其中的小点像生病时出的虚汗。为了表现虚汗从头上往下流的形状，特将人和床都竖着写。金文偏旁进一步简化，小篆将人身与床叠合在一起，有的又加上声旁“丙”。隶变后楷书写作“病”。《说文解字·疒部》：“倚也。人有疾病，象倚箸（同“著”，即“着”[zhuó]）之形。凡疒之属皆从疒。”字形造意为重病。小病称疾。由于“疒”作了偏旁，便又另加声符“丙”写作“病”，“丙”兼表意。因为“丙”为天干，五行属“火”，古人认为病由内火引起，表现为发烧，这可以说又是今文字文化学的构意，即身体发烧为病。后泛指疾病，与健康相对，引申指人的缺点、瑕疵，如“毛病”“弊病”等。

疾

甲骨文　金文　小篆　隶书　楷体

会意字。甲骨文和金文字形，像一个人腋下中箭之形。小篆的字形把表示人形的“大”讹变为“爿”和其上的一横，成为从疒从矢的形声兼会意字。隶书、楷书承接小篆，写作“疾”。上古时期，弓箭是一种用于血族仇杀的远射兵器，从隐蔽处发射，能使人在未察觉危险的情况下，便已中“箭”。由于弓箭的力度不够，多数情况下，无法使中箭人立即毙命，所以“疾”字的字形造意指中箭受伤。《说文解字·疒部》：“疾，病也。”实质上，“疾”字与“病”字在古时意义上有所区别，“疾”指箭伤之类的外伤，“病”指体质内部的病变；“疾”是小病，“病”则比“疾”的程度大。后来两个字出现了混用，不再加以区分。

死

甲骨文　金文　小篆　隶书　楷体

甲骨文是会意字。甲骨文有的像人在墓坑中，有的像人跪在枯骨（尸体）之旁哀悼，会意为人死。金文承接甲骨文，稍有变形。小篆字形，“死”字左边是人的残骨，右边是人，表示人的形体成枯骨，与魂魄分离，生命终止。隶变后，新加一横，左边枯骨讹变为夕，置于左下；右边“人”构件缩小至右下角讹变为“匕”，楷书写作“死”。《说文解字·死部》:“死，澌也，人所离也，从歺从人。凡死之属皆从死。”对于“澌”，段玉裁注:“澌，水索也。方言：澌，索也，尽也。是澌为凡尽之偁（同“称”）。人尽曰死。”

原始初民，环境恶劣，衣食不保，加上野兽侵害，部族杀伐，年寿都短，死亡是常见的事情，不会因为死个人就大惊小怪。但从“死”字的甲骨文构形看，先民们对死亡还是很看重：面对死者遗骸，垂头跪拜，神情肃穆，这多少都可反映出那时的人们对生死都很看重的文化理念。

吊

甲骨文 金文 小篆 隶书 楷体

会意字。甲骨文从人持缯缴（带绳子的箭），表示人用带绳子的箭射猎之意。金文与甲骨文相同，小篆弯曲变形，隶书简化并规整，楷书将隶书整齐平整化写作“弔”，俗作“吊”，后以“吊”为正体。《说文解字·人部》:“弔，问终也。古之葬者，厚衣之以薪，从人持弓，会驱禽。”

远古时候，野兽横行，死者的尸体因腐烂变味，引来众多野兽。死者家属不愿意自己亲人的尸骨受到野兽的残害，就用当时最好的武器弓箭来驱赶野兽，这就是“弔”字的来历。从字形上看，酷似一个人背了一张弓。唐颜师古在注释《急就篇》时对“吊”字就是这样解说的:“‘吊’谓问终者也。于字，人持弓为吊。上古葬者，衣之以薪，无有棺椁，常苦禽鸟为害，故吊问者持弓会之，以助弹射也。”《吴越春秋》也有类似的记载:“古者人民朴质，饥食鸟兽，渴饮雾露，死则裹以白茅，投于中野。孝子不忍心见父母为禽兽所食，故作弹以守之。”

可见，“弔”字就其构形而言，其造意就是持弓箭护丧，相当于现代的“守丧”，是古代丧葬习俗的反映。但今天的“吊”也不是守丧了，而是祭奠死者安慰其家属，礼毕就走。还有人解释现在的“吊”字说，上为“口”，下为“巾”，会意为张口大哭，用手巾擦泪，所以“吊”的意思就是用大哭祭奠。这显然是依据现代汉字构形“吊”解析的文化意义，可存为一说。

第二节　反映古代思想观念文化

古代思想观念，反映古人的意识，指导古人的行为，汉字自然要记录，也必然在汉字构形与构意中反映出来。本书选取下面六个方面一窥全豹。

一、王权思想

王

甲骨文　金文　小篆　隶书　楷体

甲骨文、金文中是象形字，像一把大斧，最上面是斧柄，下面则是锋利的宽大斧刃，在上古是一种主要武器。手握这种威力强大的武器，象征具有武力威权。所以，拥有这种武力威权之人就是“王”。这就是“王”字的造意，蕴含着“武力为王”的文化意义。

许慎没有看到“王”字的甲骨文和金文，自然解不出“武力为王”的造意。他在《说文解字》中依据小篆“王”字，提出了三种文化释义。对此，我们在本书第六章第一节“构意的定义”中讨论过，除了“一贯三为王”“天下所归往也”，只有“三画而连其中谓之王”是据形新解，确有研究的价值和意义。

“王”字三横一竖，三横代表天、地、人，一竖代表有超人智慧可参通天、地、人的王。这就完成了“天王合一”，使“王”成为天的代言人，成为至高无上的统治者。

《诗经·小雅·北山》：“溥（pǔ）天之下，莫非王土。”《诗经》这首小雅，其实也是解字，将“王”字拆解为“一”（天）+“土”，表示拥有天下土地的人即为王者，突出反映了“王权至高无上”的帝王思想。

尽管董仲舒的解析，给“王”者披上了德智贯通天地人的高尚外衣，但是抹不去“王”字构形最初的造意，那就是“武力为王”的霸道思想。

皇

甲骨文　　金文　　小篆　　隶书　　楷体

象形会意字。甲骨文、金文像一盏光芒四射的灯，下边是灯座和把手，上边是灯碗，其中一点表示里面盛满了油，最上边是光芒四射的灯焰，会意为光焰辉煌明亮。小篆上边讹为“白”或“自”，下边讹为“王”。隶书、楷书承接，写作“皇”。

《说文解字·王部》：“皇，大也，从自。自，始也，始皇者，三皇，大君也。”意思是说，“皇”是“大”的意思，“自”是起始的意思；远古始皇，燧人、伏羲、神农是伟大的君王。许慎把秦篆字形上部错讹的“自”作鼻子解释，显然是不对的。如果他见过甲骨文当然就不会如此解释了。“皇”字的本义为灯火辉煌，是“煌”的本字。由灯焰照射时的辉煌，引申出了“盛大、伟大”的意思。《诗经·大雅·皇矣》：“皇矣上帝，临下有赫。”这里的“皇、上帝”以及青铜铭文中的“皇考、皇祖”等，都是表示“伟大”的形容词。

左民安先生在《细说汉字》一书中，对此有新的解释：小篆“皇”字“是秦始皇改的，‘自’王为‘皇’。这个字只有秦始皇能用”[①]。果真如此的话，这个“皇”字也太有魅力了，成为了帝王独尊、王权至上的代表字。

楷书的“皇”字承接隶书，上部灯盘与光焰讹变为“白”，导致“皇”字的字形与造意失联，使人无法想象原本灯盘上光焰辉煌明亮的样子。但是，“皇”字变成现在的字形后，指称帝王，又与其构件“王”有了直接联系，造成了新的构形与构意的关联。

帝

甲骨文　金文　小篆　隶书　楷体

象形字，甲骨文像用长杆木材搭起的祭天高台，金文又在最上面加一横表示天。所以“帝”字的本义就是祭祀超自然的“天神”，引申指“天帝”，即整个宇宙至高无上的“主宰者”。由“天帝”又可以引申指人间的“帝王”，如“三皇五帝”。小篆把线条拉长又弯曲垂下，其下部讹变成了“巾”，所以《康熙字典》将“帝”字放在“巾”部。其实“帝”字与“巾”字在意义上毫无联系。“帝”的字形构意，是迷信崇拜与君权神授的封建思想文化的综合反映。

朕

甲骨文　金文　小篆　隶书　楷体

① 左民安：《细说汉字》，九州出版社，2005，第425页。

会意字。甲骨文左边是一小舟，右边是双手持篙，字形造意为撑船。战国之时，用作一般人自称，也就是同“我”一样的第一人称代词。秦始皇统一天下后，为了显示皇权独尊，特别选中“朕”字为“天子自称”，臣民百姓一律禁用。为何选中此字？因为“朕”字，构形为双手持篙撑船，寓意掌舵人，皇帝就是操控国家这条大船的舵手，自然就选为帝王专称，以显示皇帝高贵独尊。

二、等级观念

君、臣

甲骨文　金文　小篆　隶书　楷体

甲骨文　金文　小篆　隶书　楷体

“君”，会意字。甲骨文从尹（手执权杖，表治理）、从口（表发令），会意为掌管治理、发号施令之人。金文稍变，突出手执权杖。小篆放大手执权杖部分，“口”部件缩小，说明权利重要，有权才能发号施令。隶变后楷书写作“君”。《说文解字·口部》：“君，尊也，从尹；发号，故从口。”字形构意指权杖在手能发号施令之人。《仪礼·丧服》释曰：“君，至尊也。”

“臣”，象形字。甲骨文像一只眼睛，金文将眼睛竖立起来，表示向上注目，形象地表明了君在上、臣在下的地位等级所表现出来的尊卑差别。

夫、妇

甲骨文　金文　小篆　隶书　楷体

甲骨文　金文　小篆　隶书　楷体

“夫”，象形指事字。甲骨文是人头上插有挽住头发的簪子，“簪子”在这里作为指事符号，特指加冠挽有发髻的成年人。金文以正面形象展示，突出人的高大舒展，簪子更大，体现有能力，有担当。小篆更突出头部和簪子，下部人形双臂下垂。隶书则承接金文，将双臂与簪子拉平为两横，成为今“夫”字，俗话为“天字出头”，更显“夫”（成年男子）有能耐，是说话算话的大人物，地位自然高。

“妇”（婦），会意字。甲骨文是一个跪姿的女子和一把扫帚，会意为从事家务扫除的成年女性。跪姿为女性，本身就是对女性的歧视。有人说不是这样，古代女性做事常取跪姿，所以字就这样造了，并非歧视。仿佛有道理，但在现实生活中并不见女性做事常取跪姿的现象，只能说明这是古代社会制度造成的。古代不尊重女性，女性走路做事都不能如男性一样昂首挺胸，迫使她们低头弯腰甚至采取跪姿做事。扫帚代表清洁打扫等家务劳动，也显示了尊卑有别的等级制度。

这两字，将男尊女卑的封建等级观念灌注在字形上，刻写在构意里。古代生活中，女性要“在家从父，出嫁从夫”，“夫唱妇随”，没有自由。

妻、妾

甲骨文　金文　小篆　隶书　楷体

甲骨文　金文　小篆　隶书　楷体

“妻”，会意字。甲骨文左边是一个跪着的女子，头上有长发，右上部有一“又”（手）字，其构形蕴含男子拖拽女子头发“抢女为妻”之意，是古代抢婚的风俗在文字构形上的反映。

“妾”，会意字。甲骨文像一个跪着的女子，头上有刑具（上部“辛”字，为刑刀），金文与甲骨文大致相同，小篆上部复杂化，隶书将上部简化，楷书与隶书同形，会意为有罪的女子。《说文解字·辛部》：“妾，有罪女子，给事之得接于君者。从辛，从女。”古代女子有罪则罚为奴仆，从事炊烹、舂洗等劳苦贱役。主人如果需要，还要提供性服务，但无名无分，地位比妻子低得多。虽然与“妻”都是“老婆”，但妻是明媒正娶的大老婆，家中女主人；“妾”等级地位低下，只能是“小老婆”。她们之间尊卑有别，等级严明，不可逾越。

三、迷信崇拜

《左传·成公十三年》：“国之大事，在祀与戎。”国家大事，只有两件：祭祀和打仗。而祭祀位列第一，可见其重要。祭祀包括祭天、祭地、祭神灵、祭鬼魂、祭先祖。这些鬼神迷信、祖先崇拜，在汉字文化中都有反映。

示

甲骨文　金文　小篆　隶书　楷体

象形字。甲骨文像用两块石头一竖一横支起的简单祭台，台上一短横表示祭品，犹如供桌或香台子，用以供奉神主，遂成神灵的象征。有的则在立柱左右加小点，表示是刚刚宰杀的新鲜祭品，还有血滴在滴落，以显示对神主的虔诚。隶变后楷书写作“示”，作偏旁在字左时写作“礻”。

《说文解字·示部》：“示，天垂象，见吉凶，所以示人也。从二（上）；三垂，日、月、星也。观乎天文以察时变。示，神事也。”许慎分析字形，说是上（即“二”）天用三点（即“日、月、星”）来给人显示吉凶，可能是受“示”的“显示”意义的影响，有一定道理。

不过，解释为摆放新鲜祭品的祭台以敬神主，比较切合字形和实际情况。因为，上天垂象，不能时时事事都来显示，且相对而言，先民是被动的。加之，有很多很多的事情必须先请示神明，不能等待上天垂象。所以，先民必须主动，才能显得虔诚，也才容易得到神明保佑赐福。这种神鬼崇拜文化充斥在先民生活的方方面面，在原始社会是普遍的现象。汉字中，凡是带“礻”旁的字，多与神灵、祭祀和祈求有关，如“神、祝、祷、祐、福、祸、祲、祠、祈、祥”字等。

祭

甲骨文　金文　小篆　隶书　楷体

会意字。甲骨文从示（祭台）、从又（手）、从肉，表示以手持肉块置于祭台上致祭之意。隶变后楷书写作“祭”。《说文解字·示部》：“祭，祭祀也。从示，以手持肉。”字形构意为祭祀，置备贡品向神灵或祖先行礼，表示崇敬并祈求保佑。

祀

甲骨文　金文　小篆　隶书　楷体

会意兼形声字。甲骨文左边是义符“示”，右边是一个大头的小孩形，意为祈求子嗣。金文相同，从示从巳会意，巳也兼表声。隶变后楷书写作“祀”，异体作禩（sì）。字形构意当为求子之祀，即向神佛进献祭品，请求赐予子嗣的祭礼。后泛指祭祀，通过举行一定仪式，给祖先或神灵进献祭品，祈求神明赐福和保佑。

神

甲骨文　金文　小篆　隶书　楷体

象形字。金文用闪电形表示，有的再加上“示”字旁，表示神灵。小篆的“示”字旁在左，隶变后楷书写作“神”。《说文解字·示部》:“神，天神，引出万物者也。从示、申。”字形构意为天神，引申为万事万物的创造者与主宰者。

鬼

甲骨文　金文　小篆　隶书　楷体

象形字。甲骨文下部像跪着的人形，上为大头，有说是大头面具。鬼的观念源于头颅崇拜。《魏书·氐吐谷浑宕昌高昌邓至蛮獠列传》曰:“獠者，盖南蛮之别种……其俗畏鬼神，尤尚淫祀。所杀之人，美鬓髯者，必剥其面皮，笼之于竹，及燥，号之曰‘鬼’，鼓舞祀之，以求福利。”金文类似，篆书从金文整理，头部冒尖，身形拉长。隶变后楷书写作“鬼”。

《说文解字·鬼部》:“鬼，人所归为鬼。从人，象鬼头。鬼阴气贼害，从厶。”许慎的意思是人死后成为只有魂而无形的“鬼”，用谐音，回归到鬼魂。所以，“鬼”特指人死后离开人体的灵魂。这显然是迷信。

祸

甲骨文　金文　小篆　隶书　楷体

象形兼会意字。甲骨文的“”字是用一块有“凶兆”的卜骨表示祖先不佑、神灵降灾，“”字用狗咬卜骨来会意祸患之到来。金文的“祸”字在第一个甲骨文字形的左边增添一个“示”旁，以表示灾祸与神鬼有关；在卜骨下又增添了一个“口”，强调祸自口中所出。由此，演变为一个会意兼形声字。

在古人心目中，天灾人祸是有区别的：“祸”是人违背祖先神灵意旨所造成的，是祖先神灵不再佑护的结果。所以，《说文解字·示部》解释说：“祸，害也，神不福也。”

福

甲骨文　金文　小篆　隶书　楷体

会意兼形声字。甲骨文是双手捧酒坛献于祭台“示”的形象，表示求神祖保佑赐福之意。金文突出酒具和祭台，省去双手。小篆将酒坛分割三部分为“一口田”，成为从示从畐（fú）的会意形声字，畐兼表声。隶变后楷书写作“福”。《说文解字·示部》：“福，祐也。从示，畐声。”字形构意为以酒敬神求福。

在中国先民看来，人的祸福都离不开神鬼，都要从“礻”字旁，所以，一定要虔诚地祭祀神明，祈求赐福，才能有福报。

四、尊夏攘夷

汉族古称华夏。“华夏”一词最早见于周朝《尚书·周书·武成》：“华夏蛮貊（mò），罔不率俾（bǐ，顺从）。”《左传·定公十年》：“裔（yì，边远地方）不谋夏，夷不乱华。”孔颖达《春秋左传正义》疏曰：“夏，大也。中国有礼仪之大，故称夏；有服章之美，谓之华。华、夏一也。”《尚书正义》：“冕服采章曰华，大国曰夏。”《说文解字·华部》：“华，荣也。”《说文解字·夊部》：“夏，中国之人也。”汉族比其他民族先进、强大，自然产生了轻视其他民族的观念。这种观念在汉字文化中也有所反映。见表 7-2。

表 7-2 古代汉族对其他民族的记载

其他民族简称	所处地域	文献记载
夷	东方	《说文解字·大部》：“夷，平也，从大从弓东方之人也。”
戎	西方	《三国志·蜀书·诸葛亮传》：“西和诸戎，南抚夷越。”
蛮	南方	《说文解字·虫部》：“蛮，南蛮，蛇种。从虫，䜌声。”
狄	北方	《礼记·王制》：“北方曰狄，衣羽毛，穴居，有不粒食者矣。”
胡	北方和西方	《说文解字·肉部》：“胡，牛頟垂也。从肉，古声。”史有“五胡乱华”记载。
貉（古同“貊”）	东北方	《说文解字·豸部》：“貉，北方豸种，从豸各声。孔子曰：‘貉之为言恶也。’”段玉裁《说文解字注·豸部》：“（北方貉）……俗作‘貊’。”
羌	西部	《说文解字·羊部》：“羌，西戎牧羊人也。从人从羊，羊亦声。”

古代汉族对其他民族的总称有戎、狄、蛮、夷，加上方位为东夷、西戎、南蛮、北狄。胡指北方和西方的民族，貉（貊）指东北方的民族，羌

指西部的一个民族。

据古书记载，戎狄多为“披发左衽”。《左传·襄公十四年》说：“诸戎饮食衣服不与华同，货币不通，言语不达。”戎本为武士，但在文本中多称“犬戎”；夷为东方之民，文本中多称“蛮夷”。

反映在字形上，“蛮”从虫，“狄”从犬，“貊”从豸，“羌”从羊，都加上动物名称作偏旁，可见汉字文化中所遗存的古代尊夏攘夷的思想观念。

五、官贵民贱

官

甲骨文　金文　小篆　隶书　楷体

会意字。甲骨文和金文上部是古代房屋之形，下面内部为弓，是武器，与“王”（斧）类似，在古代是有镇压、管制之权的标志。屋室内挂一张大弓，表示权威之所在，也即“官府”。小篆误将弯曲之“弓”讹变为台阶形，或者有意变为台阶，如同宫室中王者在台阶高处，正是官员有权位的象征。用“官”字作构件组成的合体字，也多蕴含高贵、美好之意。举例见表7-3。

表7-3　“官”字作构件组成的合体字

字例	读音	释义
倌	guān	驾车的小臣。《说文·人部》：“倌，小臣也。”
菅	jiān	兰草。清朱骏声《说文通训定声·乾部》：“菅，假借为兰，即兰。”《汉书·地理志下》：“《郑诗》曰：……‘士与女方秉菅兮。’”颜师古注：“菅，兰也。”

续表

字例	读音	释义
帵	guàn	同“冠”。《集韵·桓韵》：“冠，或作帵。”
琯	guān	《集韵》：“古丸切，平桓见。似玉的石。”
	guǎn	玉管，古乐器名。
	guàn	《集韵·谏韵》：“琯，贯玉饰也。”
棺	guān	棺材，装殓死人的器具。但古代，士人官贵用棺，草民席卷土埋。
管	guǎn	古乐器；统辖，管理，管制。
婠	guàn	《广韵》：“古玩切，去换见。美好貌。”
	wān	《说文解字·女部》：“婠，体德好也。”

民

甲骨文　金文　小篆　隶书　楷体

象形会意字。甲骨文像一把利刃刺入眼睛之形。郭沫若先生在《甲骨文字研究》一书中说：“（周代彝器）均作一左目形，而有刃物以刺之……周人初以敌囚为民时，乃盲其左目以为奴征。”[①]“民”最初指战争俘虏，这些战争俘虏被刺瞎左眼，以此作为他们奴隶身份的标志。这些人，身份卑微、地位低下，是繁重体力劳动的承担者。所以，梁启超先生在《太古及三代载记·附三苗九黎蚩尤考》中说：“民之本义为奴隶。”

在先秦早期，“民”的地位十分低下，一个“民”的价格还抵不过一头大牲口。据西周时期的鼎铭文记载，“匹马束丝”就可以买到五个人。

① 郭沫若：《甲骨文字研究》，载《郭沫若全集（第一卷）》，科学出版社，1982，第 70 ~ 71 页。

秦国宰相百里奚就是秦穆公用五张羊皮换回的“奴隶”。由此可见人类早期历史中“民”的地位非常低，古代的奴仆常被比作“会说话的牲口”。

这些，在汉字文化上有明确反映，用“民”字作构件组成的合体字，多有轻贱蔑视之贬义。举例见表 7-4。

表 7–4 “民”字作构件组成的合体字

字例	读音	释义
昬	hūn	《康熙字典·辰集上·日部》：“《正字通》：同昏。唐本《说文》从民省，徐本从氐省。晁補之云：因唐讳民，改从氏，则昬非俗字明矣。”
暋	hūn	《康熙字典·午集中·目部》：“《字汇》：呼昆切，音昏，闷也。”
刡	mǐn	《康熙字典·子集下·刀部》：“【玉篇】刡，削。【集韵】削也。”
氓	máng	《汉语大字典》：“【流氓】原指无业游民，后来指品质恶劣、不务正业、为非作歹的人。”
氓	méng	《汉语大字典》：“《淮南子·修务训》：‘轻赋薄敛，以宽民氓。’高诱注：‘野民曰氓。’”
蟁	wén	《说文解字·虫部》：“蟁，啮人飞虫也。蚊，俗蟁。从虫，从文。”

牧

甲骨文　金文　小篆　隶书　楷体

会意字。甲骨文从攴（pō，手持棍）、从牛，像人持鞭杖正在驱牛之状，会意为放牧。隶变后楷书写作“牧”。《说文解字·攴部》：“牧，养牛人也。从攴，从牛。”本义为放牧牲畜，引申为放牧的人。

中国古代将地方行政长官称为“牧”，所谓“州牧、牧宰、牧伯”等。

《逸周书》记载“王设其牧”,《周礼》说“建牧立监”,“牧”的职责就是“牧民”。这形象地描述了官民之间是“牧人”与“被蓄养的牲畜”、“驯服”与“被驯服”的关系。由此，反映出封建等级观念，封建统治阶级把百姓当作了牲口来管理。

官贵民贱，是汉字文化对中国社会等级尊卑观念的现实反映。这种错误观念对我们今天还有影响，必须努力彻底肃清。

六、重男轻女

女

甲骨文　金文　小篆　隶书　楷体

象形字。甲骨文像面朝左跪着的一个人，上身直立，两臂交叉放于胸前。金文相同。隶变后楷书为“女”。字形本身为跪坐状，且双臂规矩地交叉于前，体现的是卑微、低下和顺服。女子低贱的地位通过汉字构形突出地表现出来了。于是，一些不好的字眼多从女字旁。著者翻阅了一本中型字典，竟然发现，带女字旁含有贬义的汉字居然有 70 多个。见表 7-5。

表 7–5　字典中带女字旁含有贬义的汉字

例字	拼音	字义	例字	拼音	字义	例字	拼音	字义
媪	ǎo	嫉妒	奸	jiān	奸猾	姘	pīn	姘头
妭	bá	旱魃	娇	jiāo	娇气；脆弱	婄	pōu	不肖
婢	bì	奴婢	姣	jiāo	妖媚	孅	qiān	巧佞
婊	biǎo	婊子		xiáo	淫乱	娆	rǎo	烦扰

续表

例字	拼音	字义	例字	拼音	字义	例字	拼音	字义
㜗	cān	贪婪	姱	kuā	夸大	耍	shuǎ	玩弄
	sēn	淫	婪	lán	贪婪	媮	tōu	同"偷"
娼	chāng	娼妓	㜮	làn	同"滥"；贪	妄	wàng	狂妄
媸	chī	貌丑	嬾	lǎn	同"懒"	委	wěi	推脱，推卸
媿	chǒu	丑	嫽	liáo	戏弄	威	wēi	恐惧
	huì	同"愧"	嫚	màn	轻视；侮辱	娒	wǔ	同"侮"
媨	cù	丑	娨	mǎn	傲慢	嫌	xián	讨嫌；嫌弃
婸	dàng	淫逸；放荡	媢	mào	嫉妒	姗	xiān	毁谤
妒	dù	嫉妒	媚	mèi	巴结；讨好	媟	xiè	轻慢；污秽
妬	dù	同"妒"	媔	miǎn	妒忌	媟嬻	xièdú	同"亵渎"
媠	duò	懒惰；不敬	嫼	mò	因嫉妒而怒	婞	xìng	倔强；固执
妨	fáng	妨害	孬	nāo	不好	㛪	yàn	诽谤
妋	fū	贪貌	婗	ní	貌丑	妖	yāo	妖魔
媾	gòu	交媾	嫸	niǎn	贪玩	妷	yì	放荡
妎	hài	嫉妒	奴	nú	奴才	婬	yín	淫
姡	huá	貌丑	驽	nú	驽马	娍	yuè	愚蠢
	huó	羞愧；狡猾	怒	nù	愤怒	嬉	zhǎo	嘲笑
婎	huī	放纵；丑	奻	nuán	諠讼	娺	zhuó	怒
嫉	jí	嫉妒	婄	péi	丑	姕	zī	柔弱貌
妓	jì	娼妓	嫖	piáo	嫖娼			

这里列举的并非全部，其中大多数汉字所表示的诸如嫉妒、猜疑、贪婪、傲慢、愚昧、恼怒、懒惰、淫乱、奸佞等不健康甚至有罪的心理或行为，并非女性所专有。但是，因为男权思想的影响，都用了女字旁的汉字来表达。这是极不公正的，它说明男尊女卑的封建思想对汉字文化的侵蚀

还是很严重的。在汉字文化的研究和运用实践中，我们必须注意清除这些错误思想的影响。

第三节　反映古代习俗文化

习俗文化，多种多样，是传统观念、生活习惯、偏爱喜好等文化方式的典型反映，具有突出、鲜明的地方、行业和个性特色。这些特色当然也会在汉字文化上反映出来。

一、迷信与禁忌

禁忌在中国文化中有多种表现，举不胜举。从汉字文化学角度看，体现在汉字构形上的汉字文化禁忌对汉族而言有迷信禁忌、颜色禁忌、数量禁忌和行业禁忌四个方面。

一是迷信禁忌。这是鬼神迷信思想在汉字构形上的反映。例如，“宁在松下坐，不傍槐边立”。因为，“松”字由“公”+“木”构成，被誉为王公大人之木（树），受到人们敬重、喜爱。而“槐”字由“鬼”+“木”构成，迷信忌怕鬼，自然就忌怕鬼木（树）之“槐”。所以，槐树多植道旁山坡，一般人家住户庭院忌讳种植槐树。

二是颜色禁忌。因为黑色代表黑暗无光、代表恐怖灾难，所以，不好、不祥的汉字多从“黑”字偏旁。

黯：àn，昏黑（黯然）。

默：mò，不说话，不出声（默默流泪）。

黜：chù，罢免（罢黜）。

黠：xiá，狡猾（狡黠）。

黨：dǎng，由私人利害关系结成的集团（死党；结党营私）；偏袒（党同伐异）。

黩：dú，玷污；轻率；轻举妄动（穷兵黩武）。

黥（剠）：qíng，在犯人脸上刺刻涂墨的刑罚。

黵：zhǎn，弄脏，玷污（墨水把纸黵了）。

三是数量禁忌。因为单数代表单独、孤单、不圆满，所以，好事要成双。计数喜双，看好日子要双，特殊的字也写成双，如典型的汉字“囍”。起初是单“喜”字，后来成双喜“囍”字。传说是王安石创造的，当然是无稽之谈，但“囍”字有浓郁的吉祥色彩是不争的事实。现在，在婚庆期间，没人会写、会贴单“喜”字，都只能是新郎、新娘双双欢喜的双“囍”字。

从汉字的演变来看，“囍”字的出现很可能受到了“喆”（zhé，哲）字的启发，“喆”字还写作“嚞”（古同“哲”），与“囍”更相似了。《中华字海》《汉语大词典》都收录了这个字，《现代汉语词典》未收。

四是行业禁忌。如行船的人最忌讳人说与“翻”“沉”“住”等字同音的话。因担心“筯”（zhù）、“箸”（zhù）谐音“住”（船只搁浅停住），而新造一个字“筷”，取谐音“快”，以图顺风顺水、船快如飞。现在大家生活中都用“筷子”，而不用“箸”了。

二、习俗与节庆

（一）习俗

文（文身习俗）

甲骨文　金文　小篆　隶书　楷体

象形字。甲骨文像人胸部有刺画的花纹，是古代文身习俗的反映。其字像人的正面形象，中间胸部有心形符号，还有㐅（×）形符号或其他符号，都是文身的图案符号。金文文身图案更复杂。《说文解字·文部》：“文，错画也。象交文。”字形构意当为文身。

文身的目的，主要是为了显示美以讨好异性，或突显强壮，以威慑对方。《庄子·逍遥游》有“越人断发文身”的记载。

禊（踏春习俗）

甲骨文　金文　小篆　隶书　楷体

形声兼会意字。小篆“禊”，从礻从契。隶书规整化，楷书写作“禊”。《广韵·霁韵》：“禊，祓（fú）除不祥也。从示，契声。”《广雅·释天》：“禊，祭也。”《史记·外戚世家》：“武帝禊霸上还。”刘宋裴骃《史记集解》引徐广曰：“三月上巳，临水祓除谓之禊。”一般于春秋两季在水边举行，阴历三月上旬巳日修禊最为盛行，如王羲之《兰亭序》：“暮春之初，会于会稽山阴之兰亭，修禊事也。”

修禊在汉代以前定为三月上旬的第一个巳日，后来固定在夏历三月初三，如同契约般与神明约定时日。上巳踏春修禊的习俗，发源于周代水滨祓禊，即在水边用熏香的草药洗涤污垢，祭祀神灵以祛除不祥。后来，由朝廷主持，并专派女巫掌管此事，成为官定假日。据记载，春秋时期上巳节已经流行。《论语·先进》：“暮春者，春服既成，冠者五六人，童子六七人，浴乎沂，风乎舞雩，咏而归。”这应当就是当时修禊踏春的情形。诗圣杜甫《丽人行》“三月三日天气新，长安水边多丽人”的诗句，就是唐代踏春盛况的生动写照。

“禊”字的右边构件“契”除表声外，兼表契约约定之义，即与神明（礻）约定：祓除不祥的修禊祓祭仪式，于三月上旬的第一个巳日在水边进行。这就是该字构形所蕴含的习俗文化意义。

葬（丧葬习俗）

甲骨文 金文 小篆 隶书 楷体

会意字。甲骨文像人体在坑内以草掩埋之状，表示埋葬之意。金文变化大，不易辨识。小篆繁化，变成尸体横陈在“一”（垫子）上，四周以草覆盖。隶变后楷书写作“葬”。《易·系辞下》：“古之葬者，厚衣之以薪，葬之中野，不封不树。”就是说，古代安葬，用厚厚的柴草把死者盖住，埋葬在原野之中，是为“裸葬”，且不起坟堆，不栽树木（做标记）。《说文解字·茻部》曰：“葬，藏也。从死在茻（mǎng，众多的草）中。一其中，所以荐（垫）之。《易》曰：‘古之葬者，厚衣之以薪。’”葬之中野，不封不树。这与后来装入棺椁、入土为安的土葬习俗（如从土的“坟”“墓”二字）和现代推行的火葬习俗大不相同。

一个“葬”字，从构形所蕴含的构意中反映了古代早期的安葬习俗文化。

（二）节庆

年

甲骨文 金文 小篆 隶书 楷体

会意兼形声字。甲骨文从人从禾，人背负着下垂禾穗以表成熟的谷物，表示年终作物收获之意。金文稍变，突出下垂的禾穗，且转向左。沉甸甸向下弯曲的谷穗，也寓意着丰收。小篆规整，“人”讹变为“千”。隶变后楷书写作“秊”（〔B 禾 + 千〕），俗作“年”。现在，以“年”为规范字。“年”字的构形与构意失联。本义为谷物成熟丰收，引申指一年的收成，如“稻花香里说丰年，听取蛙声一片”。庄稼一般一年一熟，故引申指时间单位“年”和“年节”。过年，意在庆丰收，也慰劳自己一年的辛苦。“年”在岁尾，又接一年的开头，所以，年节就在新旧年交接之时。按传统农历说，年节就在除夕夜里子时（23：00），因为子时是十二时辰的开始。过了这个时间点，就是过年了，进入新一年了。但现在，中国人中西结合，过年时间节点就卡在除夕夜里零点。近年来，中央电视台春晚直播，到年节时间点，大家都盯着屏幕，听时钟敲响零点整，齐呼“过年了！”夏历正月建寅，是春季的开始。零点过后，就是正月初一。一年之计在于春，所以这个时候的年节就叫“春节”，成为中国人一年里最隆重、最盛大的节日。

这个节日是全国性节假日，历代朝廷都规定有假期。据有关资料，汉朝的春节差不多是七天。唐朝颁布《假宁令》，明确规定：“诸元日、冬至并给假七日。”宋朝则有元日、寒食、冬至各放假七日的规定，公务人员到了年终还有“封印”假期，即十二月二十“封印”停止公务，公务人员回家过年省亲，到次年正月二十回衙“开印”办公。明朝较之宋朝有所缩减：元正（即元日）五天，元宵节十天，冬至三天，年终封印假也缩减到了四天，从除夕夜至新年正月初三。到了清顺治帝时，定每岁封印开印，先期礼部札钦天监行知内外各衙门：每年腊月二十日封印停止办公，明年正月二十开印正式办公。其年假同宋朝一样，一个月。

现在的春节放假 3 天，加上双休日调休，共 7 天。2014 年春节假期（含调休）从正月初一开始至初七，2015 年改为从除夕开始至正月初六，延续至今。不过，民俗是过了正月十五的“大年”，才算是完全过年了。

元旦

甲骨文　　金文　　小篆　　隶书　　楷体

“元”，指事字。甲骨文的指事符号在人的头顶上，意指人的头。金文将人的头部涂实以突出。小篆保持甲骨文形态，将线条拉长。隶书规整化，楷书写作“元”。其字形构意为头，如“狄人归其元”（《左传·僖公三十三年》）。引申为开始，第一，如“元年者何？君之始年也”（《公羊传·隐公元年》）。

“旦”，会意字。甲骨文的下部方块为大地，上部是太阳，太阳下边沿还连着大地，表示太阳刚出地平线，指日出、天明、早晨等，如“雝雝鸣雁，旭日始旦”（《诗经·邶风·匏有苦叶》）。引申指一月的第一天“初一”，如“言倡优尚有五百余，亦有旦、望接送礼数”（南宋楼钥《北行日录》上卷）。望，指月圆十五日或十六日。“元”与“旦”这两个都指第一的字，成为一个节日“元旦”，指一年的第一天，也就是一年的开始。

元旦作为一个词，最早见于南朝梁诗人萧子云《介雅》诗：“四气新元旦，万寿初今朝。”宋代钱塘人吴自牧所撰笔记《梦粱录》卷一“正月”条记载：“正月朔日，谓之元旦，俗呼为新年。一岁节序，此为之首。”

元旦的称谓叫法不一，乙力编辑的《中国古代文化常识》“元旦”条说[①]：

> 元旦，《尚书·舜典》中叫“元日”；汉代崔瑗《三子钗铭》中谓之“元正”；晋代庾阐《扬都赋》中称作“元辰”；北齐时的《元会大享歌皇夏辞》中呼为“元春”；唐德宗李适《元日退朝观军仗归营》诗中谓之“元朔”。我国历代元旦月日并不一致。夏代在正月初一；商代在十二月初一；周代在十一月初一；秦始皇统一六国后，又以十月初一为元旦。汉武帝时又恢复夏历，以正月初一为元旦，自后历代至辛亥革命前相沿未改。

辛亥革命后，采用世界通行的公历，元旦就指公历新年的开始——1月1日。

---

① 乙力：《中国古代文化常识》，兰州大学出版社，2004，第52页。

第四节　反映古代社会生活和思想观念的变化

社会生活不断地发展变化，人的思想观念也在不断地发展变化。作为中国文化载体的汉字，不仅在字义内容中承载了这些变化，就连字形也随之发生了改变，直接地、形象地通过构形反映古代社会生活和人们思想观念的变化，是汉字文化学内容的典型体现。

一、社会生活变化的反映

镬

甲骨文　　金文　　小篆　　隶书　　楷体

会意兼形声字。甲骨文从“鬲”（lì，形状像鼎而足部中空的古代锅类炊具）从“隹”（zhuī，鸟），字形构意为煮禽兽的锅。金文繁化，成为左右结构的形声字：左边加上表金属类的义符“金”，右边改为“蒦”（上下双手抓获一只猫头鹰，为“获”的本字），表声兼表意。小篆承接金文，规整化，隶变后楷书写作“鑊”，今简化作“镬”，本义为古代煮肉类食物的大锅。甲骨文“镬”从“鬲”，无金字旁，说明当时是陶制的煮肉锅。青铜器金属制品出现后，煮肉的锅由陶土制作变成了金属制作，所以加上了金字旁。由此可见古代炊具由陶制品向金属制品的转变。

炮

甲骨文　　金文　　小篆　　隶书　　楷体

“炮”，会意兼形声字。因为用火药发射炮弹，且炮弹在炮膛里如同包裹，所以小篆从火从包会意，“包”也兼表声。隶变后楷书写作炮。异体有礮（从石，駮声）、砲（从石，包声）。《古代汉语词典》“炮”字头下说：“2. pào 武器名。本作‘礮（砲）’，一种投掷石块的机械。自从发明火药，便发展为火炮，于是砲亦写作‘炮’。《水浒传》四十七回：‘只听得祝家庄里一个号～，直飞起半天里去。’”①

从“砲”（礮）→“炮”的构形演变，生动地记载了战争武器从冷兵器向热兵器的转变：火药发明前，是木石机人工抛石的石头砲；火药发明后，成了自动发射、威力巨大的火炮。汉字以这种独特的字形变化，保留了兵器与战争文化的发展轨迹，彰显了它作为历史文化“活化石”的价值。

医

甲骨文　　金文　　小篆　　隶书　　楷体

“医”字小篆为，六书通有等字形，楷书有“毉毉醫”等字，现在简化字截取左上角构件为“医”字。繁体“毉”字从“巫”，说明早期治病主要是通过巫医的念咒跳神祛除邪魔来治病。后来发现，这种精神心理治病方法见效小，相对来说，通过酒水消毒、酒罐拔毒等物理手段

---

① 古代汉语词典编写组编《古代汉语词典》，商务印书馆，2002，第 1143 页。

治疗要有效得多，于是“毉”字改变字形，从“酉”（酒罐），写作“醫”。“医”字字形的变化，体现了医学的发展变化。

二、思想观念变化的反映

辠、罪

甲骨文　金文　小篆　隶书　楷体

“辠”（zuì）为会意兼形声字。金文从辛（刑刀）从自（鼻子），会意为有罪而惩罚以割鼻酷刑。小篆规整化，隶变后楷书写作“辠”。《说文解字·辛部》：“犯法也。从辛从自，言辠人蹙鼻苦辛之忧。秦以‘辠’似‘皇’字，改为罪。徂贿切。”许慎是说，这个字意思指犯法，字形是形容罪人蹙着鼻子将要承受刀斧酷刑的忧愁之相。秦人[①]认为“辠”字像“皇”字，有辱皇帝，特用“罪”字来代替“辠”字。“罪”字从四从非，非事（即不正当、不正确的事）过多（达四件次）即为罪。此字的构形变化，是封建皇帝独尊思想的典型表现。

灾

甲骨文　金文　小篆　隶书　楷体

会意字。小篆从宀从火，用火烧房屋表达灾害之意。“灾”的异体字

① 宋人记载说这个秦人就是秦始皇：“秦始皇嫌‘辠’（原注：《韵略》在上声）字似‘皇’，改为‘罪’，自出己意，谓非之多则有辠也。今经书皆以‘罪’易‘辠’，独《礼记》、《尔雅》，犹有可考。”（宋·张世南《游宦纪闻》卷九）。

有二十几个，这里列出有代表性的六个：巛、甾、菑、災、烖、灾。不同的字体构形，反映了对灾情认识上的不同的思想观念。“巛”的构形像大河流水，波浪滔滔，说明水灾为害，令人担忧；“甾”为水淹田亩的灾害，加了草字头的“菑”字，进一步强调庄稼受灾，荒年无收要饿死人；“災”为水火并发的灾害，叫人惧怕；而兵戈战火相连的战争更是一种灾难，所以“烖”字从“戈”带“火”；家中发大火的“灾”字，往往造成家破人亡的大灾难。这几个异体字，反映了人们对水灾、火灾、战争灾害等为害程度的不同认识。在异体字整理时，选择了用“灾”字表示一切灾害，也体现了对易于造成人身和财产伤害的房屋灾难的重视。

塵、尘

甲骨文　金文　籀文　小篆　隶书　楷体

“尘”字的籀文从二土、从三鹿，小篆简化为上下结构的一鹿一土，隶书规整，楷书承接隶书，为会意字“塵”，意为鹿奔跑时鹿蹄扬起的细小尘土。到了明清时期，人们认为灰尘就是极细小的尘土，无须鹿奔跑，随便什么动静也会飞扬飘洒，所以民间就用会意法造出了“小”+“土”的“尘”字，意思很细小的土，被清朝著名学者吴任臣收录在《字汇补》中。1956年1月公布的《汉字简化方案》就正式明确“尘”为“塵”的简化字。此例说明，字体繁简变化，也有思想认识变化的体现。

第八章　以字说理的汉字现代文化

以字形为据，说事论理，是汉字文化的特有现象。春秋时期楚庄王反对炫耀武力，为了说服臣下，就以字形构意说理，认为“武”字由“止”和“戈”构成，它的意思就是制止兵戈武力（《左传·宣公十二年》：“夫文，止戈为武。”），使臣下口服心服。这种以字说理的汉字文化，在历代都有运用，相比而言，现代运用更为广泛。

第一节　以字说理的类型

以字说理，主要依据字形构件的现代意义进行说理，其类型有三种。

一、以字说事理

以字说事理，就是用字形构成原理来说明事物的客观道理，以理服人。

例如：人不能骄傲自大，自大一点就“臭”了。用“自”“大”“丶”合成“臭”字，说明不能骄傲自大的道理。

“劣”字，“少”+“力”，说明人要是偷奸耍滑少出力，必然为“劣”等、次品，绝对好不了。

“您”字，如果“你”用“心”待人，人就会尊敬“您”。

“王”字，能称王的人都有很大的权力，但是能不能成为能做主的真王而非傀儡，还在于有没有头脑，历史上被权臣玩弄于股掌之中的傀儡皇帝也不少。所以，“主”字说的就是这个道理：“王”有头脑才能做“主”，即“王”字在其上加“丶”作头（代表头脑），就是“主”字。

二、以字说情理

以字说情理，就是用字形构成原理来展示心理情感，以情感人。

例如：俗语常说“忍”字头上一把刀，就是依据“忍”字的字形“刃”+“心”来说情理——刀刃扎在心上也能接受就是“忍”，忍常人难忍之事。虽然难忍，但“忍”字就是如此构成，就能使人从心理情感上接受“忍”。

“愧”字，“心”+“鬼”，心中有鬼，所以惭愧、愧疚。心中无鬼，光明磊落，自然无愧。

“忌”字，“己”+“心”，做人总把自己放在心上是大忌，因为只关心自己，自私自利，损人利己的结果遭人忌恨，最终是害人害己，所以要“忌”。

“患”字，“串”+“心”，一连串的心，多心生疑，患得患失，必有祸患。

三、以字说哲理

以字说哲理，就是用字形构成原理来揭示其经验哲理，以理化人。

哲人说，海纳百川，有容乃大，“海”字的构形就表述了这一哲理，即海由每一滴水汇合形成，所以能成其大，启示人们心胸要开阔，要能包容万物，所谓将军额上可跑马，宰相肚里能撑船！

“林”字，由双“木”构成，独木不成林，众多的树木形成森林，就是该字构形所反映的哲理。

“路”字，“足”+“各”，“敢问路在何方，路在脚下”，各人脚下就是路，路是各自用脚走出来的，其中的哲理深刻而简明。

“值”字，“人”+“直”，为人正直，自然有价值，值得尊敬。

“舒”字，“舍”＋“予”，施舍，给予，舍得给予别人，就会收获舒心快乐。既是佛理，也是哲理。

第二节　以字说理的方式

以字说理的方式，主要是拆解字形，以构件的意义去联想会意，悟出其文化寓意。

一、构件字+构件字

将字拆成能独立成字的“构件字+构件字”，是大部分以字说理的汉字文化所采取的主要解字方式。因为汉字绝大部分是合体字，多数由两个或两个以上汉字组合而成，因而可以很直观地进行拆解。拆解出的部分基本上都有意义，即便形声字，不少的声旁并非单纯表音，也都有意义，这就为“以形释义”提供了条件。在解析字形时，不区分形旁和声旁，也不注意构件的字源本义，只从构件字的现代一般字义着眼，更能发挥其联想会意功能，解析出令人耳目一新、颇有意趣的寓意来。

汉字中的合体字，主要是会意字和形声字。会意字，本身就是由构件会意而成，如前面所列举的“臭”“劣”“您”“愧”“患”“林”等字。

形声字，视同会意字，即把声旁也当表意的形旁看。例如，“佛”字本是左形右声的形声字，可以拆解为形旁“亻”和声旁“弗”两个构件字。但是，在“以字说理”中，只依据两个构件字的意义去联想发挥，单立人“亻”是“人”作偏旁，“弗”的意思是副词“不”，由此联想会意：

从“佛”字看出，佛不是人，可能是神，也可能比神还高，所以，此字的构意为“人不能成佛”，这与禅宗“人人都能成佛”“顿悟成佛”的观念是相反的。当然，也可以解释为佛不是一般的俗人，而是觉悟了的高人。

二、构件字＋笔画

将字拆成能独立成字和不能独立成字的“构件字＋笔画”，这种类型所涉及的字有合体字，也有被认为是不能拆分的独体字。比如，前面所举的“臭”字，就是合体字，本是由“自”＋“犬”构成，但在“以字说理”中，拆分为“自”＋“大”＋“丶”的两个构件字和一个笔画。

前面所举“主”字，本是独体字，但是为了便于“以字说理”，就拆分为“王”＋“丶”的一个构件字和一个笔画。

“办”字，拆解为“力”＋“丶”＋“丶”的一个构件字和两个笔画，两个“、”被形象化为出力时流的汗水，它的寓意为：办事，就要出力、流汗，不出力、出力小未流汗，就不是“办”，所以，也就办不成事；如果你出大力、流大汗，汗水摔八瓣，就没有办不成的事！虽然有些牵强，似乎还有一定的道理。

在这种类型中，对笔画的想象尤为关键，笔画与构件字要一起联想会意，产生事理意趣。如“臭”字中的点被想象为数量，“主”字中的点被想象为头脑，“办”字中的点被想象为汗珠，如同董仲舒将“王”字的三横想象为天、地、人一样，有异曲同工之妙。

三、笔画＋笔画

将字拆成不能独立成字的“笔画＋笔画”，这个类型的“以字说理”针对的多是独体字。实际运用没有前两种类型多。

最著名的是对“王”字的解说。《说文解字·王部》引董仲舒的解释：

“古之造文者，三画而连其中，谓之王。三者，天、地、人也，而参通之者，王也。”董仲舒将“王”字拆解为三横一竖，然后指明其指代意义：三横分别指代天、地、人三才，一竖指代贯通三才的通道、桥梁意义，于是从笔画构成上揭示了“王”字的文化寓意：王者，就是能把天、地、人之意贯通的高人、贵人，一般的人不能通天、通地、通百姓，所以不能成为王者。这样的“以字说理”，把自己的政治主张附会到了字形构成上。

再如“八”字，口语中常说：急什么，“八”字还没一撇呢。这就是将“八”字拆解为“丿”+“乀”两个笔画，因为“丿”为“八”字的开头一笔，要写“八”字就必须先写“丿”，借指万事的开头；“乀”为“八”字的末笔，借指万事的结束或结果。“八”字还没一撇，喻指事情还没有开始，早着呢。

第三节　以字说理的优缺点与禁忌

一、以字说理的优点

以字说理的优点比较明显，就是信服性较强，因为它的依据就是富有理据的汉字。汉字文化深邃，无一字无来历，具有高度的可信性。以它为理据，自然令人信服。同时，说话者解字说文，显得有条有理，知识渊博，令人崇敬。如此人文互彰，自然产生超强的信服力。

前面以字说理的类型和方式中所举的字例，都是如此，尤其是大儒董仲舒对“王”字的阐释发挥，成了后世“王”的政治标准，可见“以字说理”的巨大功力。

二、以字说理的缺点

以字说理的缺点也很明显，就是解说者的主观意图过于强烈，有可能随意曲解汉字文化。如果解说者汉字文化知识渊博，解说的理据性很充分，就会收到令人信服的好效果。否则，牵强附会，随意曲解，就会适得其反。

比如，古代一则笑话：

> 有个私塾先生卖弄自己有学问，说："'蚯蚓'二字为什么这样写？因为蚯蚓是昆虫，所以带虫字旁；因为蚯蚓常常钻在土丘中，所以'蚯'字为左'虫'＋右'丘'；因为蚯蚓活着时行走弯弯曲曲如'弓'字，死后摊在地上呈一条线，所以'蚓'字为左'虫'＋中'弓'＋右'丨'。"听的人觉得他讲得很有道理，就请教他："先生如此有学问，请问：蛇也是虫类，也爱钻到土中，活着曲如弓，死了直如线，与蚯蚓一样，为什么却写作'蛇'字，道理何在？"私塾先生顿时僵在那里，说不出话来。

三、以字说理的禁忌

为了避免发生随意曲解、损害汉字文化的现象，在运用"以字说理"时要注意如下禁忌：

第一，正确理解汉字文化，解说要有汉字文化理据，切忌无理据地牵强附会。比如上面说的"蚯蚓"，本属于汉字"六书"中的形声字，左边形旁"虫"表示类别意义，即虫类；右边声旁"丘""引"只表示读音，而无形象或意义上的关联，不要胡拉硬扯。

第二，注意区分汉字的历史文化与现代文化，切忌将二者混淆在一起。所谓历史文化，就是汉字在古文字阶段其字形构成所蕴含的字源本义；所谓现代文化，就是汉字成为今文字之后，人们一般理解的字形构成所蕴含的意义。

比如"斤"字，作为古文字，"斤"的本义是斧子，属于武器；作为今文字，"斤"是市制计量单位，合500克。那么，对于"新"字，从历史文化角度可拆解为"辛"＋"木"＋"斤"，为用"斧"砍"木"作形旁＋声旁“辛”构成的形声字，也即“薪”的本字，后来借作新旧的“新”。砍木的“新”则给加上草字头“艹”，以专表木薪之“薪”。“新”字从现代文化角度，只拆解为“亲”＋“斤”两部分，然后解析它的现代文化寓意，即什么为“新”？不知道自己斤两随意去亲近别人（的人），就是“新（人）”。

显然，今、古文字的历史文化与现代文化是不一样的，应当区分清楚。

第三，注意阐发的科学性，切忌无根据地联想夸张。“以字说理”在解析汉字时，由于构件只有两三个，多数是两个，所以需要联想以便会意。为了突出所强调的寓意而进行一定的夸张，是必要的。比如，“男”字，由“田”+“力”两个构件构成，我们将这两个字联想为“在田地上用力的（人）”，还要夸张为“用大力的（人）”，最后会意为“男（人）”，因为女人一般力气都小，古代田地里的重力气活都由男人来干。

第四，一字多解，要注意符合逻辑、常理，切忌标新立异。汉字的文化寓意，从不同角度看，可以有不同的理解和阐释，只要不违背逻辑常理，都能被人接受。但是，如果一味地标新立异，难免导致荒诞，甚至谬误。

比如“众”字，就有如下五种解析：

①三人为“众”，团结一心，众志成城；

②“众”：一人在上、覆盖其下，说明能做“众”人领头的人，必须是能护佑下层群众的人；

③“众”：一人在他人之上，说明只有踩在他人头上，才能出人头地；

④“众”：三个人，一人在上，说明人多为“众”的地方，总有踩着别人肩膀往上爬的人；

⑤“众”字的道理，就是一人领头，大家跟从，所以不能乱提意见，都想当家做主。

①②的解析，形意关联，理端语正，体现了汉字文化学的魅力；③④⑤的解析，就有标新立异、哗众取宠之嫌，寓意的阐发有歪曲、消极、意识低劣之感，应尽量避免。

第九章　以字彰显的汉字应用文化

以字彰显的汉字应用文化，指通过对汉字的特殊运用，以凸显汉字字形的艺术魅力，从而获得印象深刻的表达效果。突出地表现在十大方面：姓名用字的伦理文化，古代年号用字的政治文化，谥法用字的褒贬文化，以字预言的谶纬文化，凭字测断吉凶的神秘文化，书法、对联、字谜、神智诗等艺术文化，瑞字、奇字等民俗文化。

第一节　以字明本的姓名文化

每个人都有姓名，因为它是人的代号，与人形影不离，知道人、被人知，都离不开姓名，所以姓名与人关系紧密，姓名用字也就必然不仅仅是简单的代号，而且有着深厚的文化内涵。就是人死了，一些人还有特殊的姓名——谥号，这是中华文化独特而博大的典型表现。个人姓名是这样，年代也有姓名（如古代年号），使你不能不惊叹汉字文化的博大精深。

“行不更名，坐不改姓”，是古代大丈夫掷地有声的硬话，表示任何情况下都不隐瞒自己的真实姓名，即使是因连坐遭诛灭宗族之祸也不改姓求免，形容为人处事光明磊落，敢作敢当。元无名氏《玎玎珰珰盆儿鬼》第一折：“行不更名，坐不改姓，自家盆罐赵的便是。”明施耐庵《水浒传》第二十七回：“我行不更名，坐不改姓，都头武松的便是！”

另一方面，说明了中国人对姓名的高度重视。因为姓为祖宗所留，名为父母所赐，出于对长辈的尊重，真正的男子汉是不能轻易更改姓名的。父母给子女取名时，寄予了很多的期望。一个人的姓名能够体现出辈分、渊源、传承、期盼、情感、思想、追求、志趣等，有的有出处、有典故、通伦理、富蕴藉，避讳之礼博大深厚，礼义廉耻尽在其中，从特定的角度反映了中华民族历史和中华传统文化，是汉字文化耀眼夺目之处。

一、代表血缘宗族的姓与氏

（一）别婚姻的“姓”

传说中远古帝王都有姓，如炎帝姜姓、黄帝姬姓、舜帝姚姓，都从女字旁，说明了姓的产生可以上溯到母系氏族社会，反映了当时“知母不知父”的氏族群婚制。在母系氏族社会中，人类按照母系血缘分成不同的氏族，这个族号就是“姓”。但远古的姓并不多，清《世本·氏姓篇》记载，秦汉以前有 20 个姓。后来，清代顾炎武在《日知录》卷二十三中又做了统计，说见于《春秋》的有 22 个姓：“言姓者本于五帝，见于《春秋》者，得二十有二。”其中著名的有八姓：姬（jī）、姚、妫（guī）、姒（sì）、姜、嬴（yíng）、姞（jí）、妘（yún）。另有“八姓”版本与上面八姓中的七姓一致，唯无“姞”姓而有“妊”姓。

姬：黄帝住姬水之滨，以姬为姓。

姚、妫：姚、妫都是虞舜帝的姓。《通志·氏族略》记载：“虞有二姓，曰姚，曰妫。因姚墟之生而姓姚，因妫水（妫水在山西省永济县南六里）之居而姓妫。”

姒：夏朝王族姓姒。周幽王宠妃褒姒为姒姓。

姜：炎帝居姜水之旁，以姜为姓。

嬴：《说文解字·女部》：“嬴，少昊氏之姓。”

姞：《国语·晋语四》：“凡黄帝之子，二十五宗，其得姓者十四人，为十二姓，姬、酉、祁、己、滕、箴、任、荀、僖、姞、儇、依是也。”

妊：《左氏春秋·僖公二十一年》：“任（妊）、宿、须句、颛臾，风姓也。”

妘：《说文解字·女部》：“祝融之后，姓也。”

许慎《说文解字·女部》云：“姓，人所生也。古之神圣，母感天而生子，故称天子。从女，从生，生亦声。《春秋传》曰：‘天子因生以赐姓。’”

许慎这段话的大意为：“姓”这个字是指人的出生。远古的神圣帝王，都是他母亲与天神发生特殊交感而生的，所以被称为天的儿子——“天子”。“姓”字由“女”和“生”构成，表示只知道孩子由女性所生，“生”也表示字的读声。《春秋左传·隐公八年》：“天子建德，因生以赐姓。”是说天子立有德之人为诸侯，根据其受孕之神异、出生之地或德行而赐予姓。

由此可知，姓是为了记住生身之母而标记的徽号。所以，姓的文化内涵就是骨血相连的血缘关系，也即“我”来自哪里的本源。

显然，如果同姓，必是同母所生，从人伦上来说就不能通婚。从现实生活中，人们也发现“男女同姓，其生不蕃”（《左传·僖公二十三年》），自然形成了同姓不婚的禁忌。“姓”也就有了“明血缘、别婚姻”的社会文化功用。史学家班固在《白虎通义·姓名》中说：“人所以有姓者何？所以崇恩爱，厚亲亲，远禽兽，别婚姻也。故纪世别类，使生相爱，死相哀，同姓不得相娶者，皆为重人伦也。”

上古远古的姓，只有少数神圣者、国君家族有，且为女性专用。如：

周幽王王后褒姒；

郑武公夫人武姜；

卫宣公夫人宣姜；

鲁桓公夫人文姜；

齐桓公夫人蔡姬；

晋文公夫人齐姜；

郑穆公女儿夏姬；

秦穆公夫人穆姬；

卫庄公夫人庄姜；

秦始皇的母亲赵姬。

（二）辨贵贱的“氏”

姓是母系社会的产物，而氏则是父系社会的产物。氏晚于姓，是在姓的基础上发展起来的，是姓的分支。从母系社会发展到父系社会，子孙繁衍日盛，需要择地另住，以图发展。他们各自独立之后，就要有一个区别支派的符号，这便产生了氏。氏不但是姓的分支符号，而且是区别男子身份的标志。《白虎通义·姓名》中说：

> 所以有氏者何？所以贵功德，贱伎力。或氏其官，或氏其事，闻其氏即可知其德，所以勉人为善也。
>
> 或氏王父字者何？所以别诸侯之后，为兴灭国、继绝世也。王者之子称王子，王者之孙称王孙，诸侯之子称公子，公子之子称公孙，公孙之子各以其王父字为氏。故《春秋》有王子瑕。《论语》有王孙贾，又有卫公子荆、公孙朝。鲁有仲孙、叔孙、季孙，楚有昭、屈、景，齐有高、国、崔，以知其为子孙也。
>
> 王者之后亦称王子，兄弟立而皆封也。或曰：王者之孙亦称王孙也。《刑德放》曰：“尧知命，表稷、契，赐姓子、姬，皋陶典刑，不表姓，言天任德远刑。”

为什么要有氏呢？这是用来尊重功业和德行，轻视技艺和力气的。有人以官职为氏，有人以从事的职业为氏，听到他的氏，就知道他的德行，这是劝勉人们行善的。

有人以祖父的字为氏，这是为什么呢？这是用来区别诸侯的后代，是为了复兴灭亡的封国，继承断绝的世系的。王的儿子称为王子，王的孙子称为王孙；诸侯的儿子称为公子，公子的儿子称为公孙；公孙的儿子，又各自以其祖父的字为氏。所以《春秋》中有王子瑕，《论语》中有王孙贾，又有公子荆、公孙朝。鲁国有仲孙氏、叔孙氏、季孙氏，楚国有昭氏、屈氏、景氏，齐国有高氏、国氏、崔氏，以使人们知道他们是谁的子孙。

王的后代也称为王子，兄弟都进行分封。有人说：王的子孙也称为王孙。《刑德放》里说："尧执掌天命，表彰稷和契，赐姓为子姓和姬姓。皋陶主持刑罚，不表彰族姓，说（这样做是为了显示）天任用德行而远离刑罚。"

这就把氏的来历讲清楚了。

由于"氏"是给分立出去的兄弟们的称号，有的以王父的名字为氏（如鲁孝公，公子展，公孙夷伯，展无骇、展禽等），有的以官名为氏（如司徒、司马、司空、司士、司寇、上官、史等），有的以赐土建国的国名为氏（如齐、鲁、宋、卫、秦、陈等），有的以出生地名为氏，有的以职业、技能为氏（如祝氏、巫氏、卜氏、史氏、陶、梓等）……，体现了地位或行业的不同，所以说"氏别贵贱"。

氏只用于男性，使用格式为"氏＋名"。商鞅（因统率秦军收复河西之地，赐予商於十五邑，号为商君，史称为商鞅），姬姓公孙氏，名鞅，所以叫公孙鞅。屈原，芈姓屈氏，名平字原，所以叫"屈平""屈原"。秦始皇，嬴姓赵氏，名政，所以叫"赵政"，但不能叫"嬴政"，因为男性不称姓。

由于"氏"的来源广，受限制少，加之母系氏族社会已被父系氏族社会替代，所以，从战国开始，"氏"逐步代替了"姓"。顾炎武在《日知录·姓》中说："自战国以下之人，以氏为姓，而五帝以来之姓亡矣。"

氏与姓相比，主要是区别身份贵贱，但它同时也有显示血缘的功能，这个功能表明了以男子为中心的父系氏族社会的建立，宣布了以女子为中心的母系氏族社会的终结。

（三）明来源的“姓氏”

公元前221年，秦王朝完成统一，将沿袭数千年的分封制改为郡县制，原有的宗法制度、姓氏制度彻底失掉了社会基础。别婚姻的“姓”、明贵贱的“氏”本质上不再有区别，都成为表示血缘、宗族的符号。至西汉时，姓、氏更是完全融为一体。虽然氏占绝对多数，但人们还是认为“姓”更能代表姓氏明血缘亲族的作用，所以将“姓”“氏”通称为“姓”。姓氏合并后，姓作为地位、权贵的标志性功能进一步弱化，过去只有名不能有姓氏的平民百姓，也都成了有名有姓的人，姓的数量迅速增加。

成书于北宋初年的中国首部姓氏读本《百家姓》，是与《三字经》《千字文》并称为“三百千”的童蒙读物，收集姓氏达411个（后增补到504个）。一千多年后的2010年，江西人民出版社出版的，由袁义达、邱家儒编纂的《中国姓氏大辞典》，收录姓氏达23813个，是《百家姓》的53.6倍，可见姓氏增加之巨。

今天的姓氏，已无区别身份贵贱的文化功能，明血缘、别婚姻的社会文化功能也已经弱化，因为同姓未必同血缘。但姓的明祖宗、别来源、回答“我是谁”“从哪里来”的人生大问题的功用并未减弱。子女跟父母姓就是一条不成文的传统法规，以标记你是谁家的孩子，这是姓氏的文化意义的强烈表现。

姓名在格式上采用了过去“氏”的格式，为“姓（氏）+名”，姓在名前。依据用字的多少，分为“单字姓”“双字姓”和“多字姓”，双字姓又分“复姓”和“双姓”。复姓是两个汉字的姓，特点是不能把这两个汉字切分开，因为它本身就是一个姓。双姓，也是两个汉字的姓，它们是可以切分的，因为它们本身就是两个姓，一般是父姓和母姓，按父姓前、母姓后的格式用作子女的姓。多字姓大部分是少数民族姓氏的音译，所以字数较多。举例见表9-1。

表 9-1　姓氏类型表

姓氏类型		举　　例
单字姓	单姓	王、张、李、刘、陈
双字姓	复姓	司马、诸葛、西门
	双姓	王李、刘张、陈谢
多字姓	三字姓	东关正、西城泽、钟离圭
	四字姓	阿拉克塔、敖勒多尔
	五字姓	敖勒高努德、伊尔根觉罗

二、代表自身的名、字、号

对于中国人来说，姓氏是继承父母的，不能更改。只有名、字、号才是自己的，是代表自己的符号。所以，相对于姓氏来说，现在的人们更重视名字。

（一）表现美意的大“名”

古人的名字一般由父母起，分乳名和官名。

乳名，给哺乳期小儿起的名字，所以又叫“小名”，这个名字只是为了呼叫方便，非正式名字，比较随意，充满亲切和爱意。迷信说法，为了孩子能养得住，不中途夭折，就要起个贱名，防止因为名字太过正大而被阎王注意到，甚至早早收了去。所以，小名往往用小狗、小猪、小猫等低贱的小动物名或小草木名。西周晋文公之子晋成公的小名叫黑臀（tún，屁股），西汉史学家司马迁的小名叫“犬子”（即狗娃），蜀后主刘禅的小名叫“阿斗”，东晋画家顾恺之的小名叫“虎头”，田园诗人陶渊明的小名叫“溪狗”，北宋宰相王安石的小名叫“獾郎”，宋孝宗赵昚（shèn）的小名叫“小羊”。

官名，是相对于乳名的正式名字，用于官府文书等正规场合，一般在出生两三个月后由父母起名，或由父母请先生、长辈给取名。官名字雅义正，寄寓着父母对子女的期望和祝福、鞭策和鼓励。例如，屈原在其名篇《离骚》的开头就说他父亲给自己取名的含义：

帝高阳之苗裔兮，朕皇考曰伯庸。
摄提贞于孟陬兮，惟庚寅吾以降。
皇览揆余初度兮，肇锡余以嘉名：
名余曰正则兮，字余曰灵均。

直译过来的意思就是：
（我是）古帝高阳氏的后代，我已故父亲的字叫伯庸。
岁星在寅那年的孟春正月，就是庚寅日那天我降生。
父亲仔细琢磨我生日的意义，一开始就赐给我美名：
给我起名叫正则，给我取字叫灵均。

古人起名是有原则的。《左传·桓公六年》说：

名有五：有信，有义，有象，有假，有类。以名生为信，以德命为义，以类命为象，取于物为假，取于父为类。不以国，不以官，不以山川，不以隐疾，不以畜牲，不以器币。周人以讳事神，名，终将讳之。故以国则废名，以官则废职，以山川则废主，以畜牲则废祀，以器币则废礼。晋以僖侯废司徒，宋以武公废司空，先君献、武废二山，是以大物不可以命。

取名有五种方式：有信，有义，有像，有假，有类。用出生的某一种情况来命名是信，用祥瑞的字眼来命名是义，用相类似的字眼来命名是像，假借某种事物的名称来命名是假，借用和父亲有关的字眼来命名是类。命名不用国名，不用官名，不用山川名，不用疾病名，不用牲畜名，不用器物礼品名。周朝人用名字避讳来奉事神明，这个名字在人死了以后就要避讳不用。所以用国名命名，就会废除国名，用官名命名就会改变官称，用山川命名就会改变山川的神名，用牲畜命名就会废除祭祀，用器物礼品命名就会废除礼仪。晋国因为僖公而废除司徒之官，宋国因为武公而废除司空之官名，齐国因为先君献公、武公而废除具山、敖山二山之名，所以大的事物不可以用来命名。

汉族名字有单名（一个字）、双名（两个字）之分。举例见表 9-2。

表 9–2 名类型表

名类型		举 例
单名	一字名	李斯、刘备、诸葛亮、曹操、孙权、李白、杜甫
双名	双字名	白居易、刘禹锡、王安石、李清照、陈子龙、顾炎武

对于一些大家族，为了体现家族渊源和文化传承，还特别制作了辈分字谱，简称“字辈”，即专用以表示家族辈分的字（多用作名的第一字，也有用作名的第二字的），俗称“字派”。封建时代的家族排行，都是有一定寓意的，字辈大多是由祖上长辈来确定，子孙后代，一代一字按排行取名。其意均为修身齐家、安民治国、吉祥安康、兴旺发达之类，是祖宗前辈对后世子孙的期望、勉励与祝福。考虑到“君子之泽五世而斩”（《孟子 · 离娄章句下》第二十二节），一般都选定五六个字，后辈不够用了，可以再选字辈接续。当然也有一次拟定十几、二十几个字的，可以供子孙十几代、二十几代选用。

字辈一般都要在家谱中明确，作为后代取名的硬性规定，以达到“辨尊卑、序长幼”的目的。不论是谁，一呼名字，就可以使自己和族人都能够清楚地确知其辈分排行，自然明白长幼尊卑之分，充分显示了伦常秩序在宗法制度中的重要，是中国传统文化中血缘宗族文化观念的重要体现。

有据可查的字辈出现在宋朝。宋太祖赵匡胤为其后代规定了十三个字的字辈，加上自己的匡字共十四个字，构成一幅联语“匡德惟从世令子，伯师希与孟由宜”。不过，北宋九个皇帝，太祖（赵匡胤）、太宗（赵匡义，后名光义）是兄弟同辈，与其后共八代，第二代宋真宗赵恒就没有遵循这个字辈，不过他原名德昌，勉强可算，第三代宋仁宗赵祯（原名受益），就彻底不尊了，更别说南宋。

孔圣人家族字辈

山东曲阜孔子家族的孔氏字辈以“五言诗”形式排列，共十句五十字：

希言公彦承　宏闻贞尚衍①

（上述十字为明洪武三十三年〔建文二年，1400〕皇帝所赐）

兴毓传纪广　昭宪庆繁祥②

（上述十字为明崇祯二年〔1629〕六十五代衍圣公孔胤植奏准所续）

令德维垂佑　钦绍念显扬③

（上述十字为清乾隆九年〔1744〕礼部报皇帝钦定）

建道敦安定　懋修肇彝常
裕文焕景瑞　永锡世绪昌④

---

① 张岱年主编《孔子百科词典》，上海辞书出版社，2010，第 54 页。
② 同上。
③ 镇里:《孔氏家族的行辈取名》,《人文杂志》1996 年第 3 期。
④ 同上。

（上述二十字为民国九年〔1920〕七十六代衍圣公孔令贻经北洋政府核准增立）

据《清稗类钞·孔氏命名之字派》记载，曲阜孔氏是孔子的后代，命名都有字派，迁居外地的，只要是孔子嫡传，命名也都按照同一字派。这种排行的办法，开始于元仁宗的时候。世袭衍圣公、孔子第五十四代孙孔思规定：凡是五十四代孙，都以“思”字为派，“思”下面为“克”字，“克”字下面，开始按上面五十字辈排，为“希、言、公、彦、承，宏、闻、贞、尚、衍……”。

不但孔子的后裔按此字辈谱起名，而且孟子、曾子和颜回的后裔也一律使用这个字辈谱。这样，只要看到四大“圣裔”后代姓名中间的字，就可知道他们的辈分。在华夏众多姓氏中，唯有孔、孟、曾、颜四姓享受这一殊荣，这在中国历史文化上实为罕见。

爱新觉罗家族的字辈

爱新觉罗家族原本并无按照辈分命名的习惯，康熙朝才开始采用汉文化按辈分取名的方法。康熙二十年，康熙皇帝对其后代子孙的命名做出规定，康熙子辈用“胤”字，孙辈用“弘”字，曾孙辈用“永”字。乾隆时，又根据他作的一首诗中的“永绵亦载奉慈娱”一句，因其首字为“永”，遂取了其后的“绵亦载”，接续在“胤弘永”之后，成了六个字。道光时添了“溥”“毓”“恒”“启”，咸丰时添了“焘”“闿”“增”“祺”。这 14 个字在清光绪三十二年（1906 年）写在《玉牒》上，定为字辈序。在 1938 年续修《爱新觉罗氏宗谱》时，溥仪又添了 12 个字：“敬志开瑞，锡英源盛，正兆懋祥。”

这样，爱新觉罗字辈谱一共 26 字[①]：

胤、弘、永、绵、奕、载、溥、毓、恒、启、焘、闿、增、祺、敬、志、开、瑞、锡、英、源、盛、正、兆、懋、祥。

---

① 爱新觉罗闿峰：《爱新觉罗字辈商榷》，《满族研究》1994 年第 2 期。

由此可见汉文化对满族文化的影响。

在中国传统文化中，名字仅供长辈和上司来呼叫，一般人不能直呼对方的名字，否则，就是不敬。为了避免不敬，避讳名字的禁忌文化就产生了。

（二）襄助大名的“字”

古代非常重视礼仪，在人名的称呼上是十分讲究的。名是上对下、长辈对晚辈的称呼，其他的人如果直呼其名，则是一种极不礼貌的行为。为此，在男子“弱冠”时再取“字”，以方便一般关系的人之间相互称呼。弱冠，泛指男子二十岁左右的年纪。孔颖达《礼记正义·曲礼上》曰：“二十成人，初加冠，体犹未壮，故曰弱也。”古代二十岁的贵族男子，要举行加冠礼以示成年，但身体还未发育强壮，所以称弱，而弱是年少之意。《礼记·曲礼上》说：“男子二十，冠而字。”意思是男子到了二十岁，行过冠礼并取个“字”，表示自己是个走上社会的成年人了。

女子则在“及笄”时取字。《礼记·内则》“女子……十有五年而笄”，《礼记·曲礼》“女子许嫁，笄而字”，都是说女子十五岁结发加笄（jī，束发的簪子），作为成年的标志，可以取字，以便谈婚论嫁。

“字”往往是“名”的解释和补遗，是和“名”相表里的，所以又叫“表字”，即进一步表述名的含义。从“字”与名的关系分析，一般有同义（或近义）关系和反义关系。同义关系的，准确说是近义关系的，如屈原，名平字原，古语中“广平曰原”，字义相同；周瑜名瑜字公瑾，“瑜”、“瑾”都有“玉”字旁，均为美玉，字义相近；毛泽东，名泽东字润之，“泽”与“润”为近义。反义关系的，如孔门学生曾点，名点字皙，“点”为黑污，“皙”为白亮；宋代理学家朱熹，名熹字元晦，“熹”是晨光的意思，表示天亮，而“晦”则是黑暗的意思，表示天黑，字义相反。

（三）体现志趣的“号”

号是名和字以外的称号，突出体现其爱好、志趣和心胸情怀。

号和名不一定有意义上的联系。号可以是两个字，也可以两个字以上。例如，李白号青莲居士，白居易号香山居士，欧阳修号醉翁，苏轼号铁冠道人、东坡居士，李清照号易安居士，陆游号放翁，杨万里号诚斋，关汉卿号已斋叟，罗贯中号湖海散人，吴承恩号射阳山人，等等。

欧阳修的号“醉翁”，便是自取其《醉翁亭记》之名句“醉翁之意不在酒，在乎山水之间也”。六十三岁时，欧阳修又给自己起了个号“六一居士”，源自“吾家藏书一万卷，集录三代以来金石遗文一千卷，有琴一张，有棋一局，而常置酒一壶”，“以吾一翁，老于此五物之间，是岂不为六一乎？”（《六一居士传》）其自豪、旷达、快意于人生的自负与满足溢于言表。

陆游的号较多，比较有名的是“放翁”。相对于欧阳修的名号“醉翁”“六一居士”，他的号“放翁”来得比较郁闷。陆游一直想“铁马冰河”，为南宋收复失地，但一直不得重用，反遭主和势力诋毁为“不拘礼法”“燕饮颓放”而被免职。陆游愤而自号“放翁”，既是自嘲，又是对诋毁者的无声抗议。号在这里成了诗人反抗的武器。

“名以正体，字以表德，号以寓怀。”此三者包含着一个中国人的主要品格和关键信息，是博大精深的中国文化在个人姓名上的显著体现。

三、名字禁忌文化

（一）避讳的源起

避讳，指封建时代不直接说出或写出君主和尊亲的名字，以维护封建等级制度的尊严。《公羊传・闵公元年》记载：“春秋为尊者讳，为亲者讳，为贤者讳。”这是古代避讳的一条总原则。

避讳起源于春秋时期。鲁献公名具，鲁武公名敖，造成鲁国因回避这两人的名讳而改掉具、敖二座山名；晋僖侯名司徒，宋武公名司空，晋国为避讳就废掉司徒的官职，宋国则改司空为司城。避讳之风在唐、宋和清朝时期，极为盛行。

（二）避讳的对象

一是圣贤。主要避至圣先师孔子和亚圣孟子之名，有的也避中华民族的始祖黄帝之名，有的还避周公之名和老子之名。比如孔夫子，名“孔丘”，北宋朝廷下令，凡是读书读到“丘”字的时候，都应读成“某”字，同时还得用红笔在“丘”字上圈一个圈。清朝尤甚：凡是天下姓“丘”的，从此以后，都要在“丘”字右边加个耳字旁，改姓“邱”字，并且不许发音为“邱”，要读成“七”（qī）音。

二是帝王。避当代帝王及本朝历代皇帝之名，属于“国讳”或“公讳”。如东汉刘秀时期，秀才被改称茂才；东汉许慎作《说文解字》，逐一解释了10516字（字头9353字，另有“重文”［即异体字］1163字），全书唯独找不到“刘”字，原来是避当朝皇帝刘姓之讳。乾隆曾下诏门联中不许有“五福临门”四字，为的是避讳顺治帝福临之名。其实，顺治帝在位之时，就给臣民下恩诏，不必因他名字避讳“福”字，没想到他的重孙乾隆不听他的。

三是长官。下属避长官本人及其父祖之名。陆游编著的《老学庵笔记》卷五记载：一个叫田登的人做郡守时，非常忌讳别人冒犯他的名字，甚至连同音“灯”字也不让别人说。为此，他先后惩治了包括吏卒在内的许多人。于是，整个州郡内，人们都忌讳说“灯”而称之为“火”。到了元宵节晚上放灯，依例允许人们前来州府游观，田登就让手下人张榜公告：“本州依例放火三日。”[①]。由此便有了“只许州官放火，不准百姓点灯”的笑话。

---

① 陆游《老学庵笔记》卷五：“田登作郡，自讳其名，触者必怒，吏卒多被榜笞。于是举州皆谓灯为火。上元放灯，许人入州治游观。吏人遂书榜揭于市曰：‘本州依例放火三日。’”

四是长辈。子女避父母和祖父母之名，是全家的“家讳”或“私讳”；与别人交往时应避对方的长辈之讳，否则极为失礼。唐代诗人李贺之父名晋，“晋”与“进”同音，故李贺一生不能考进士。司马迁的父亲叫“司马谈”，所以他在《史记》里把跟他父亲名字相同的人，一律改了名，如“张孟谈”改为“张孟同”、“赵谈”改为“赵同”。杜甫的母亲名海棠，《杜工部集》中无海棠诗。

（三）未避讳的后果

没注意避讳，或遗忘避讳，后果非常严重，常会兴起冤狱，招致灭门之祸。

康熙时的庄廷鑨从明朝宰相朱国桢的后人那里买来一部朱著《明史》中的《列朝诸臣传》稿本。朱国桢的《明史》已刊行于世，《列朝诸臣传》是未刊部分。庄廷鑨将它和自己所补的崇祯朝历史合为一书，用自己的名字刻印行世。1663 年，被归安知县吴之荣告发，说书中直呼清太祖努尔哈赤之名。结果，已死的庄廷鑨被刨棺焚尸，其弟廷钺被杀；为书作序的李令哲和他的四个儿子也都被杀。南浔镇有个大富翁朱佑明，和吴之荣有仇，吴嫁祸于他，说庄书序中所称“旧史朱氏”是指朱佑明，结果朱佑明和他的五个儿子也都被处决。此外，牵涉此案的一些官吏和书商、刻工、列名书中的人等，有的被罢官充军，有的被处死，前后共处死七十余人。①

雍正年间，主考官查（zhā）嗣庭摘用《诗经·商颂·玄鸟》中的“维民所止”作为试题②，被人告发说题中“维止”二字是“雍正”二字去

---

① 谢苍霖、万芳珍:《三千年文祸（第三版）》，江西高校出版社，2015，第 366 ~ 368 页。

② 徐珂《清稗类钞·狱讼类·查嗣庭以文字被诛》:“或曰，查所出题为‘维民所止’，忌者谓维止二字，意在去雍正二字之首也，遽上闻。世宗以其怨望毁谤，谓为大不敬……遂下严旨著拿问，交三法司审讯。”（徐珂. 清稗类钞［M］. 北京：中华书局，1984 : 1039.）★有学者指出，查嗣庭所出试题中无“维民所止”题。由于查嗣庭著有《维止录》一书，《清稗类钞》的记载当为民间附会。

掉上头的笔画，暗示将雍正皇帝砍头。结果，查嗣庭病死狱中还惨遭戮尸枭首，儿子处斩，兄侄流放。

乾隆年间，内阁学士胡中藻引用《周易》中的爻象之说，以“乾三爻不象龙”为科举试题。因为题中有“乾龙”二字，龙与隆同音，竟被判定是影射乾隆皇帝而被送上断头台。举人王锡侯删改钦定的《康熙字典》，重编作《字贯》，触犯康熙、雍正、乾隆三朝皇帝名讳，判处斩刑，封疆大吏也因失察被革职治罪。[①]

之前的明朝，也有文字狱，不过不局限于姓名，范围较广，谐音也算。这是因为明太祖朱元璋出身贫贱，当过和尚，还投奔红巾军做过“贼”。即使他后来做了皇帝，底气还是不足，处处敏感。清史学家赵翼《廿二史札记》卷三十二《明史·明初文字之祸》载：

《闲中今古录》又载：

杭州教授徐一夔贺表，有“光天之下，天生圣人，为世作则”等语，帝览之大怒，曰：“生者僧也，以我尝为僧也。光则薙发也，则字音近贼也。”遂斩之。礼臣大惧，因请降表式，帝乃自为文播天下。

又僧来复谢恩诗，有“殊域”及“自惭无德颂陶唐”之句，帝曰：“汝用殊字，是谓我歹朱也。又言无德颂陶唐，是谓我无德，虽欲以陶唐颂我而不能也。”遂斩之。

上面的史例，“龙”谐音“隆”、“生”谐音“僧”、“则”谐音“贼”，是由于谐音造成意义的变化，属于语言文化学；朱元璋拆解“殊”字为“歹”“朱”、“维止”被认为是“雍正”二字去“头”，是由于字形变化而显示出隐含的意义，属于汉字文化学。

① 谢苍霖，万芳珍：《三千年文祸（第三版）》，江西高校出版社，2015，第426-427页。

（四）避讳方法

第一是用同义字或近义字代替。秦始皇名政，秦人讳“正”，便以“端”代“正”，正直便成了端直，正平就成了端平。汉高祖名邦，汉人便以“国”代“邦”，先秦叫邦家，汉代便称国家，一直沿用到今天。汉文帝名恒，因改恒山为常山；唐太宗名世民，六部中的民部便改成了户部。

第二是用同音字或音近字相代。南朝史学家范晔的父亲名泰，《后汉书》中的郭泰就改成郭太，郑泰变成了郑太。宋仁宗名祯，便改贞观为真观。苏轼祖父苏序，因讳“序”，在为文作序时则用“叙”。清圣祖康熙名玄烨，清人便以“元”代玄，以“煜”代烨。清高宗乾隆名弘曆，便以“宏”代弘，以“歷”代曆。

第三是字缺笔画。将需避讳的字少写某些笔画，一般总是少写最后一笔，称为“敬末”。此法大约始于唐初，宋代以后颇为盛行。如唐太宗名世民，唐《于志宁碑》为避讳，将“世”写作“卅”，省末笔横。南宋陆于遹所刻其父陆游的《渭南文集》五十卷，为避父讳，“游”字均缺末笔横。为避清康熙玄烨的讳，将“玄”字缺末笔点。清雍正以后，为避孔子的讳，“丘”字缺倒数第二笔竖画。

《红楼梦》第二回中贾雨村对冷子兴说：“是极！我这学生叫黛玉，他读书凡‘敏’字，他皆念作‘密’，写字遇着‘敏’字亦减一二笔。我心中每每疑惑。今听你说，是为此无疑矣。”因为黛玉母亲名贾敏，所以写“敏”字“减一二笔”。

第四是空字法。将本字空而不写，或画以“□”，或书以“某”字，或直书以“讳”字。如汉景帝名启，在立他为太子时，有司因避讳而曰：“子某最长，纯厚慈仁，请建以为太子。”

第五是拆字。一个汉字往往由几个部件构成，为了不犯君主的讳，便只取字的某一部分以避开原字。如北魏孝明帝名诩，尉诩便去掉言字旁改名作尉羽了。五代晋的国君是石敬瑭，姓敬的便都改姓文，取“敬”字的右半边。

第六是删字。有的人是双名，如果其中一字犯了讳，便将它删去变为单名。如南朝齐开国君主叫萧道成，臣下百姓中叫薛道渊的便删去“道”字改为薛渊。唐太宗名世民，犯“世”字的李世勣就改作李勣，王世充改作王充，裴世矩改作裴矩。

第七是形似字相代。五代后周君主名威，郭彦威就改为郭彦成，“成”与“威”字形相似。清雍正皇帝名胤禛，诗人王士禛，为避讳改名士正，到了乾隆朝，皇上赐其名士祯，音同形不同。

第八是改读。这是很难实行的避讳法，因为语音不能随便规定。只有孔子的名——“丘”字，旧时读书人读 mōu。这实际上是以“丘”作“某”来对待的。

第九是增加偏旁，构成新字。清雍正三年上谕说，为了避孔子的讳，凡是“丘”作地名或姓氏，一律加邑（阝）为“邱”，读 qī 音，以避孔子名讳。“邱”字今天仍在用，但并未读 qī。因为 qī 音是朱熹在《诗集传》中制造的叶音产物，儿童蒙学随便读读罢了，强加给社会就难了。

第十是避名称字。即遇人名犯讳，则避用其名而称其字。南朝刘宋时人王懿字仲德，王睿字符德，兄弟俩名犯晋宣皇帝司马懿、晋元帝司马睿讳，因此以字相称为王仲德、王符德；房玄龄等撰《晋书》，避唐高祖李渊讳，避名称字，所以公孙渊字文懿就称公孙文懿，刘渊字元海就称刘元海，褚渊字彦回就称褚彦回。

以上避讳之法中，缺笔、拆字、形近字、加偏旁这四种，属于汉字文化学，其余属于汉字语言学，或汉语文化学。

避讳是个很坏的文化禁忌，是封建文化专制毒瘤。不仅把文化典籍改得一塌糊涂，而且使读书人动辄得咎，常常处于朝不保夕的危险境地，对国民思想和民族文化摧残很大。

四、现代人名用字汉字文化

在现代社会，人的名字没有古代那么多的讲究了，比如，无所谓小名

（乳名）与官名之分了，也不在名字之外再取“字”“号”了，一切都趋于简便直接。这缘于社会生活节奏加快，也缘于名字礼仪文化观念淡化的影响。在多数人看来，名字就是个代号，能叫应就行了，不必讲究那么多。所以，率意而为，以彰显个性。

不过，人虽是个体的，但更是社会的，名字不仅要彰显个性，更要注意社会属性，否则，就会适得其反。

比如，取笔画繁多的生僻字为名：香港一学生的名字——禤靐龘（xuān bìng dá），三个字加起来共 103 画，难写、难认，导致别人难以接近他，也难以尊重他，要么叫他“三雷龙”，要么就随便喊他“喂……”。[①]

再比如，取名为“金鑫”“焱燚”等，名字用字中含有 4 金或 7 火，金太多，火太大，不符合阴阳互存、五行平衡之中国文化持中贵和的精神。少虽不好，多也为害，过犹不及，就是这个道理。

人名用字，不仅在于能叫应，关键还在于彰显文化知识和文化精神，而且影响人文交际，所以不能不认真重视人名用字的汉字文化。

这里，有五条不成文的取名规范，还是值得注意：

一是字形美，即构形方正平稳；笔画不可太少，也不可太多；字形构意无缺陷，有适意雅正的汉字文化寓意。

二是字音亮，即音声响亮；避免多音，避免不好的谐音（如，杜子腾谐音肚子疼，史珍香谐音屎真香，淡杰士谐音胆结石）。

三是字义正，即富有正能量，体现中华道德文化之真善美。

四是性别明，即男女名字有明确的性别区分，男性有阳刚之气，名字金戈雄强；女性有阴柔之美，名字花草玉润，不要阴阳不分，或者阴阳错位，女用男名，男用女名，影响交流。

五是认写易，即容易认读和书写，使人感觉易于接近而乐与交往。

---

① 海竹：《香港学生被父母起名“禤靐龘”崩溃：同学喊我“喂”》，中国青年网 2018 年 11 月 29 日，http：//news.youth.cn/sh/201811/t20181129_11799619．htm，访问日期 2022 年 8 月 22 日。

第二节　以字定纲的年号文化

公元前841年，西周“国人”起义，周厉王奔于彘（今山西霍县），其年周、召二公共同行政（一说共国君共伯和受诸侯拥戴，代行王政，号共和），被称为共和元年，中国历史上有可靠的纪年始于此。但西汉以前，只有年次而无年号，至汉武帝元鼎三年（前114）始用年号。明代以前，一个帝王不止一个年号，如汉武帝有十一个，宋仁宗有九个。明清两代，基本上一个帝王一个年号（如洪武、康熙等）。辛亥革命推翻了封建王朝，用中华民国纪年。新中国成立后用公元纪年，年号退出了历史舞台。

据文物出版社1994年出版的《中国历史年代简表》统计，历代所用年号共708个，从内容看，有以下几个方面：

①表示受命于天的，如应天、天兴、天凤、天授、万岁通天等。

②表示神圣祥瑞的，如万利、龙凤、河清、如意、大圣、明圣、神历、神瑞、太平真君等。

③表示改朝换代、更始自新的，如太始、开元、皇初、皇始、泰始等。

④歌颂文治武功，德行圆满的，如大德、上明、文治、圣德、显道、昭武、淳化、孝治等。

⑤希图安宁平顺的，如安定、广顺、大安、永宁、咸宁、阜昌、天祐等。

⑥祈求江山永固的，如长久、久视、天寿、长乐、延寿、延嗣宁国等。

据统计，708个年号共用251个表吉祥嘉庆的字，这些字中使用十次以上的有45个：安、德、大、光、和、建、明、平、圣、天、太、兴、元、永、正、宝、初、昌、定、风、国、嘉、景、康、开、历、龙、隆、宁、庄、乾、瑞、顺、寿、始、神、通、统、泰、武、熙、延、应、中、治。

年号用字一般为两个字，也有三个字（梁武帝“中大通”“中大同”）、四个字（汉光武帝刘秀“建武中元”，北魏太武帝“太平真君”，武则天周朝“天册万岁”“万岁登封”“万岁通天”，宋朝“太平兴国”“大中祥符”“建中靖国”等）的。

年号用字不能单纯照一般字义去理解，往往都赋有特殊含义，有以字定纲领、以字定乾坤的作用。这就是年号用字的汉字文化。比如，汉宣帝诛杀霍光后改年号为“元康”，明朝人王祎《大事记续编》，在“汉孝宣皇帝元康元年”下附有“解题”曰：“改元诛霍氏故也。”霍氏之乱得平，天下又开启康宁世界，这就是“元康”年号的寓意。清雍正皇帝是借权臣的力量继位的，在“九子夺嫡”的争斗中手段残酷，参与夺位的诸弟多不得善终。所以，雍正帝即皇位的正当性在当时就受到怀疑。年号“雍正”，寓意“雍亲王得位正、为君正”之意，以此强调自己皇位的“正当性”。清嘉庆帝于乾隆五十四年（1789）被封为嘉亲王，即位后改元“嘉庆”，寓意是“嘉亲王即位，国泰民安，普天同庆”。清末同治皇帝即位时才五岁，按咸丰帝诏命，由肃顺等八大臣辅政。慈禧太后联合和硕恭亲王奕䜣发动政变，处治了肃顺等八大臣。政变之后，慈安（咸丰帝皇后）与慈禧（咸丰帝贵妃）垂帘听政，取消“祺祥”年号，改用“同治”年号，隐含两宫太后与皇帝载淳共同治理朝政之意。后继的光绪皇帝，年号“光绪”，即“光大未竟之功业”之意。满清最后一个年号“宣统”，寓意“宣告本朝为天下王朝大统”，旨在维护本朝统治的正当性和权威性。

由于年号被认为关乎国运兴衰，所以被蒙上一层神秘的色彩。这些都是年号用字中所蕴含的汉字文化的典型表现。

《北史·齐本纪》载，齐文宣帝高洋初登基，改元为“天保”。有识之士通过字形拆解，认为“天保之字，为一大人只十”，寓言其在位不过十年，高洋帝果然于天宝十年（559）驾崩。《北史·安德王延宗传》载，北齐安德王高延宗被部属拥立为帝，年号德昌，“好事者言其得二日”（二日指“昌”字），结果，“不间日而被围，经宿至食时而败”，在位仅仅2天，就被北周武帝宇文邕俘虏，后与高纬等被用辣椒塞口而死。

南宋孝宗皇帝赵昚也非常重视年号用字的祥瑞。据南宋赵彦卫《云麓漫钞》卷十记载：

> 本朝改隆兴，取建隆绍兴之义。或云，赵稔曾用之，改乾道，又改纯熙。《诗》曰：“时纯熙矣。”有言“纯”旁作“屯”，不可用。复改淳熙，取淳化、雍熙。

“纯”字意思很好，《易经·乾》说“大哉乾乎，刚健中正，纯粹精也”，有纯正、至善至美之意，正可以用作年号。但是有人解析这个“纯”字，说它的整字之意没问题，但构形中有构件“屯”，其含意很不好。《说文解字·屮部》：“屯，难也，象草木之初生，屯然而难。”宋孝宗就赶忙采纳建议，弃“纯”字而改用“淳”字，绝不能使年号用字有任何不吉利之处。

第三节　以字盖棺的谥法文化

在中国古代，天子、诸侯或其他有地位、有名望的人死后，要另外给他一个特殊的称号，这就是谥号，如郑庄公、汉景帝、宋代史学家司马光称文正公、抗金名将岳飞称武穆王（追封鄂王，谥武穆）等。

“谥号”是一种特殊的盖棺论定的“名字”，一字论定一生，具有明确褒贬的文化意义。

谥号制度形成，传统说法是西周早期，即《逸周书·谥法解》中提到的周公制谥。但是近代以来，王国维等根据金文考释认为谥法应当形成于西周中期的恭王、懿王阶段，这一说法得到广泛认同。

谥法初起时，只有“美谥”“平谥”，没有“恶谥”。善、恶“谥号”则源自西周共和行政以后，明确的例子，就是周厉王因为“防民之口甚于防川”的暴政被谥为“厉”。

另外，还有“私谥”，指有名望的学者、士大夫死后，由其亲戚、门生、故吏为之议定的谥号。“私谥”始于周末，兴盛于汉朝。

谥法制度有两个要点：一是谥号要符合死者生前的为人品行，二是谥号在死后由别人评定并授予。君主的谥号由礼官确定，由新即位的皇帝宣布。大臣的谥号是朝廷赐予的。谥号带有评判性，相当于盖棺定论。谥号既为“行之迹”，就需要根据死者的生平事迹确定褒贬，以“进劝成德”“劝善戒恶”。人的行为既有善、恶、一般的不同，谥号用字也就区分为美、恶、平三类。《逸周书·谥法解》[①] 中，其谥号用字共计 102 个。

褒扬的，如：

民无能名曰神，称善赋简曰圣，
敬宾厚礼曰圣，德象天地曰帝，
静民则法曰皇，仁义所在曰王，
赏庆刑威曰君，执应八方曰侯。

批评的，如：

好乐怠政曰荒，使民折伤曰愍，
杀戮无辜曰厉，不悔前过曰戾，
怙威肆行曰丑，好变动民曰躁，
华言无实曰夸，逆天虐民曰抗。

---

① 黄怀信、张懋镕、田旭东：《逸周书汇校集注（修订本）》，上海古籍出版社，2007，第 618～707 页。

同情的，如：

短折不成曰殇，年中早夭曰悼，
在国逢难曰愍，蚤孤短折曰哀。

显然，这里的用字，已经不是一般字典中字的含义，而是赋予了特定的含义，具有特殊的汉字文化意义。

如对“文”字的解释就有六种：

经纬天地曰文，道德博闻曰文，
学勤好问曰文，慈惠爱民曰文，
愍民惠礼曰文，锡民爵位曰文。

对“庄”字的解释也有六种：

兵甲亟作曰庄，睿圉克服曰庄，
胜敌志强曰庄，死于原野曰庄，
屡征杀伐曰庄，武而不遂曰庄。

有时意义过于抽象含混，就不容易理解。春秋时，卫国大夫孔圉谥文，子贡不解，向孔子请教，孔子解释说：“敏而好学，不耻下问，是以谓之文也。”（《论语·公冶长》）。

古代临葬定谥，关系到对死者一生的评价。盖棺论定，褒贬悬殊，用什么字不用什么字，就成了一件很严重的事情。《左传·文公元年》记载，太子商臣得知其父楚成王想改立王子职为太子，于是带兵包围王宫，逼迫楚成王上吊而死，自立为君，即楚穆王。成王未敛而谥之曰“灵”，成王竟死不瞑目；改谥之曰“成”，才合上双眼。可见谥号的重要。

第四节　以字预言的谶纬文化

一、谶纬的产生与发展

“谶纬”，其实是“谶”与“纬”的合称。“谶”是秦汉间的巫师、方士编造的关于未来吉凶的隐语、预言，以之作为上天的启示，向人们昭示会发生的吉凶祸福、治乱兴衰。谶有谶言（语言文字）、图谶（图画或图案，如《推背图》）等形式，如“亡秦者胡也”即为秦代的一句谶言。“纬”即纬书，是汉代儒生假托古代圣人制造的依附于儒家经典的各种著作。东汉时流传的“七纬”有《易纬》《书纬》《诗纬》《礼纬》《乐纬》《孝经纬》和《春秋纬》，皆以迷信方术、预言附会儒家经典。谶大概产生于先秦时期，《左传》中就有一些谶语的记载。纬则较为晚出，通常认为出现在西汉。后来谶、纬逐渐合流不分。

谶纬总的思想属于阴阳五行体系，其中虽包含一部分有用的天文、历法、地理知识和古史传说，但绝大部分内容荒诞不经，可以穿凿附会地做多种不同的解释，并可任意证实其中一种是“正确”的，多为改朝换代制造根据。王莽、汉光武帝刘秀都曾利用图谶称帝，取得政权以后，发诏颁命、施政用人也引用谶纬。汉光武帝中元元年（56）正式“宣布图谶于天下”（《后汉书·光武本纪》），定为必读书，“言五经者，皆凭谶为说”（《隋书·经籍志》）。儒生为了利禄，都兼习谶纬，称“七经纬”为“内学”，而原来的儒家经书反被称为“外学”，谶纬的地位实际上凌驾于经书之上。其后，汉章帝又召集博士和儒生于白虎观讨论《五经》同异，由班固写成《白虎通德论》，把谶纬和今文经学糅合在一起，使经学进一步谶纬化。

谶纬本就是人为制作的，于是被一些人用作改朝换代的政治预言来散布，统治者逐渐认识到其中的危险，魏晋以后屡加禁止。隋“炀帝即位，乃发使四出，搜天下书籍与谶纬相涉者皆焚之，为吏所纠者至死。自是无复其学，秘府之内，亦多散亡”（《隋书·经籍志》），谶纬从此退出历史舞台。但在民间，仍有存在。

历史上有关谶言的记载，较早的大概要算《左传·成公十年》的记载：晋景公梦见自己被厉鬼追杀，请巫师来占卜，巫师预言说：“不食新麦矣！”意思是说，晋景公会死在新麦收割之前。结果，等到新麦收割后，晋景公仍活得好好的。他要厨师煮好新麦粥，然后把那个巫师叫来，要他看看自己在吃新鲜的麦粥，以证明巫师谶言为假，就可以把巫师杀掉了。等到晋景公端起碗要吃麦粥时，突然肚疼，便放下碗去上茅厕，想不到竟掉进茅厕而死！千年后，唐柳宗元作《愈膏肓疾赋》说：“巫新麦以为谶，果不得其所餐。”

二、谶纬的特点

谶纬多以童谣诗歌体在社会上散布，所以又称“谶谣”。用童谣，因为童言无忌，说的都是真话而能提高可信度，同时，不易追寻来源，既神秘，又保护了制作谶谣者。另外，用诗歌体，也易于记诵和流传。

谶纬的最大特点：有可能兑现而被验证。《说文·言部》：“谶，验也。从言，韱声。”其本义为将来能够应验的预言、征兆。所以，会引起普遍重视，甚至可能引起社会慌乱。

三、谶纬的手法

谶纬多以汉字形体做文章，主要使用拆字法、谐音双关语等手段，其中使用最多的是拆字法。

（一）拆字法

拆字法是拆解汉字的构件，把谶言镶嵌和隐藏其间，起到影射和隐喻的作用，利用人们对汉字的敬畏心理，使谶谣更有神秘感、蛊惑感和可信度。而且构件的拆解和拼接，可以因人不同，有各种组合与理解，会对预言的对象和结果做出种种猜测和探究，引起受众的关注和兴趣。同时，也为以后对预言结果发生意外改变的说解留下了一定的余地。

东汉献帝登基之初，京都洛阳流传一首童谣：“千里草，何青青；十日卜，不得生。”（《后汉书·五行志一》）这是中国历史上一首特别著名的拆字谶谣，“千里草”合成一个“董”字，“十日卜”合成一个“卓”字，喻董卓虽势力极盛，终将“不得生”。汉灵帝驾崩，董卓带兵进入皇宫，废除少帝，立献帝即位。袁绍等人起兵讨伐董卓，董卓便拥献帝于长安，自为太师，十分凶暴。后来司徒王允用美人计和反间计使董卓手下的将领吕布将董卓杀死，兑现了董卓“不得生”的谶谣预言。

《后汉书·公孙述传》记载：公孙述梦见一位长须老者对他说：“八厶子系，十二为期。”前一句话是拆“公孫”两个字，后一句是说他在位十二年。史载公孙述公元 25 年称帝，36 年为刘秀所灭，正好十二年。

民间传说汉高祖刘邦在任亭长未发达时，曾梦见自己追到一只大羊，动手拔掉了羊角和羊尾。他醒来之后，便向乡中长老请教，长老告诉他这是成为帝王的吉兆。因为“羊”字，去掉头尾，就是个“王”字。（《增广玉匣记》卷下《集古梦兆·梦拔羊角兆》）

（二）双关法

双关法，指借助于汉字一字多义或谐音双关的特点，指东打西，使谶谣更具有神秘性、蛊惑性。

司马迁《史记·秦始皇本纪》记载：秦始皇三十二年（前 215），受命入海求仙的方士卢生回来，对秦始皇说仙未求到，只是得到了一本神秘的图册，上有“亡秦者，胡也！”的谶言。秦始皇以为“胡”指北方匈奴，就令大将军蒙恬率兵三十万去攻打北方的胡人，夺取黄河以南的土地；令另一大将，攻取胡人的老根据地灵州、夏州、胜州。为了一劳永逸地强化北方的防御，又下令在边境上修筑了万里长城以防胡虏。谁知，八年后（前207），秦朝大一统帝国，就在秦始皇的小儿子——秦二世胡亥手里灭亡！原来，谶言“胡”指的是胡亥。

四、未来可期，但无法准确预测，谶纬绝不可信

社会、人事的未来，人们都想提前知道，遗憾的是无法准确地知道，像谶纬知道得这样具体，根本是做不到的。如果能做到，人类社会就不知其可了。不少谶纬都是事先做好，谎称为古人留下，实则经不起推敲。如民间流传的三部很神秘的预言谶书《推背图》《透天机》《烧饼歌》就是代表。《推背图》传为袁天罡、李淳风著，共有六十幅图像，每一幅图像下面附有谶语和“颂曰”律诗一首，讲述唐朝之后发生的朝代更替等历史事件。《透天机》系铁冠僧人与大明国师刘伯温对话，名曰《透天玄机》，又名《铁冠数》，推测中华与外夷一切吉凶及一万五千年劫数。《烧饼歌》说是刘伯温与朱元璋关于明朝未来的对话。翻开这几本书，本朝代之前的几乎都能对上号，因为已经是史实，后面的就无凭了，因为不论作者还是他人都没有确切预知未来的本事，只能是想当然地编造以蛊惑人。绝不可信以为真，闹出大笑话。

第五节　以字测断的神秘文化

一、测字的含义

测字又叫拆字，是拆解汉字形体结构来预测，重点在预，预测的时候需要拆字。而拆字就是拆解汉字构件，进而或加或减，以体悟其意义变

化，用来测断吉凶，预言未来。如果给个定义，测字术是指：一种通过拆解字体结构并加减汉字构件而获得的特殊意义来附会人事、推断吉凶福祸的神秘预测术。

二、测字源起

测字是在有了文字崇拜以后才产生的，特别是在汉朝符命谶纬泛滥成灾的过程中才发展起来的。《韩非子·五蠹》中说："仓颉之初作书也，自环者谓之私，背私者谓之公。"这是"六书"的会意字。由于"六书"赋予了汉字丰富的多样性，尤其是象形和会意，给人以很大的想象空间，可以随机应变以自圆其说，使人信服。所以，自周朝开始就有"相字术"，其后盛行于唐、宋、明、清各代。现代生活中也时有出现，不过都是作为茶余饭后增添兴致的一种文字游戏。

但是在古代，测字绝非游戏，不少竟是性命攸关。比如清人梁绍壬《两般秋雨盦随笔》卷七"测字"篇记载：

> 崇祯末年，流寇信急，上日夜忧勤。一夕，遣内臣易服出禁，探听民间消息。遇一测字者，因举一"友"字询之。问："何占？"曰："国事。"曰："不佳，反贼早出头了。"急改口曰："非此'友'字，乃'有无'之'有'。"曰："更不佳，大明去其半矣。"又改口曰："非也，'申酉'之'酉'耳。"曰："愈不佳，天子为至尊，至尊已斩头截脚。"内臣咋舌而还。

意思是说，明崇祯末年，内外形势危急，崇祯皇帝日夜忧心。一天晚上，派内臣穿民服出去探听民间消息，遇到一个测字者，就说了一个"友"字以测国事大势。测字人说："不好，'友'像'反'字出头，预示反贼已出头叛乱了。"内臣急忙说："不是这个'友'字，是有无之'有'。"

测字人回答:“更不好,‘有’字是‘大’字的一半,‘明’字的一半,预示‘大明’江山已失了一半了。”内臣又改口说:“不是的,我说的是申酉戌亥之‘酉’。”测字人则说:“愈加不好,‘酉’字为‘尊’字斩头截脚,天子为至尊,大凶啊!”内臣惊惧而还。

崇祯皇帝差遣内臣去测字,原本想从中找到点希望,没想会得到如此惨绝的预测,顿时心如死灰,最终走上皇宫后的煤山自缢身亡。如果测字的结果是下面著者自拟的说法,他还会心灰意冷吗?说不定他信心大增,迁都南京,举全国之力,荡平内忧外患,重振大明新气象,历史将是另一番局面。

> 内臣曰:“‘友’字,卜国事。”卜者曰:“吉兆。上下其手相握为友,预兆上国与番邦小国化敌为友,战事可平,国家可安也。”曰:“非也,为‘有’字。”答曰:“愈佳,‘有’有‘大’字象,又有月明之象,《易经》有‘大有’之卦,谓大明大有天下也。”曰:“实为‘酉’字。”答曰:“愈佳矣,‘酉’者形似酒坛,谓有酒宴喜庆,即有喜报。可喜可贺。”

三、测字方法

测字方法有十多种,非常复杂,摘其要者,可归为两法:

(一)字形拆解加减

前面讲述的例子,如:“有”拆为“大”字的一半和“明”字的一半,会意为“大明”丢了一半;“也”添加“水”“马”分别为“池”“驰”,会意当前“也”字是池无水、驰无马,预示条件不具备,时运不到,做事不会成功,等等。

清代官员、著名饱学之士纪晓岚(1724—1805)在《阅微草堂笔记·如是我闻一》中，记录了他亲身经历的两次神奇的测字实例，则是字形拆解的典型运用：

> 亥有二首六身，是拆字之权舆矣。汉代图谶，多离合点画，至宋谢石辈，始以是术专门。然亦往往有奇验。乾隆甲戌（1754），余殿试后，尚未传胪（chuánlú，古代指上传语告下），在董文恪公家，偶遇一浙士，能拆字。余书一“墨”字，浙士曰：“龙头竟不属君矣。‘里’字拆之，为二甲；下作四点，其二甲第四乎？然必入翰林。四点‘庶’字脚、‘土’吉字头，是庶吉士（即“庶常吉士”，明、清两朝翰林院内的短期职位。在进士中选择有潜质者担任，为皇帝近臣，负责起草诏书，有为皇帝讲解经籍等责，后提拔为翰林。是内阁辅臣的重要来源之一）矣。”后果然。又戊子秋，余以漏言获谴，狱颇急。日以一军官伴守。一董姓军官云能拆字，余书“董”字使拆。董曰：“公远戍矣，是千里万里也。”余又书“名”字，董曰：“下为‘口’字，上为‘外’字偏旁，是口外矣；日在西为夕，其西域乎？”问：“将来得归否？”曰：“字形类‘君’，亦类‘召’，必赐环也。”问：“在何年？”曰：“口为‘四’字之外围，而中缺两笔，其不足四年乎？今年戊子，至四年为辛卯，夕字卯之偏旁，亦相合也。”果从军乌鲁木齐，以辛卯六月还京。盖精神所动，鬼神通之；气机所萌，形象兆之。与揲蓍灼龟，事同一理，似神异而非神异也。

（二）观梅测字

把拆字会意与当时事象结合起来，叫观梅测字，更为玄奥多变。它要求不能就字论字，而要结合象数易理，参照测字之时周遭事象，综合测断，有很高的玄秘技术，一般不易掌握。这里以赵翼所记之例说明。

清代史学家赵翼在其所著《陔余丛考》卷三十四，记载了自己亲眼所见的测字事例：

> 少时见一拆字者，一人踉跄来问其父之病，随手拈得“一”字。术者曰：“‘一’者，‘生’之尽，‘死’之初也。汝父殆不起矣。”问：“汝父生年云何？”子曰：“丁丑生，属牛。”术者曰：“然则尔父不死。‘牛’加一画，则生字矣。”其验否不可知，然思致自佳。

例中何为“梅”？如何观？这里稍作解释。梅非真的梅花，指的是事象易理。如上例，术者说“一”字是“生”字的末笔，“死”字的首笔，寓意到了生命的尽头，死亡的开始，所以说治不好了，没救了。但在问出“属牛”后，“牛”字加上一横为“生”字，即转死为生，有救了。但在这里要注意，如果只回答“丑年生”，而不说属牛，那更危险。因为“丑”五行属土，其父病危见土，是入土下葬之兆，必死于深夜一点（丑时）。还有，如果测字先生什么也没问，就“一”字测断后，若有人正好牵牛而过，也可以纳此事象进入占测，得出起死回生之断。这里的“牛”，是事象，因此得“牛”字，就可以与问卦人给出的“一”字进行组合测断。

利用汉字形体构件所蕴含的文化含义，通过拆分组合，结合当时场景及实际情况，合理联想，进行吉凶祸福、变化趋势的测断，是中国传统文化特有的，也是其神秘难解之处。说它是迷信，但往往有准确的结果；说它是科学，又难以揭示其中的原理。这就是汉字文化最神秘的迷人之处。作为东方文化传人，我们认为这里有值得研究的价值，不可简单粗暴地斥之为“封建迷信”而抹杀之。

第六节　以字展美的书法文化

依据字形点画和结构来塑造书法美的形象，展现作者的审美情趣，给人以姿态万千的美感享受，这就是汉字文化最为典型的代表——汉字书法艺术。说它是汉字文化最为典型的代表，是因为它完全是建立在汉字文化的基础之上而发展、繁荣的。没有汉字文化，就没有汉字书法艺术。汉字是世界上独一无二的文字，汉字书法艺术是世界上独一无二的艺术，由此形成了独特的汉字书法文化。

一、汉字书法文化是艺术文化

书法，广义指文字符号的书写方法，也就是按照文字字形特点，以其书体笔法进行书写的方法；狭义指用毛笔蘸墨在纸上书写汉字的方法和规律，包括执笔、运笔、点画、结构、布局和章法。

书法一般分为三种：

一是应用书法，指清晰正确地书写汉字，如古代用契书、篆书和现代用隶书、楷书、行书等进行的日常记录和写作。

二是规范书法，指按比较公认的字帖临摹汉字，目的在于把字写得标准、规范，好看一些。汉代的隶书、魏晋以后的楷书，被视为范本，成为书写规范。更典型的规范书法，是唐宋以后出现的碑帖和明代的台阁体。规范书法，就是标准化的字体。现在大部分人临摹字帖学习书法，就属于规范书法。

三是艺术书法，指运用艺术的手法，书写出富有美感形象和个性特点的汉字。这些汉字，抛开文字内容，仅从点画笔法、字形结构和布局章法就能给人以美的享受。这是伴随着毛笔和纸墨的使用而兴起的艺术，毛笔的使用使书法更便于造型，在洁白的纸上，靠毛笔的灵活运用和水墨的流畅泼洒，出现黑白相间的形象，由笔画线条曲直虚实而形成造型艺术，以展现作者的书写风格、情感志趣等审美追求。

显然，第一种，只能叫“写字”；第二种，字虽然写得好，但是因为标准化而千人一面，无个性、无生气；只有第三种富有个性特色的艺术书法，才是书法家所追求的艺术文化。

二、汉字文化是汉字书法艺术的基础和理论指导

（一）汉字笔画线条和形体结构是汉字书法的基础和对象

汉字文化关于汉字的属性定义为形意文字，正是因为它的最大特点就是据形表意。义有千万，形有百变。就其构字笔画而言，汉字的笔画有三十多种，即使常用基础笔画，也有十多种，如横（一）、竖（丨）、撇（丿）、点（丶）、捺（㇏）、提（㇀）、钩（亅）、折（㇆）、弯（乚）、厥（㇁）等。这些基础笔画还有多种变化，如横有短横、长横、平横、卧横、凸横、细腰横等，竖有长竖、短竖、直竖、左弧竖、右弧竖、上尖竖、下尖竖等，撇、点、捺笔都有多种变体，折笔尤其复杂，竟有二十六种之多：横折（㇆）、横折折（㇅）、横折折折（㇎）、横折折撇（㇋）、横折折折钩（㇡）、横折提（㇊）、横折弯（㇍）、横折弯钩（乙）、横钩（乛）、横折钩（㇆）、横斜钩（⺄）、横撇（㇇）、横撇弯钩（㇌）、竖提（𠄌）、竖钩（亅）、竖折（𠃊）、竖折折（㇄）、竖折折钩（㇉）、竖弯（㇄）、竖弯钩（乚）、竖折撇（㇜）、撇点（𡿨）、撇折（㇜）、斜钩（㇂）、弯钩（㇁）、卧钩（㇃）。

这些笔画造型，既是书写的对象，又使书写者有了展示自己丰富想象的空间和条件，可以尽情发挥。如欧阳询提出的笔法《八诀》：“丶如高峰之坠石；乚似长空之初月；丨如万岁之枯藤；一若千里之阵云；㇂劲松倒折，落挂石崖；㇆如万钧之弩发；丿利剑截断犀、象之牙角；㇏一波常三过笔。”要求笔画“短长合度，粗细折中，心眼准程，疏密欹正，筋骨精神，随其大小。不可头轻尾重，无令左短右长。斜正如人，上称下载，东映西带，气宇融合，精神洒落”。而蔡邕则在《九势》中提出了笔法的九种笔势，颜真卿则在《述张长史笔法十二意》中完善了钟繇提出的笔法

“十二意”，可见点画线条的笔画造型对书法艺术的重要。

就其字形结构而言，欧阳询总结有楷书间架结构《三十六法》，李淳总结有《大字结构八十四法》，邵瑛总结有《间架结构摘要九十二法》。笔画是点、画线条，结构就是造型，这就为用笔构形造象，成就姿态万千、美不胜收的汉字书法艺术作品提供了基础对象和充分条件，从而使汉字书法艺术蓬勃发展，成为不可多得的文化国粹而享誉世界。

（二）毛笔、黑墨、宣纸是汉字书法得以成就的利器

正规的汉字书法，要用毛笔蘸墨在宣纸上书写。毛笔、黑墨、宣纸就是汉字书法不可缺少的工具，所谓“文房四宝”——笔、墨、纸、砚就因此而来。砚台用来磨墨，而今有液体墨水，砚台就很少用了。笔、墨、纸成为新的“文房三宝”，缺一不可。笔必须是毛笔，因为毛笔为软笔，用它写出的字才有粗细、刚柔、徐疾、藏头、露锋、顿挫、抑扬等种种变化，以体现笔力轻重和书写者情绪的变化。墨必须油润、光亮有墨香，用它写出的字才能有浓淡、枯湿、肥瘦、黑白等的对比变化和令人陶醉的墨香，以创造出气韵生动、旋律跌宕而又感人肺腑的审美意境。纸必须是宣纸，吃墨深浅易于把握，用它写出的字或“入木三分”力透纸背，或聚力鼓形立体呈现，使黑白相间的汉字个个精、气、神饱满而活灵活现。此三者，是汉字书法艺术不可缺少的重要工具，更是让汉字书法上升为艺术的重要利器。书法艺术家的大半功力都要花费在文房三宝的精练掌握上。

（三）传统艺术文化思想是汉字书法艺术的灵魂

中国传统艺术有“书画同源”的思想，最早提出的是唐代画论家张彦远，他在《历代名画记·叙画之源流》中说：

颉有四目，仰观垂象。因俪鸟龟之迹，遂定书字之形。造化不能藏其秘，故天雨粟；灵怪不能遁其形，故鬼夜哭。是时也，书画同

体而未分，象制肇创而犹略。无以传其意，故有书；无以见其形，故有画，天地圣人之意也。按字学之部，其体有六：一、古文，二、奇字，三、篆书，四、佐书，五、缪篆，六、鸟书。在幡信上书端象鸟头者，则画之流也。颜光禄云："图载之意有三：一曰图理，卦象是也；二曰图识，字学是也；三曰图形，绘画是也。"又周官教国子以六书，其三曰象形，则画之意也。是故知书画异名而同体也。

意思是说：仓颉有四只眼睛，他仰首观察星宿所启示之形象（由此得到启发），将身旁之鸟、龟等的足迹加以排列，从而写出了文字的字形。天地的秘密因此不能隐藏了，所以上天降下谷物；而灵异鬼怪也不能再隐藏它的真身了，所以在夜里哭泣。在这个时期，文字与绘画是一回事，没有分别，其仿效之法、描摹手法也处于草创时期，还十分简单，还无法以此来把自己的意志传达给对方。不久，独立的文字造出来了，但是还无法以此来把自己看到的物体的形状告诉他人，于是独立的绘画便出现了。这些也都是天地、圣人之计策呀。查阅文字学书籍后，我们可以发现字体有以下六种：第一种是孔子旧宅墙壁中发现的书籍上的古文字，第二种是古文的异体字，第三种是小篆，第四种是秦代隶书，第五种是刻印用的字体，第六种鸟书是模仿虫鸟之形而写的字体。其中鸟书是写在旗帜及符节之上的，就是绘画之类了。颜光禄（刘宋颜延之）说："图画承载的意思有三点：第一是图画的内容，《易经》中的卦象就是这一类的；第二是图画的标识，文字之学属于这一类；第三是图画的形状，绘画就指这一类的。"另外，《周礼·地官·保氏》中指出，在对贵族子弟的教育中要教"六书"，其中第三种为"象形"，其实就是绘画。所以，我们知道文字书写与绘画名称不同而实质是一样的。

中国书画艺术自古以来讲求形神兼备，"书之妙道，神采为上，形质次之"（南朝齐王僧虔《笔意赞》），更高要求则是"得意忘形""形有尽而意无穷"，以令人回味无穷的意境取胜。与绘画同出一源的书法，虽不以反映现实为目的，但它也遵循绘画中以传神和意境为最高艺术标准的思想，强调书法按艺术须有形有态，通过灵动的点画线条，营造出生动有趣、意境深远的文化意象。正如蔡邕在《笔论》中所说："为书之体，须入其形，若坐若行，若飞若动，若往若来，若卧若起，若愁若喜，若虫食木叶，若利剑长戈，若强弓硬矢，若水火，若云雾，若日月，纵横有可象者，方得谓之书矣。"

三、汉字书法文化的艺术欣赏

由于汉字书法艺术是由汉字的点画线条、结构形态、文化内涵所构筑的艺术大厦，离不开文房三宝所成就的审美意境，所以，符合审美艺术的书法作品应该具备以下六美。

（一）笔法美

一是点画清楚。点画的轻重粗细把握得当，起笔、收笔回应清楚，横画挺胸展腰，竖笔顶天立地，笔笔形断意连，来龙去脉，清晰可寻，以充分体现其扎实的基础功力和对严肃艺术的恭敬态度。二是用笔到位。紧而不死，活而不乱；提按顿挫，有力有势；横扫竖劈，剑带雄风。点有生气，画有骨力，线条舒畅而不僵硬；生动活泼，气象万千，富有动态美和生命力。

（二）结构美

主要指字的结构。要求横竖有序，正斜相称；大小适宜，收放相应；疏密得当，重心平稳；胖瘦相宜，俊秀养眼。字与字，顾盼生辉，相得益彰，无错字、烂字。笔法再美，如果字不像字、字不成字，那就不是书法，而是胡乱涂鸦。

（三）章法美

一幅书法作品，不论字多字少，都要讲究整篇的章法（或布局）。字与字、行与行，整篇全章必须成一个整体，虽错落变化，疏密不一，有疾有徐，有轻有重，但迎让牵连，顾盼呼应，姿态万千而气韵贯通，浑然一体。如果一幅书法作品只能让人看到其中的几个字而看不到整章的气韵风格，可以说，这幅作品是失败的。

（四）内容美

书法艺术虽然全在字形的美化塑造，但文字内容美不美也很重要。《兰亭序》之所以得到“天下第一行书”的赞誉，与其作品内容那令人陶醉的曲水流觞、“放浪形骸”“快然自足，不知老之将至”的高雅兴怀不无关系。

（五）个性美

书法作品最忌雷同。一篇之中，同形的字都要有不同的写法，防止多字一面，呆板僵化。王羲之《兰亭序》一篇324字的短文中有20个“之”字，个个不一样，令人感到妙趣横生，叹为观止。所以，对于整篇作品，则要求富于个性美——有显著的个人风格。孙过庭《书谱》评说王羲之书法名品的风格时说：“写《乐毅》则情多怫鬱，书《画赞》则意涉瑰奇，《黄庭经》则怡怿虚无，《太师箴》又纵横争折。暨乎兰亭兴集，思逸神超。”篇篇作品都不雷同，更不要说作者不同，自然更要有不同的个性特色。

（六）意境美

书画同源。如画一样，书法作品也要有意境。意境有无，是鉴定书法作品是否为艺术品的重要尺度。有意境，则为艺术书法，无意境，则是“奴书”。

意境，就是作者精神境界在作品中的反映，是书法形象与书家之意的完美结合。书法形象包括线条、墨色、章法风貌，书家之意则是书法家的思想感情、审美趣味以及人格襟怀。一幅有意味的书法作品，就是要通过书法形象，让读者体味出作者的审美情趣和理想追求，从而净化心灵，升华境界，以领略人生与无尽宇宙之无限风光。

如颜真卿在审美理想上追求铮铮铁骨、大气磅礴的境界，使得其书法具有端庄严整、刚健雄强之美，给人一种酣畅淋漓、凛然正气的感受；而郑板桥的“六分半书”，则不衫不履，天性自然，给人以真率与洒脱的舒心感受。

其实，我们对书法艺术作品的欣赏，也就是品评其作品在以上“六美”方面的表现。当然，这也与评论者的书学修养与审美修养有关，也会“仁者见仁，智者见智”。不过，只要把握这六个方面，总体来说，是不会有多大偏差的。

汉字书法艺术与汉字历史一样源远流长，可以说伴随汉字出现，只是起初并无自觉意识。随着汉字字体的演变，书法艺术也逐步发展，在两汉魏晋成熟起来，唐宋形成高潮，名人大家辈出，风格俊奇秀雅，不拘一格，令人叹为观止。就“楷草隶篆行”五种主要字体而言，篆书为古文字，象形意味浓，主要用于篆刻（特指大篆、小篆），称之为“篆刻艺术”；而具有实用性的书法艺术则主要集中在楷书、行书和草书三体之上。

楷书（早期称“正书”），钟繇、王羲之为“正书之祖”，之后有“楷书四大家”欧阳询、颜真卿、柳公权、赵孟頫。行书，晋有王羲之、王献之父子，唐有欧阳询、李邕、颜真卿、柳公权，宋有苏轼、黄庭坚、米芾、蔡邕，著名的三大行书作品为：天下第一行书王羲之《兰亭序》、第二行书颜真卿《祭侄季明文稿》、第三行书苏东坡《黄州寒食诗》。草书为西汉史游《急就章》创就，后由草书四英——张芝、王羲之、张旭、怀素将其推至峰巅。楷书、行书、草书这三体中，王羲之都有杰出成就，被称之为“书圣”。

就其艺术性而论，三体之中，楷书不如行书，行书不如草书。草书相对楷、行而言，因为打破了汉字字形的束缚，在似与不似之间，行云流水，龙飞凤舞，汪洋恣肆，纵情泼洒，造就了浓厚的艺术趣味，受到世人追捧。而书法欣赏的难度和高度也在于草书。这里，我们通过历代对草书大家怀素及其代表作《自叙帖》（见图 9-1）的评价和欣赏，以领略书法艺术鉴赏之奥妙。

怀素（725—785，一作 737—799），字藏真，僧名怀素，俗姓钱，长沙人，善于书法，尤其喜好草书。曾种芭蕉以其叶子为纸作书，并名所居为"绿天庵"。传说用坏的笔埋于山下，堆积如冢，命名为"笔冢"。其书学张芝、颜真卿，草书"援毫掣电，随手万变"。传世书迹有《自叙帖》《苦笋帖》等。宋《宣和书谱》卷十九《唐释怀素》评价怀素草书说："初历律法，晚精意于翰墨，追仿不辍，秃笔成冢。一夕观夏云随风，顿悟笔意，自谓得草书三昧，斯亦见其用志不分，乃凝于神也。当时名流如李白、戴叔伦、宝皋、钱起之徒，举皆有诗美之，状其势以谓：'若惊蛇走虺，骤雨狂风。'人不以为过论。又有评者谓：'张长史（张旭）为颠，怀素为狂，以狂继颠，孰为不可？'及其晚年益进，则复评其与张芝逐鹿，兹亦有加无已，故其誉之者亦若是耶！考其平日得酒发兴，要欲字字飞动，圆转之妙，宛若有神，是可尚者。"宋朱长文《续书断》说："尝观夏云随风变化，顿有所悟，遂至妙绝，如壮士拔剑，神彩动人。"清乾隆皇帝题："藏真字画豪迈中有淳穆之气，此其所以神也。"

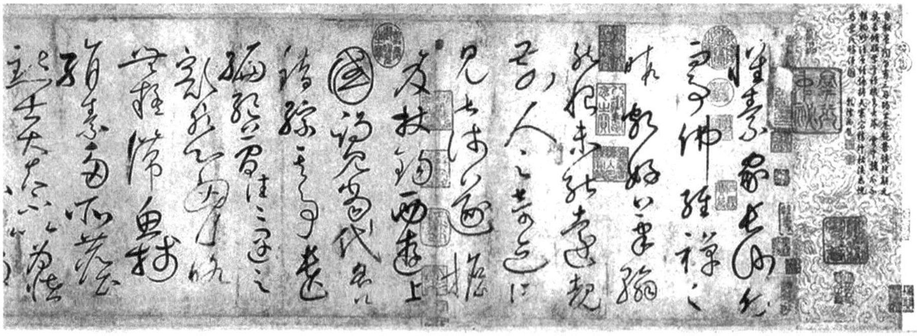

图 9-1　怀素名作《自叙帖》，为 28.3 厘米 ×755 厘米的草书纸本长卷，共 162 行 698 字。

第七节 以字成联的对联文化

一、对联的缘起与发展

对联，是指字数对等、结构相同的两条联语。它生发于魏晋，成长于宋元，兴盛于明清。由于其言简意丰，韵味深长，妙趣横生，成为中国传统文化中深受人们喜爱的一种文学形式。因为多贴在门框、楹柱上，所以称作门联、楹联、对子；因为常在过春节时贴门联，又称春联。

对联只有上下两联，不仅要求字数相等，还要求字词相对、平仄节奏音律相对，上下联内容意思相对，且须言简意深，非常考验写对联人的学识、功力和艺术造诣。所以，古人往往以对对子来考察人员的才学和睿智。据说，做了皇帝的朱元璋，就给他的皇子皇孙出了“风吹马尾千条线”的上联，令他们对下联。皇孙朱允炆对:“雨打羊毛一片毡。”朱元璋认为对得虽是工整，但立意不雅，不满意。时为燕王的皇子朱棣对道:“日照龙鳞万点金。”朱元璋一听大为赞赏，因为朱棣的对子不仅对得工整，还文辞雅正，很有皇家气魄。1932 年，清华大学入学考试国文，陈寅恪教授出了一个三字的上联“孙行者”，让考生对出下联。结果最精彩的考生的对句是:“胡适之”。孙行者、胡适之，都是人名；一古一今、一武一文、一神一凡，又都是名人，这是意对。胡、孙，都是猴子的别名，是名词相对；行、适，都有走动的意思，是动词相对；者、之，都是文言虚词，这是文对。音律上“平平仄”对“平仄平”，是格律对。这副三字的对联，看似简单，实不简单，对仗要求复杂严苛，能够对上，实在不易，而又对得如此工整严密，非常高超，也非常罕见。

这种才学横溢、妙趣横生的对联艺术，充分显示了独特的汉字文化。

我们知道，汉字是平面二维的方块字，这就给以整齐对应为特点的对联奠定了基础。由于汉字不论笔画多少，都是长宽高低一样的方正四边形，所以不论横排竖排，都能整齐成行，从而书写成对子、对联。可以说，对联艺术是汉字的特有艺术，或者说，只有汉字才能以字成对形成对联艺术。

与字母文字比较，对联更显汉字文化的特点。字母大小不一，宽窄高低不等，如英文字母 i 与 w、m、p 等；单词则字母多寡不一，长短参差，加之线性排列，无法竖排，更加突显了方块汉字的优越性。这一点，在越南文字由汉字改为字母文字后表现尤为突出。

图 9-2　越南对联

越南早期全部使用汉字，也用汉字书写对联，过春节贴门联在民间很普遍。后来越南废弃汉字，改用了拉丁字母文字，越南人忘不了汉字对联，过春节时就用拉丁字母文字仿照汉字对联书写悬挂（见图 9-2），有机器打印的和毛笔书写的，因为无法对齐，显得不伦不类，这就更加使人感到汉字对联的精妙。所以，酷爱对联艺术的越南民众都呼吁政府恢复汉字。

受此影响，“Chinglish”（中式英语）风格的英语春联也在英语世界兴起了（见图 9-3）。

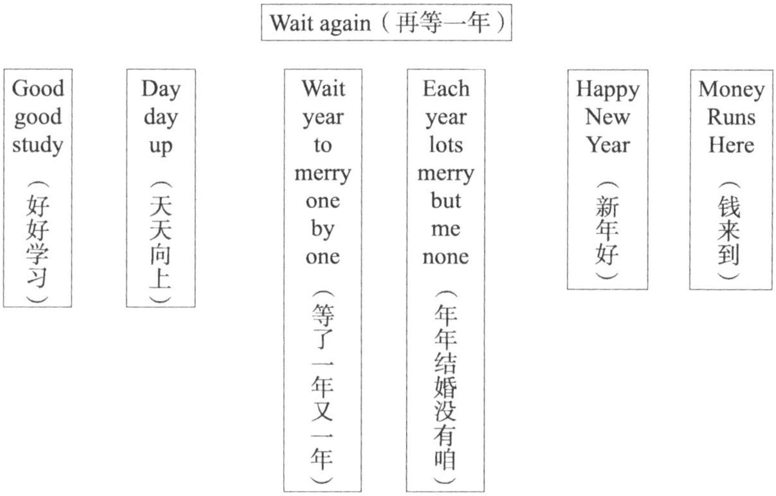

图 9-3　英语对联

二、对联的构成类型

对联产生后，由于它充分吸收了辞赋、骈文、诗词等文学艺术中的对仗元素，不断发展，趋于完善，形成了具有不同艺术特色的对联，诸如回文联、嵌字联、顶针联、拆字联、偏旁联、谐音联、同字联等。除回文联（“客上天然居，居然天上客”，回环可读）、嵌字联（“英名盖世三岔口杰作惊天十字坡”。这是田汉题赠京剧表演艺术家盖叫天〔原名张英杰〕的一副对联。联首嵌“英杰”，尾镶两个剧目名《三岔口》《十字坡》）、顶针联（“大肚能容，容天下难容之事；开口便笑，笑天下可笑之人”）等是修辞方式，属汉语文化外，其余四种，与汉字构形和汉字音节有关，是汉字文化的艺术反映。

（一）拆字联

汉字为形意文字，合体字的构件多是有意义的汉字或偏旁，由此出现了充满奥妙幽趣的拆字对，极大地丰富了对联的表达形式。

品泉茶，三口白水
竺仙庵，二个山人

这副拆字联，上联将“品”字拆成三个“口”字，“泉”字拆为“白水”两字；下联把“竺”字拆成两个“个”字，“仙”字拆成“山人”二字。两个山野闲人品尝三口白水的淡茶，上下联通过拆字成对，风趣地表达了茶庵的幽静和游者闲适的心情。

欠食饮泉，白水岂能度日
才门闭卡，上下无处逃生

传说，宋仁宗时期的宰相吕蒙正，小时家境贫寒，缺吃少穿，但他天赋高，学习又刻苦，非常聪敏。一日，私塾先生见吕蒙正伏下身子饮山泉水，料是饥饿所致，便即景出联问曰：“欠食饮泉，白水岂能度日？”吕蒙正知道这是一副拆字联，“欠”加“食”是一个“饮”字，“白”加“水”是一个“泉”字，即对出下联：“才门闭卡，上下无处逃生。”吕蒙正将“闭”字拆为“才”与“门”二字，“卡”字拆为“上”与“下”二字，既说出了自己的苦境，又回答了上联的提问，且对仗工整，才思敏捷令人赞叹。

因火生烟，若不撇出终是苦。（因＋火＝烟，“若”撇变竖＝“苦”）
水酉为酒，入能回头便成人。（水＋酉＝酒，“入”转头＝“人”）

此木为柴，全无人道也称王。（此＋木＝柴，人＋王＝全）

采丝为彩，又加点缀便成文。（采＋丝（彡）＝彩，又＋丶＝文）

人言为信，倘无尚书乃小人。（人＋言＝信，人＋尚＝倘）

一大冷天，水无一点不成冰。（一＋大＝天，水＋冫＝冰）

少女为妙，大来无一不从夫。（少＋女＝妙，大＋一＝夫）

女卑为婢，女又何妨也称奴。（女＋卑＝婢，女＋又＝奴）

子女相好，人弗作恶便成佛。（子＋女＝好，人＋弗＝佛）

这九条联语，是清代官员、著名文人纪晓岚与诗文名流刘墉、刘师退、戴东原、董曲江、陈半江等在醉月轩饮酒行令时应对的对子[①]。应对活动由刘墉（号石庵）发起，要求应对的联语，必须各拆两字，而且要语意通顺，否则罚酒三杯。规矩言明后，刘墉先出第一联，纪晓岚等人依次应对。出联和所对联语都是拆字联，紧密切合所拆之字，且有言外之意，如“因火生烟”“此木为柴”“人言为信”“少女为妙”等，顺情合理；“若不撇出终是苦”“人弗作恶便成佛”等表面说字形，实际上在说佛学哲理，令人感到意味深长。

（二）偏旁联

汉字构形中的偏旁，承载着类别意义，在汉字构形寓意中有着特殊的妙用。因为偏旁联采用同样偏旁的字构成联语，给人以极大的视觉冲击，从而有力地强化了艺术表达。

泪落江汉溢满海

嚎啕嗟叹哽咽喉

① 史林：《纪晓岚应对人生的九十九个方略》，中华工商联合出版社，2002，第299～308页。

此为灵堂祭奠的对联。上联七字都是三点水旁，给人以泪水滴滴流不尽、满场都是流泪人的直观感受；下联七字都是口字旁，营造了个个号哭不绝口、满堂皆为啼哭者的悲苦氛围，使悼念去世亲人的撕心悲伤仅从对联字形即可透彻骨髓！这种文字联语给人以强烈的视觉和心灵的震撼，除了汉字，没有第二个。

寄寓客官，守宿寒窗空寂寞
漂游浪汉，流落江湖没深浅

上联均用宝盖头的偏旁，给人以寄人篱下、房房都是寂寞孤独之感；下联均用三点水偏旁，又给人以漂泊无定、流浪天涯之叹。

逍遥近道边，憩息慰惫憑。
晴晖时晦明，谑语谐谠论。
草莱荒蒙茏，室屋壅尘坌。
仆僮侍偪仄，泾渭清浊混。

这首题为《冲雨向万载道中得逍遥观遂戏题》的五言诗，是北宋黄庭坚的作品[①]。全诗四联，每联中的每句都用相同偏旁的文字两两相对，在古代诗歌中别具一格，使“戏题”的情调又加上相同偏旁所蕴含的汉字文化，更显得诙谐高雅而富有智趣，给人耳目一新而又意趣盎然的非常感受。

（三）谐音联

汉字为音节文字，且同音字多，因而又出现了言此意彼的谐音对联。

① 任渊、史容、史季温注：《山谷诗集注》第十六卷，黄宝华点校，上海古籍出版社，2003，第406～407页。

因荷而得藕（因何而得偶）
有杏不须梅（有幸不须媒）

该联上联字面看是陈述句，说因为有荷花才使人得到它结的莲藕，实际上却是问句，问对方因为什么得以成婚结成配偶。下联字面看是说水果，有了杏子就不需要酸梅了，实际上是回答上句，有幸得到佳偶，不需要麻烦媒人。言在此而意在彼，诙谐美妙。

两舟竞渡，橹速不如帆快（鲁肃、樊哙）
百管争鸣，笛清难比箫和（狄青、萧何）

该联是说舟船上用橹划船不如扬帆鼓风使船行得快，管乐中笛音虽然清亮却不如箫管音声和悦。说船是事实，说乐是感受。但是因为谐音，却捎带上了四位历史人物：东吴鲁肃与西汉樊哙，北宋名将狄青与西汉名臣萧何。他们之间不好评判，但是又被谐音给牵扯进去，叫人觉得生动有趣，不禁会心一笑。

（四）同字联

汉字中有同形多音字，因而又造成了极具智慧的同字对联。

如，泡豆芽作坊对联：

长长长长长长长
长长长长长长长

这副对联一共用了十四个“长”字，它的正确读法为：

上联：cháng zhǎng cháng zhǎng cháng cháng zhǎng

下联：zhǎng cháng zhǎng cháng zhǎng zhǎng cháng

看似一个字，读来不一样，希望豆芽长长地生长，借一字多音来表意，奇妙无比。

下面是河北省秦皇岛市山海关城东望夫石村孟姜女庙的门联：

海水朝朝朝朝朝朝朝落

浮云长长长长长长长消

这副对联中有七个“朝”和七个“长”字，它们的正确读法为：

海水朝（cháo）朝朝朝（zhāo zhāo cháo）朝朝朝落（zhāo cháo zhāo luò）

浮云长（zhǎng）长长长（cháng cháng zhǎng）长长长消（cháng zhǎng cháng xiāo）

一样的面孔，不一样的读音，表达的意思也不一样，使人不禁为汉字的奇妙文化拍案叫绝。

第八节　以字成趣的字谜文化

汉字字谜是我国汉字文化中的一朵奇葩，它以字做谜，猜谜成趣，集知识性、趣味性、娱乐性于一体，深刻而鲜明地展现了中国文化，尤其是汉字文化的奇趣奥妙。

汉字的“六书”，汉字的笔画，汉字构形与构意密切关联、可拆可合的特点，都是汉字所特有的，这些为字谜的产生和发展提供了独特的、充分的条件。

一、字谜的构成

谜语，是指暗射事物或文字等供人猜测的隐语。字谜，是指以字为谜底的谜语。它的构成同谜语一样，由谜底、谜面和谜目三部分组成。

（一）谜底

谜底是谜语要猜测的答案，是谜语要着意隐藏的部分。字谜的谜底就是汉字，一般在制作字谜时要先确定下来，以便紧扣谜底来组织编写谜面。

（二）谜面

谜面是谜语的显露部分，是制谜者提出的问题或列出的题目，通常由口头说出，或用文字写出。谜面要求通过奇特的想象和比喻，与要猜的谜底建立巧妙恰贴的联系，给猜谜者以引导，但又要把谜底隐藏起来，设置障碍，不能让人轻易猜出，以增加难度和猜测的趣味。比如，谜面“重点支援大西北”，谜底为“头”字。这个谜底“头”字，点多，而且集中到左上角，右下角只有一点，右上角和左下角为空，给人感觉左上角是“重点”用力的地方。这就使谜面和谜底有了联系，引导猜谜者注意点多的字和点集中的字，从而猜出谜底。但又不能让其轻易猜中，就巧妙地设置障碍，用国家“重点支援大西北建设”的经济建设决策用语，来影响以致误导猜谜者考虑与西北方位有关的字。还有，这里的西北不是真实的西北方，而是地图所规定的西北方（左上角），等于又给猜谜者设置了一重障碍。如果猜谜者不能联想到印制地图的方位，而是拘泥于现实方位，就更难猜出谜底来了。

可见，谜面既要引导猜谜者猜中谜底，又要设置障碍防止猜谜者轻易猜中谜底，这种自相矛盾的两难悖论，是非常考验谜语制作者的学识和智慧的。

（三）谜目

谜目是制谜者给要猜测的谜底限定的范围、对象，以防止猜谜者茫无头绪，“老虎吃天无从下爪”，其作用就像路标，给人指明猜测的方向。不过，这个方向，只是大致的，模糊的，不能太过具体，防止一猜就中。谜目放在谜面后的括号中。一般来说，谜语的谜底多为一个，也有两三个的。不过，好的谜语，应该专一，有一个谜底就够了。对于字谜来说，谜目的对象都是字，区分就在于几个字，一般就是“打一字”，或“打二字”的。

如果谜面对要猜测的谜底所指很清楚，也可以省略谜目。如“一字十三点，难在如何点”，谜面中已经点明“一字”，谜底就是一个字，所以谜目“（打一字）”可省略。

二、字谜的类型

从字谜的制作和猜测方式分析，字谜的类型有多种，但是都离不开汉字字形的拆解与组合，因此从简分为两种，即分离式与组合式。

（一）分离式

将汉字字形拆解分离，利用其拆解出的构件来制谜、猜谜。

如：“一月七日（打一字）”，即把谜底“脂”字拆解成“月”“七”“日”三个独体字作谜面；“一千零一夜（打一字）”，用书名作谜面，实际是谜底“歼”字拆解成“一”“夕”“千”；“一加一（打一字）”，是谜底“王”字拆解成“一”、“十”（看作＋号）、“一”；“九十九（打一字）”，是将“百”字拆解成“一”“白”，数量“九十九”是一百减去一，所以将“百”字拆出的“一”去掉，就是谜底“白”字。

有的字谜，似乎没有拆解字形，但实际思路还是字形分解。如“刀出鞘（打一字）”，谜底为“力”，表面看是“刀”字与“力”字对比后形象化的比拟，实际上是将“刀”字拆成两个笔画，“丿”想象为刀剑，“𠃌”想象为刀剑的鞘，“力”字自然就像刀剑出鞘了。

南朝宋临川王刘义庆《世说新语·捷悟第十一》记载了三则字谜，都被后来明朝作家罗贯中写到《三国演义》中，其中两则是拆字组合式，一则为拆字分离式。分离式的字谜，就是“合”字拆解成三个字的谜底“人一口”。原文为：

人饷魏武一杯酪，魏武啖少许，盖头上题“合”字以示众，众莫能解。次至杨修，修便啖，曰：“公教人啖一口也，复何疑！”

有人送给魏武帝曹操一杯果酪，曹操吃了一点，就在杯盖上写了一个“合”字给大家看，没人能明白是什么意思。轮到主簿杨修看时，他便打开吃了一口，说：“曹公让每人吃一口呀，还犹豫什么！”

谜面“合”字拆解为“人一口”三个构件字，就是曹操让大家“每人一口”分享果酪的意思。

图 9-4　“虫二”图

有名的字谜“虫二”（见图 9-4）也是如此。“风月”二字的繁体“風月”被书法家拆解字形，去掉边框后剩下“虫”字和“二”字，题写在石崖上。乍一看，谁也想不到是拆解“風月”二字留下的去掉边框的部分，说穿了才知道是借无边框的“風月”二字的“虫二”来称赞这里的风景是“风月无边”，形容风光美好宜人，使人有无边无际的舒适美感。这比直接书写“风月无边”四字显得既简洁含蓄又出人意料，令人顿感妙趣横生，不禁拍案叫绝。

《全唐诗》还载有一首《咏尹字》的字谜诗：

丑虽有足，甲不全身。
见君无口，知伊少人。

诗作者是盛唐时期的宰相苏颋。据说他自幼聪明过人，常有惊人之举。有一次，适逢京城大官京兆尹路过，父亲苏瑰命他以“尹”字作诗。他便独辟蹊径，以字谜为诗，惊呆在场诸人。全诗四句，每句的谜底都是“尹”字：说是“丑”字却有“足”（丑→尹），说是“甲”字但身形不全（甲→尹），看它像“君”字却无“口”（君→尹），其实知道它就是“伊”字少掉了单立人（伊→尹）。其想象之丰富，拆解之精到，文字功夫之深厚，无不令人钦佩。

（二）组合式

将汉字字形拆解分离后，利用其拆解出的构件组合成新字来制谜、猜谜。

如：“半部《春秋》（打一字）”，谜底为“秦”字，就是将“春”字拆解为上半部分“夫”和下半部分“日”，将“秋”字拆解为左半部分“禾”和右半部分“火”，然后再将“春”字的上半部分“夫”与“秋”字的左半部分“禾”组合为上下结构的“秦”字。“要一半，扔一半（打一字）”，将“要”字拆成“西”“女”，“扔”字拆成“扌（手）”“乃”，用“要”字的一半“女”与“扔”字的一半“乃”组合成左右结构的“奶”字，就是谜底。

《世说新语·捷悟第十一》记载的被写到《三国演义》中的两则拆字组合式字谜，其一是谜底为“阔”字的字谜。原文记载：

杨德祖为魏武主簿，时作相国门，始构榱桷，魏武自出看，使人题门作“活”字，便去。杨见，即令坏之。既竟，曰：“门中‘活’，‘阔’字。王正嫌门大也。”

杨修（字德祖），时任曹操的主簿。当时正在建造相国府的大门，刚刚架好方形屋椽，曹操就亲自来视察了，看过之后，让人在门上题了一个“活”字就离开了。杨修看见后，就命人将门拆掉。拆完后，杨修说：“‘门’中一个‘活’字，是‘阔’字，魏王是嫌门太大了。”“门”与题写的“活”字组合为“阔”字，婉曲地表达了曹操嫌府门修建得太阔大了的意思。

其二是谜底为四个字的“绝妙好辞”的字谜。原文记载：

魏武尝过曹娥碑下，杨修从。碑背上见题作“黄绢幼妇，外孙齑臼”八字。魏武谓修曰：“解不？”答曰：“解。”魏武曰：“卿未可言，待我思之。”行三十里，魏武乃曰：“吾已得。”令修别记所知。修曰：“黄绢，色丝也，于字为‘绝’；幼妇，少女也，于字为‘妙’；外孙，女子也，于字为‘好’；齑臼，受辛也，于字为‘辞’。所谓‘绝妙好辞’也。”魏武亦记之，与修同，乃叹曰：“我才不及卿，乃觉三十里。”

曹操有一次从曹娥碑下经过，杨修跟随，见碑的背面上题着“黄绢幼妇，外孙齑臼”八个大字。曹操问杨修：“你明白吗？”杨修回答：“明白。”曹操说：“你先别说，让我想想。”走过三十里之后，曹操才说“我知道了”，并让杨修把自己的理解密写下来。杨修写道：“黄绢，是一种有颜色的丝织品，而‘色’和‘丝’拼成一个字就是个‘绝’字；幼妇，就是‘少女’，合成一字为‘妙’字；外孙嘛，是女儿的儿子，一‘女’一‘子’合成一个‘好’字；齑臼，是承受辛辣东西的器具，‘受辛’合成一个‘辤’（‘辞’的繁体）字。这是称赞曹娥碑文是一篇‘绝妙好辞’的意思。”曹操也把自己的想法写了出来，恰好与杨修的一样，于是感叹道：“我的才力赶不上你，中间相差三十里。”

第九节　以字视意的神智诗文化

这里所讲的“神智诗文化”，是指南宋到清代大量出现的“神智体”诗歌的文化现象。因为它是建立在汉字形体之上，以汉字形体的几何图形（长宽高矮）的变化、笔画的虚实和增减，以及字体的颜色不同来表达其隐藏的意义，书面写出的文字较少，却能让人“以字视意”，读出完整的诗句，令人惊叹汉字文化的奇妙和诗人智慧的高超。

一、“神智体”诗的出现

“神智体”诗名首次出现在南宋学者桑世昌的《回文类聚》一书中。桑世昌，字泽卿，生卒年不详，淮海（今江苏扬州）人，是陆游的外甥，博雅工诗，喜好翰墨，非常崇拜王羲之《兰亭序》，皮藏数百本。个人编辑有《兰亭考》《回文类聚》等书。《回文类聚》收录了自魏晋至南宋末的回文诗共四卷，后来清人朱存孝编了《回文类聚补遗》，朱向贤编了《回文类聚续编》，足见其书有很大的影响。

假托苏东坡之名的“神智体”诗，载录于《回文类聚》卷三，标注诗题为《晚眺》，体裁为七言绝，类型为神智体，作者为东坡苏轼，诗句为：“长亭短景无人画，老大横拖瘦竹筇。回首断云斜日暮，曲江倒蘸侧山峰。”但是没有将“亭”字写得细长意为“长亭”、“景”字写得扁短意为“短景”等的字形直观图画（书中其他回文诗都有直观图画）。

有字形直观图画的这首诗出现在《东坡问答录》，又名《东坡居士佛印禅师语录问答》，旧本题宋苏轼撰，一卷，凡二十七条。《四库全书总目提要》认为该书“词意鄙陋，亦出委巷小人之所为。伪书中之至劣者也”。仅在“内府藏本”中保留。曾枣庄、舒大刚主编，语文出版社 1989 年 11 月出版的《三苏全书》，考虑到“从南宋起，就有一些托名三苏的著述，一则著作权至今仍有争论，二则流传已久，为给读者提供研究方便，这类著述一并收录，作为别录”，其中就有《东坡问答录》。

《东坡问答录》中第二十六则《长亭诗》的字形直观图画，见图 9-5。

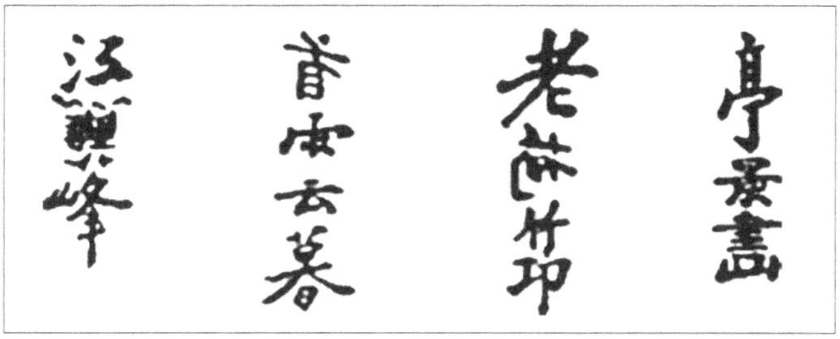

图 9–5 《长亭诗》的字形直观图画

全诗只写出了“亭景畵，老拖筇，首雲暮，江蘸峰”十二个字，却隐含了二十八个字的七言绝句：

长亭短景无人画，
老大横拖瘦竹筇。
回首断云斜日暮，
曲江倒蘸侧山峰。

如此睿智的诗歌，一般人绝难想象，所以就难住了前来挑衅的“北虏”。《东坡问答录 · 东坡书字意成诗》：“北虏使至，每以能诗自矜，朝廷议以东坡馆伴之。北使者索赋诗，坡曰：‘赋诗，易事，观诗稍难耳。’因出《长亭诗》以示之。诗云：‘亭景畵，老拖筇。首雲暮，江蘸峰。’使者终日思之不得，自是不复言。”[①]

二、“神智体”诗的表现手法

“神智体”诗主要是借助汉字笔画字形的变化来影射字意，通过“以字视意”来读出隐藏在字形里面的含义，使人有猜谜破解之感，增加了诗歌的意趣，展现了诗人的才气和神明睿智，所以称之为“神智体”。其表现手法多种多样，仅以上面《长亭诗》看就有七种：

一是字作几何图形变化，如“亭”“筇”二字变高，以藏意高亭、瘦竹筇；“老”字变大，以藏意老大；

二是字的方向变化，如“拖”转90° 横躺，“蘸”转180° 倒立，以藏意横拖、倒蘸；

三是缺笔画，如“畵”（画的异体）字中下部部件“田”缺掉中间的横竖笔，以藏意无人画；

四是笔画变形，如“江”字的直竖笔变曲折形，以藏意曲江；

五是整字断开，如“雲”字断开为“雨”“云”两部分，以藏意断云；

六是整字翻转，如“首”字反写，以藏意回首；

七是构件变形，如“暮”字下面的“日”、“峰”字左边的“山”变倾斜，以藏意斜日、侧山。

另外，将构件镂空写，以藏意虚空；带红绿等颜色书写，以藏红绿等意；字形上再加符号，如“归”字叠加“×”，藏否定意“不归”，等等。可由诗人凭借其渊博的汉字文化知识、深厚的文学功力去展现自已非凡的奇思妙想，创造出令人惊奇而又愉悦的诗歌妙品来。

---

① 《古本小说集成》编委会：《东坡居士佛印禅师语录问答 · 觅灯因话 · 神明公案》，据江户初写本影印，上海古籍出版社，1992，第32页。

三、“神智体”诗例解

“神智体”诗自宋以后就流传开来，清嘉庆本《藏头诗》、清道光本《藏头诗》都有收录。如下例清嘉庆本《藏头诗》，见图 9-6。

僧人行到小山峰，
短树花开二月红①。
薄土斜生空竹笋，
小笼常养白头翁。

注：①图片中“月”字中的二横笔画为红色，以映射“红”字。

图 9–6　清嘉庆本《藏头诗》

本首神智体诗，同托名苏东坡的《晚眺》诗一样，是十二字通过字体变形，另加镂空和上色来映射隐藏意义，破解后得出一首二十八字的七言绝句。具体解析如下：

第一行：“僧”字，将其单立人旁写作正体“人”，隐含此字要读作“僧人”；“行”字，倒写，谐音“行到”；“峰”字，将其偏旁“山”写小，隐含“小山峰”。三字变形后的寓意连接起来，就是诗的第一句“僧人行到小山峰”。

第二行：“树”字，字形写短矮，寓意“短树”；“花”字，从中左右断开，寓意“花开”；“月”字，其中二横用红色，寓意“二月红”。三字变形后的寓意连接起来，就是诗的第二句“短树花开二月红”。

第三行：“土”字，字形写扁平，寓意“薄土”；“生”字斜写，寓意“斜生”；“笋”字的竹字头镂空为空心字，寓意“空竹笋”。三字变形后的寓意连接起来，就是诗的第三句“薄土斜生空竹笋”。

第四行：“笼”字写小，寓意“小笼”；“养”字写长，谐音为“常”，即“常养”；“翁”字上头的“公”镂空，以突显出白色，寓意为“白头翁”。三字变形后的寓意连接起来，就是诗的第四句“小笼常养白头翁”（白头翁在这里指一种头顶有白色羽毛的小鸟，可以笼养）。

下面两例，基本类似，可以对照给出的诗句体味其字形几何变化的精妙之处。

清道光本《藏头诗》，见图 9-7。

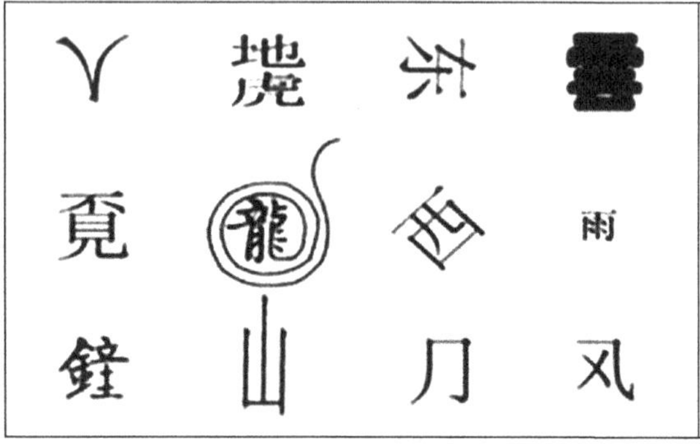

乌云细雨半边风，
东倒西歪月内空。
地虎盘龙高山上，
道人不见一口钟。

图 9–7　清道光本《藏头诗》

清手抄本《录奇诗本》，见图 9-8。

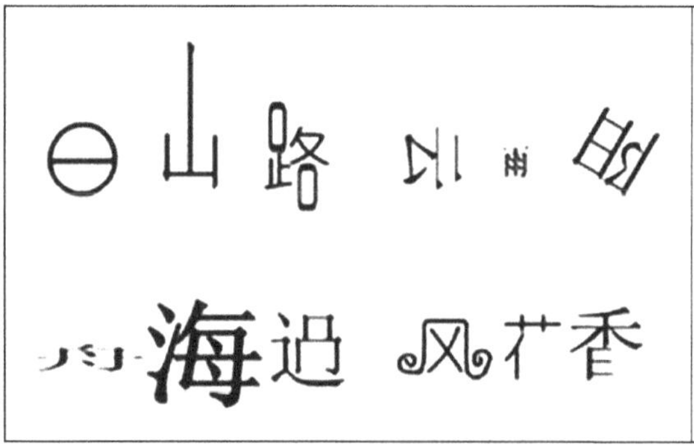

圆日山高路口长，
云横雨细倒斜阳。
扁舟大海无人过，
风卷残花半日香。

图 9–8　清手抄本《录奇诗本》

第十节　以字呈奇的民俗文化

一、传统文化瑞字

一般是表示吉庆祝福类的祥瑞之字，其特点是将四字成语的四个字聚合拼形，组成“一个汉字”，大大加强了汉字表意的明确性和丰富性，给人以聚光灯式的强烈的视觉冲击：

图 9–9　瑞字（一）

这 14 个瑞字（见图 9-9）的内容从左到右依次为：“招财进宝、日进斗金、黄金万两、春喜常安、吉祥如意、一身正气、开门见喜、日日有（见）才、唯吾知足、好学孔孟、天人合一、永结同心、鸾凤和鸣、清风明月。”

图 9–10　瑞字（二）

这 18 个瑞字（见图 9-10）的内容从左到右依次为：“四季安康、欢聚一堂、日进斗金、年年有余、恭喜发财、岁岁平安、三羊（阳）开泰、春和景明、八方来财、招财进宝、七星高照、五谷丰登、出门见喜、金玉满堂、吉祥如意、紫气东来、春满人间、五福临门。”

这类文化瑞字，除少数的是四个字简单集中写在一起（如上面排头第一个“四季安康”）外，大部分采用笔画共享、结构交叉的方法排布，典型的如“唯吾知足”，四个字都有一个“口”字，就把口字写在中间，然后把每个字除去口字的部分写在四周，因口字共用而凝结为一个瑞字。这种写法，使瑞字更有凝聚性和整体感，充满喜庆、吉祥、美善之意，大大提高了汉字文化的表达力和感染力，因而深受群众喜爱，成为年节文化必不可少的中国文化符号。

二、民俗文化奇字

主要体现地方民俗特色，来源神秘，底蕴深厚，构造奇特，令人印象深刻。以陕西西安为例，就有三个奇字令人惊叹。

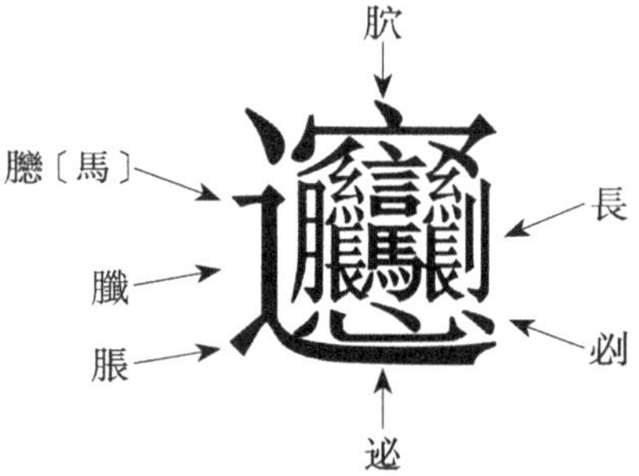

第一个是“𰻞𰻞面”的“𰻞”（biàng）字。它的笔画多达 63 画，由“穴、糸、言、糸、長、馬、長、月、刂、心、辶”等 11 个构件构成，专指流行于关中一带的一道面食。但是，仅从字面来看，好像与面食不沾边。它为何这样写，说法五花八门，只是理据牵强，令人难以信服。后来，著者进行了深入研究，以《“𰻞”字文化解密》为题发表于《渭南师范学院学报》2019 年第 12 期，较有理据地解说了𰻞字的文化含义，认为𰻞字由八个汉字“肷（jú）、臙（luó）、朦（chǎn）、長、長、脿、辶必（bié）、冫必（bǐ）”通过借形共享、形似借代的方法，聚合而成。这八个字，在𰻞字中的构成功用，见表 9-3。

表 9-3　“𰻞”的八个构件字

构件字	功用	说　　明
肷（jú）	姓氏	代表店主，标明秘制面条的主权人
臙（luó）〔馬〕	秘方	用驴肠胃或猪肠及调味品制作调料羹汤的秘诀
朦（chǎn）		
長長	特点	表明面条的形制特点是长
脿	读音	用冫必、脿两字反切出读音 biàng
冫必（bǐ）		
辶必（bié）	成字	用辶必的“辶”字承载所有部件为一个整字

这个𰻞字，从字的构成来说，有象形，有会意，有反切注音，而且借形共享，隐身藏意，团八个字成一个字。

从汉字文化来说，一个字中，藏有面食主家姓氏、面食调料制作秘籍、面食外形长而又长的特点、碗大面多一碗就胀肚的厚道待客之道，以及字的反切读音，显示了陕西先民的精明良善和风趣幽默，聚字藏秘、精于运作的高超智慧，展现了陕西民俗文化的博大精深和出奇制胜。

第二个是面食“老鸹𱁬”（lǎoguāsà，关中人读 lǎowāsá。老鸹，指乌鸦）（见图 9-10）的“𱁬”字：

图 9-10　“老鸹𱁬”图

查字典，“䐹”为形声字，“月”+“歮”，音 sà。这个字《中华字海·月部》有解释：“䐹 sà，洒去声，见‘肣’。”同书“肣”字：“(一)qì 音气，肉汤，见《广雅·释器》；(二)lā 音拉，〔肣䐹(sà)〕肉杂，见《集韵》。”关中人为何用这个䐹字指头，除了谐音借用，找不到其他理由。

关中人喜面食，花样甚多，“老鸹头”是较特别的一种。这种面食的形状有些像老鸹头大小的面疙瘩。

陕南汉中也有“老鸹头”一类的食品，不过叫作“鸡脑壳”。清代袁枚著《随园食单》有“面老鼠”一节，说是“以热水和面，俟鸡汁滚时，以箸夹入，不分大小，加活菜心，别有风味”，指的就是陕西人吃的“老鸹头”或者“鸡脑壳”。

图 9-11　西安永兴坊美食城的奇字

第三个是竖在西安永兴坊美食城的这个奇字（见图 9-11），由“十日久不见”五个字构成：“十、日”上下排列，其下“久、不”左右排列，整个字的右半边为繁体“见”字。钢塑字的底座上标音为“nia”，没有标注声调。释义为陕南地区方言，意思指人家、别人。

山西长治有与这个奇字相似写法的两个字，读音 lāidāi，是对狼的俗称，两字分别由“十日九不见”和“入山见大虫”构成，与上面“nia”字有异曲同工之妙。

lāi　　dāi

这些说不清来历和依据的“怪字”，是汉字文化在民俗方面的特别体现，常被人们津津乐道。其中的文化意蕴和构造缘由，还需要深入地发掘与探讨。

第十章　汉字文化的历史沉浮与未来

本章的标题，显得过于宽泛，且对于尚在初创和建设过程中的汉字文化学来说，还有些早。所以，本章主要讲述汉字的历史沉浮与未来，因为汉字是汉字文化的唯一对象和承载者，汉字的历史沉浮与未来直接影响着汉字文化的历史沉浮与未来。

第一节　汉字的神话与崇拜

自从汉字产生，人们就被它独特的方块形体、超强的时空跨越性、优美的书法艺术所折服，自然而然对汉字产生了敬畏和崇拜。这种崇拜可以说持续了几千年：从汉字产生直到二十世纪初的新文化运动。这种崇拜，集中反映在三个方面：造字神话、汉字神力和敬字崇文。

一、造字神话

（一）文字神赐说，其典型代表为“河图洛书说”

相传在上古时代某一天，洛阳东北孟津县境内的黄河中忽然跑出了背负图案的“龙马”（见图 10-1）。伏羲见之，创立了先天八卦。大禹治水时，洛阳西洛宁县洛河中浮出背驮“洛书”的神龟（见图 10-2）。大禹依此治水成功，遂划天下为九州。今河南洛宁洛河岸边西长水村旁，有“洛出书处”的古碑，据说为当年神龟贡书之处。《周易·系辞上传》载：“河出图，洛出书，圣人则之。”

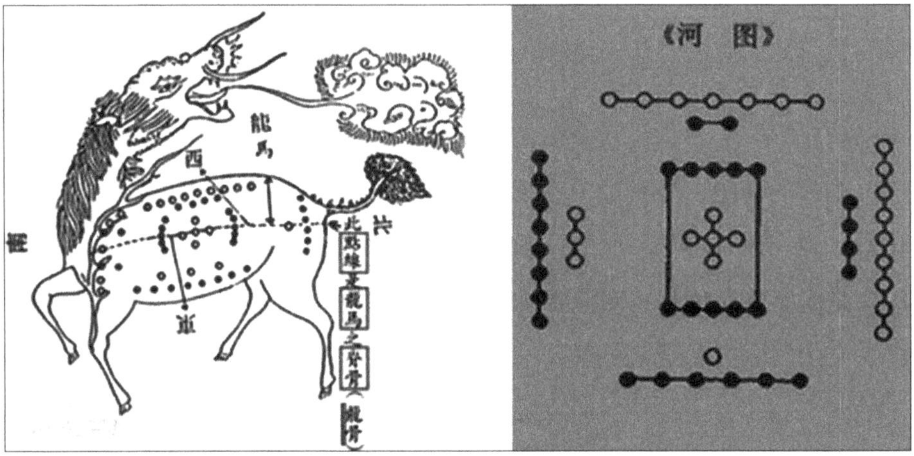

图 10–1　背负图案的“龙马”

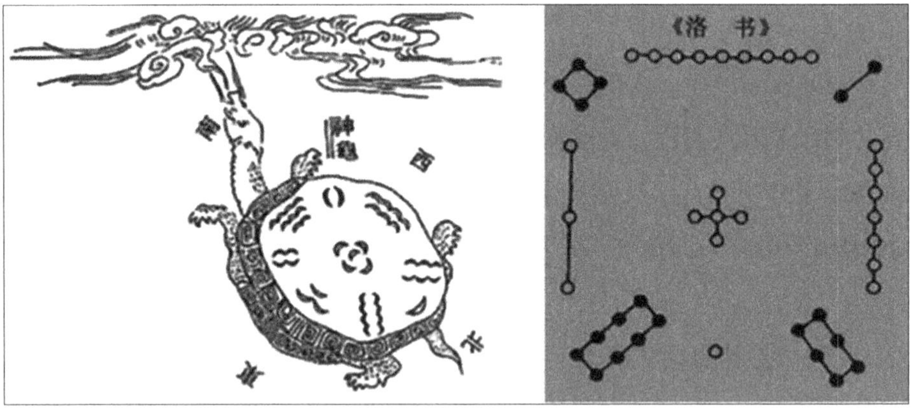

图 10–2　背驮《洛书》的神龟

洛书的数字九宫格（见图 10-3），其纵向、横向、对角线向之和皆为 15。此说很神秘，《易经》称之为“天数”“大衍之数”。但于造字，目前还看不出来有什么确定的联系。

15	15	15	15	15
15	4	9	2	15
15	3	5	7	15
15	8	1	6	15
15	15	15	15	15

图 10–3 洛书的数字九宫格

（二）圣人造字说，其典型代表为“仓颉造字说”

纬书《春秋元命苞》记载，仓颉“龙颜侈侈，四目灵光，实有睿德，生而能书。及受河图绿字，于是穷天地之变化。仰观奎星圆曲之势，俯察龟文鸟羽山川，指掌而创文字，天为雨粟，鬼为夜哭，龙乃潜藏”。[①]

这段文字，首先将造字者神化：“颉首四目，通于神明，仰观奎星圆曲之势，俯察龟文鸟迹之象，博采众美，合而为字，是曰古文。”（张怀瓘《书断上·古文》）

其次将文字造出后的威力神化：天为雨粟，鬼为夜哭，龙乃潜藏。

这其实就是中国文化“天人合一”思想的体现。观察天象和山川鸟兽万物形象，依据它们的样子创制文字，也就是“人法地，地法天，天法道，道法自然”（《道德经》）。文字造出来了，虽然少而初级，但这一威力无比的工具被人类掌握后，意味着人类将会越来越方便和容易地继承前人成果，从而变得越来越聪明、越强大。所以，老天害怕了，降下谷子；鬼怪害怕了，夜里哭泣；飞龙害怕了，赶忙潜藏。可谓是“天人感应”。将造字神化，不能看作迷信，目的在于肯定文字发明的重大意义。

这里要澄清一个问题：汉字是不是仓颉造的？

仓颉是神人，当然不可信。于是有人说他是远古帝王，生活在炎帝之

① 安居香山、中村璋八：《纬书集成》，河北人民出版社，1994，第 590 页。

世或伏羲时代，司马迁、班固等史学家说他是黄帝的史官，说法纷纭。不少人认为，由一个人创造发明一种文字是根本不可能的。从文字的产生来看，它确实需要一个相当长的过程，任何人都无法经历这样一个过程。因此，仓颉造字之说是不足信的。

但是，必须是某一个人经历相当长的过程把所有文字都发明出来才算吗？符合古代实际情况的是，一件事情，只要有一个人带头做，大家觉得他做得比自己好，就会跟上一起照他的方法做，这事成功了或是失败了，都会被人们记在领头人的名下。仓颉造字就是这样的情况。仓颉不需要自己把这些文字都造出来，他只要带个头，造出一些有示范性的文字就足够叫人崇拜了。所以，可以说，文字是仓颉这个聪明人带领大家造出来的。

二、汉字神力

古人认为，汉字具有超强神力。传说李世民过海，遇到波浪滔天，他御书“免朝”二字，字落入海中，风平浪静。人们还相信如果不把危险动物的名字写完整，让其残缺不全，就可以避免它们对人的伤害；如果把敌人的名字写在器皿上，然后举行仪式打破器皿，就可以消灭敌人。《西游记》中佛祖把孙猴子压在“五行山”下，并在山上贴一帖子，上有六个金字：“唵（ōng）、嘛（mā）、呢（nī）、叭（bēi）、咪（mēi）、吽（hōng）”。到唐僧来救孙猴子却不知如何救时，孙猴子道：“这山顶上有我佛如来的金字压帖。你只上山去将帖儿揭起，我就出来了。”原来，孙猴子是被六个字压住的，而非大山！以至于道家用汉字画符篆，以驱邪治病；民间用汉字预测吉凶祸福，等等，都是人们对汉字神力的莫名崇拜。

三、敬字崇文

敬惜字纸，也就是敬惜写有字的纸。因为崇拜汉字，连写有汉字的纸张也要敬拜爱惜。到了清代，劝人敬惜字纸的各种《惜字律》开始大量出现，光绪年间广为流传的《文昌帝君惜字律》就列有“敬慢字纸功罪律例”五十三条，分惜字功例二十四条和慢字罪例二十九条，如“生平以银钱买字纸至家，香汤浴焚者，万功，增寿一纪，长享富贵，子孙荣显”；“已身不敬字纸经书，又不训教子弟，递相轻侮者，百罪，恶疮遍体，再生痴聋喑哑”等。“敬惜字纸”是中国古代文化中的一种良好美德，是中国文化传统理念之一，代表着古人敬字崇文的思想。

敬惜字纸，要将废弃字纸妥善收藏，整理干净，在敬字亭（又称“惜字塔”）中焚烧后埋于净处，或流入江河湖海。因为敬惜字纸而受到福报的故事也不少。

明末刘宗周《人谱类记》卷下记载：“王曾之父，生平见字纸遗弃，必拾而以香汤洗之，然后焚化。一夕，梦至圣抚其背曰：‘汝何敬重吾字纸之勤也？恨汝老矣，无可成就，当遣曾参来生汝家。’未几，果生一男，即沂公也，三元及第，为宋名相。”王曾的父亲“见字纸遗弃，必拾而以香汤洗之，然后焚化”的行为叫作“敬惜字纸”。王曾的故事在历史上广为流传，成为敬惜字纸得到福报的典范。

敬惜字纸，在岁末就要祭司书之神，名字叫长恩。据说在除夕的时候，呼长恩的名字并且祭祀他，会保佑书籍不会被虫、蠹鱼蛀坏，也不会被老鼠啃咬。鲁迅先生写过一首骚体诗《祭书神文》[①]，记录他在1901年2月18日庚子除夕之夜，举酒高呼，请书神驾驭蠹鱼（书虫），带着脉望（成仙的蠹鱼），携着漆妃（墨）和管城侯（笔）来自己的堂屋欢聚，他为书神献上甘洌美酒和金菊，“狂诵《离骚》兮为君娱”。

敬惜字纸，自然就会敬重读书识字的人，将他们尊称为文化人，高看一等。封建时代，老百姓见县官都要下跪，而读书识字的秀才（唐宋间

① 鲁迅：《祭书神文》，载《鲁迅全集·集外集拾遗补编》，人民文学出版社，2005，第534页。

凡应举者皆称秀才，明清则称入府州县学的生员为秀才）见县官可以不下跪；犯了法，县官不能用刑，除非先革除了秀才功名。这都是对读书人的尊重，对文化的尊重。

这是汉字文化空前荣耀的阶段。

第二节　汉字几于消灭的劫难

汉字发展中几于消灭的劫难大的来说有两次，一次是二十世纪初的新文化运动，一次是二十世纪七八十年代计算机信息技术革命。

一、“新文化运动”之劫

新文化运动是由陈独秀、李大钊、鲁迅、胡适、蔡元培、钱玄同等人发起的一次“反传统、反孔教、反文言”的思想文化革新、文学革命运动。开始于 1915 年，陈独秀在其主编的《新青年》(原名《青年杂志》)上刊载文章，高举民主和科学两面大旗，从政治观点、学术思想、伦理道德、文学艺术等方面向封建复古势力——“尊孔读经”进行猛烈抨击。他们集中打击维护封建专制统治思想基础的孔子学说，掀起“打倒孔家店”的潮流。

1917 年起他们又举起“文学革命”的大旗，提倡白话文，反对文言文，提倡新文学，反对旧文学。后来被总结为提倡科学，反对迷信；提倡民主，反对独裁；提倡白话文，反对文言文的新文化运动。

新文化运动的主张者认为：从十九世纪末到二十世纪五十年代，由于中国的贫弱、腐败，外加西方的殖民、侵略，使中国人开始不断反思国家落后的根本原因。经过数十年的中西方文化对比，一些国人得出这样一种结论：中国之所以落后、腐败是因为旧的传统文化在作祟；而旧传统文化之所以这样顽固是因为繁难的汉字。因此要想拯救中国，就必须扫除旧文化；而要扫除旧文化，就必须先废掉汉字。就此，一场长达近半个世纪的废除汉字的狂潮诞生了。

第一个提出废除汉字的是钱玄同，时任北大教授。最初，他是一名复古派，但清朝覆灭后，他认为应该向先进的西方文化看齐，用西方文化来改善中国贫穷落后的局面，最主要的就是废除汉字。

他在给陈独秀的信《中国今后之文字问题》[①]中说：

先生前此著论，力主推翻孔学，改革伦理，以为倘不从伦理问题根本上解决，那就这块共和招牌一定挂不长久。（约述尊著大意，恕不列举原文。）玄同对于先生这个主张，认为救现在中国的唯一办法，然因此又想到一事：则欲废孔学，不可不先废汉文；欲驱除一般人之幼稚的野蛮的顽固的思想，尤不可不先废汉文。

……

所以我要爽爽快快说几句话：中国文字，论其字形，则非拼音而为象形文字之末流，不便于识，不便于写；论其字义，则意义含糊，文法极不精密；论其在今日学问上之应用，则新理、新事、新物之名词，一无所有；论其过去之历史，则千分之九百九十九为记载孔门学说及道教妖言之记号。此种文字，断断不能适用于二十世纪之新时代。

我再大胆宣言道：欲使中国不亡，欲使中国民族为二十世纪文明之民族，必以废孔学，灭道教为根本之解决，而废记载孔门学说及道教妖言之汉文，尤为根本解决之根本解决。

至废汉文之后，应代以何种文字，此固非一人所能论定；玄同之意，则以为当采用文法简赅，发音整齐，语根精良之人为的文字ESPERANTO（世界语）。

---

① 钱玄同:《中国今后之文字问题》,《新青年》1918年第4卷第4号。

钱玄同的这种提法，得到了很多学者、名人的支持。

吴玉章说汉字是古代与封建社会的产物，已经变成统治阶级压迫劳苦群众的工具之一，实为广大人民识字的障碍，已不适应现在的时代。

鲁迅的态度更加尖锐，他认为“汉字不灭，中国必亡！”[①]“方块汉字真是愚民政策的利器”“汉字也是中国劳苦大众身上的一个结核，病菌都潜伏在里面，倘不首先除去它，结果只有自己死”（鲁迅《且介亭杂文·关于新文字》）。

既然要“废灭汉字”，就要找一种文字来替代汉字。赵元任提出国语罗马字，瞿秋白提出北方话拉丁化新文字，还有钱玄同主张直接借用世界语，其本质都是想用字母文字来取代方块汉字。

在此之前的 1892 年，一个名叫卢戆章的福建青年，经过十年的努力，写成了一本名为《一目了然初阶》的书。这是第一套由中国人自己制订的汉语拼音方案。当时卢戆章把它称为“切音新字”：用拉丁字母及其变体来拼厦门音，声韵双拼，左右横写，声母在右，韵母在左，另加鼻音符号和声调符号。但卢戆章的“切音新字”并没有得到推广。

1906 年春，“帝国邮电联席会议”于上海召开，正式将由剑桥大学教授威妥玛（ThomasFrancis Wade）整理、传教士翟理斯（Herbert Allen Giles）修改之后的“威妥玛 – 翟理斯拼音方案”——史称威妥玛式方案公之于世，使汉语拼音第一次在全世界范围内有了较为广泛的推广。

1913 年 2 月 25 日，北洋政府教育部在北平召开“读音统一会”，大会的宗旨明确：审定国音，采定字母。五年后，这次会议确定的“标准国音”与注音字母由教育部正式公布，全国小学的文言文课一律改为白话文课，小学教科书都在汉字的生字上用注音字母注音。

1928 年，语言学家黎锦熙和赵元任创立了《国语罗马字拼音法式》

---

① 芬君:《鲁迅访问记》，载登太编《鲁迅访问记》，上海大夏书店，1939，第 133 页。

（简称“国罗”）。1931年，瞿秋白与苏联汉学家制订了北方话拉丁化新文字（简称“北拉”）。

但是，由于“北拉”没有标调，无法解决同音字问题。至于“国罗”，它虽然有四声的区别，但变读法则很复杂，一般人很难掌握。威妥玛式方案虽然得到了国际上的认可，但因为是外国人拼中国音，很多音都拼不准。比如人名“张长江”，点名时就是“枪枪枪”，没人知道是在叫谁，因为在威妥玛式方案里，“枪”“张”“江”都是一个拼法。当时，就有一个大笑话，蒋介石的名字被拼为ChiangKai-shek，有人根据拼音翻译出来竟是“常凯申”，让人哭笑不得。

1955年3月，周有光在《语文知识》上发表《什么是文字的民族形式》一文，其中指出：“汉字形式不适合现代字母的要求，任意的新创造又不能在短期间成为传统形式。今天世界上最通用的拉丁字母，是3000年来几十个民族逐步在实用中共同改进的国际集体创作。我们与其另起炉灶，不如采用了它，在实用中得到经验以后，提出改进的意见，贡献给全世界的人民。”① 周有光提出的汉语拼音方案拉丁字母化主张，摆脱了汉字形式拼音化，为“汉语拼音方案”的出台立下了汗马功劳。

1956年2月20日，《汉语拼音方案（草案）》出台，草案明确提出：“拟定汉语拼音方案的目的，是要设计一套拼音字母和写法规则，来拼写以北京语音为标准音的普通话。”——终于扭转了用拼音方案取代汉字的文改方向，使汉字得以幸存。

二、计算机信息处理之劫

二十世纪七十年代末八十年代初，世界开始进入计算机信息化时代。因为汉字无法通过数字化直接进入计算机，又引发了一次汉字危机。

---

① 周有光：《什么是文字的民族形式》，《语文知识》1955年第3期。

语言学家吕叔湘先生认为“汉字拖四个现代化的后腿”“简单地说，汉字加文言，配合封建社会加官僚政治，拼音加语体文配合工业化社会加民主政治——这是现代化的两个方面”“拼音文字能机械化，汉字不能机械化”[①]。

语言学家陈明远也说：“方块汉字在电子计算机上遇到的困难，好像一个行将就木的衰老病人……历史将证明：电子计算机是方块汉字的掘墓人，也是汉语拼音文字的助产士。”[②]

所幸，国人纷纷研究“汉字编码”，出现了各种各样的汉字编码输入法，尤其是王永民教授的“五笔输入法”，彻底解决了汉字进入电脑进行信息处理的难题，才使汉字又躲过一劫。

第三节　汉字死里逃生的改革

1949 年 8 月 25 日，积极倡导和推动汉字拼音化改革的吴玉章向毛泽东主席请示成立文改组织，整理简化字，推动汉字拉丁化。毛泽东当即批转给郭沫若、马叙伦、沈雁冰审议和提出意见。[③]1951 年 1 月，毛泽东综合了郭沫若等人的意见，指出：“文字必须改革，要走世界文字共同的拼音方向。”[④]针对一些人“认为汉字可以立即用拼音文字来代替”的看法，毛泽东告诫：“文字改革工作关系到几万万人，不可操切从事。”[⑤]并明确指示：

---

① 吕叔湘：《汉字和拼音字的比较——汉字改革一夕谈》，载《吕叔湘语文论集》，商务印书馆，1983，第 73 ~ 111 页。

② 陈明远：《电子计算机和汉字改革》，《语文现代化》1980 年第 1 期。

③ 王宗柏：《吴玉章的文字改革思想与实践》，《锦州师范学院学报（哲学社会科学版）》1985 年第 3 期。

④ 吴玉章：《文字必须在一定条件下加以改革——在全国文字改革会议上的报告》，《中国语文》1955 年第 11 期。

⑤ 毛泽东：《给马叙伦的信（1953 年 5 月 22 日）》，载《建国以来毛泽东文稿（第 4 册）》，中央文献出版社，1990，第 236 页。

“汉字的拼音化需要做许多准备工作，在实现拼音化以前，必须简化汉字，以利目前的应用，同时积极进行各项准备。”[①] 毛泽东的告诫和指示，终于使汉字躲过被拉丁字母革命的厄运，汉字死里逃生，进入改革阶段。其标志就是一成一败的两次汉字简化。

一、成功的“一简”

1956 年 1 月 28 日由国务院全体会议通过，1 月 31 日由《人民日报》正式公布的《汉字简化方案》，是成功的简化字方案，相对于后来的第二次汉字简化，习惯上称为“一简”。

《汉字简化方案》包括 515 个简化字和 54 个简化偏旁。《方案》共分三个字表：第一表收 230 个简化字，这些字的大部分已经报刊试用，公布后即可正式使用；第二表收 285 个简化字，先试用两个月，经过修正再正式推行；第三表收 54 个简化偏旁，也要试用两个月，再正式推行。

《汉字简化方案》采用了两种简化方法：个体简化和类推简化。个体简化就是一个字一个字地简化，《方案》第一、二表中的字属于个体简化；类推简化就是利用简化偏旁来成批简化，如“貝”简化为“贝”，“則責貴貨賃”就一起简化为“则责贵货赁”。

简化字的构成方式主要有八种：

（1）保留原字轮廓。如“龜”作“龟”、“鹵”作“卤”。

（2）保留原字的特征部分而省略其他。如“醫”作“医”、“糴”作“籴”。

（3）改换声旁。如“運”作“运”、“鐘”作“钟”。

（4）另造新形声字。如“驚”作“惊”、“護”作“护”。

（5）同音代替。如“穀”作“谷”、“齣”作“出”。

① 王宗柏：《吴玉章的文字改革思想与实践》，《锦州师范学院学报（哲学社会科学版）》1985 年第 3 期。

（6）草书楷化。如“時”作“时”、“長”作“长”。

（7）符号代用。“雞”作“鸡”、“趙”作“赵”。

（8）采用古字。如“從”作“从”、“雲”作“云”。

《简化字总表》收繁体字2261个，笔画总数是36236笔，平均每字16笔；收简化字2235个，笔画总数是23025笔，平均每字10.3笔。两相对照，平均每字减少6笔，占38%。因为笔画减少了，节省了书写时间，增加了文字的清晰度，便于认读和书写，便于信息处理，受到了广大群众的欢迎。

这次的汉字简化取得了巨大成功，不仅在国内顺利推行，而且在海外也产生了巨大的影响。1969年，新加坡共和国教育部公布第一批简体字502个，供华人社会使用，其中只有67个字与中国公布的简化字不同，如“场”作“坊”、“开”作“阔”。1976年5月，又颁布《简体字总表》修订本，内容与中国的《简化字总表》完全一致。

马来西亚于1981年2月28日出版《简化汉字总表》，也与中国的《简化字总表》一致。

泰国教育部本来规定兼教华文的学校一律不准用中国公布的简化字教学，后来联合国接受了中国的简化字，国际上也都承认，于是宣布取消原来的限制。1983年12月18日，又同意所有华文学校都可以使用简化字教学。

香港原来使用繁体字。近些年来，有人提出了“繁简由之”的口号。1984年香港三联书店出版了《繁简由之》一书，全面介绍了《简化字总表》。

总结“一简”成功的原因，大约有两条：

一是社会民众一直有简化汉字的期望，简化过程持续了半个多世纪，有充分的准备和厚实的社会群众基础。

首先提出采用简体字的是教育家陆费逵，1909年他在《教育杂志》创刊号上发表题为《普通教育应当采用俗体字》的论文；1921年，他又在《国语月刊》上发表《整理汉字的意见》，提出限定通俗用字在两千个左右，并减少笔画。

1922年，钱玄同和陆基、黎锦熙、杨树达在国语统一筹备委员会上提出《减省现行汉字的笔画案》，提案主张把这种过去只通行于民间的简体字，正式应用于一切正规的书面语。提案获得通过，钱玄同被指定为“汉字省体委员会”首席委员。他的提案在社会上引起强烈反响。1934年，钱玄同又向国语统一筹备委员会提出《搜采固有而较适用的简体字案》。提案通过后，在他主持下编成《简体字谱》草稿，收字2400多个。

1935年8月，南京政府教育部公布了《第一批简体字表》，共收字324个，都是从《简体字谱》中选出的。不料，遭到国民党元老戴季陶强烈反对，教育部奉行政院命令，于1936年2月通令“简体字应暂缓推行”。

抗战时期，简体字的发展主要在解放区。解放区的油印报刊采用了许多简体字，如“拥、护、运、动、奋、斗、敌、胜、团、队、忧、极、沟、历、艺、钥、乡、宪、习、灭、吨、丛”等。随着解放战争的胜利，这些简体字传入了大城市，被称为“解放字”。

1949年，中华人民共和国成立后，汉字简化工作受到了政府的重视。1950年，中央人民政府教育部社会教育司编制了《常用简体字登记表》，从已经搜集到的四五千个常用字中选出了1500多字，分送各有关方面征求意见。1951年，中国文字改革研究委员会筹备会拟出《第一批简体字表》，收字555个。1952年2月，中国文字改革研究委员会正式成立，在《第一批简体字表》的基础上，经反复研究和多方听取意见，于1954年底拟出《汉字简化方案（草案）》。1955年2月，公布了《汉字简化方案（草案）》，公开征求意见。1955年9月，中国文字改革委员会根据征求来的意见提出修正草案，于同年10月交全国文字改革会议讨论，根据讨论的结果又做了修改。修改后的草案经国务院汉字简化方案审订委员会审订，1956年1月28日由国务院全体会议通过，成为《汉字简化方案》。1月31日由《人民日报》正式公布。到此为止，半个多世纪的简体字运动才取得了切实的结果。

二是坚持了“约定俗成”的原则，大部分简化字来源于古字（如“气、无、处、广”等）、俗字（如“体、宝、岩、蚕”等）、异体字、草书楷化字（如“时、实、为、会”等）、解放字（如“拥、护、运、动、奋、斗等”），有在社会上流通、使用的基础，人们易于接受。

比如，有人研究了明代天启、崇祯两朝427件“兵科抄出”，从中找到了415个简体字。[①] 如“边”字出现295次，“实”字出现279次，其中不少字和我们现在的简化字相同，如“刘、总、宝、灯、迁、窃、战、机、尔、独、恳、夺、务、虽、声”等。到了近代，太平天国在其文书和玉玺上也使用了一百多个简体字（太平天国国号中“国”字用的就是简化字“国”），其中80%为后来采用。

南开大学马庆株在《简化字古已有之》[②] 一文中，对我国古代书法家使用简体字的情况进行了统计研究，举例如下：

西汉元帝时黄门令史游作《急就章》用过30个（不计重复）简体字：时、东、陈、孙、检、帐、项、楼、来、夹、颊、侠、篋、贝、学、见、为、伪、长、张、随、状、问、觉、乐、犊、读、断、变、郸。

东晋书法家王羲之、王献之用过79个简体字：东、岂、试、为、缅、临、终、张、时、将、见、当、孙、扬、实、尔、鲤、鱼、与、诏、长、乐、陈、来、诚、绝、顾、灾、宽、饮、谢、杨、学、万、发、问、怅、颐、视、于、随、谁、维、侠、绵、绛、结、给、粮、纺、谓、语、数、败、丧、盖、纸、书、尝、诸、顿、许、闻、弥、缠、门、劳、肾、汤、经、传、写、觉、茎、顺、险、会、诣、请。

唐朝书法家欧阳询用过28个简体字：来、闰、馀、问、盖、维、临、终、随、隐、将、侠、荣、门、闲、墙、粮、顾、纸、纷、绥、纭、间、丧、辞、结、数、状。

宋朝文学家苏轼用过61个简体字：顾、盖、来、堕、于、饥、误、敛、将、请、绝、万、尔、贾、闻、祷、须、阙、计、时、诚、夸、纳、

① 蒋希文、邵荣芬：《明末“兵科抄出”档案中的简字》，《中国语文》1952年第4期。

② 马庆株：《简体字古已有之》，《中国教育报》2009年7月5日，第4版。

记、诉、纠、与、访、谁、长、诗、语、馀、缘、弥、纪、闲、终、谓、闰、债、状、谒、见、间、挟、维、问、谈、啸、传、东、宽、当、闰、绝、须、数、挟、细、鸾。

清朝文学家郑板桥用过53个简体字：问、觉、尽、梦、诗、来、绸、缪、滩、为、两、现、画、闻、壮、剑、红、饭、贾、见、语、状、胆、尔、阅、词、缓、继、应、给、证、宽、讯、说、请、违、麦、随、时、课、该、调、结、约、对、详、诉、贤、险、赋、蒋、学、劲。

敦煌出土文献（4至11世纪多种文字的写本和印本、拓片等文献）中有77个简体字：爱、绊、笔、缠、尘、虫、床、纯、辞、断、堕、尔、盖、个、顾、挂、国、号、饥、迹、继、夹、荚、颊、坚、检、将、绛、经、颈、来、赉、礼、怜、粮、乱、脉、门、弥、鸣、纽、凭、栖、齐、启、弃、悭、墙、惬、箧、轻、师、随、万、闻、问、无、狭、侠、贤、挟、兴、烟、痒、异、隐、与、语、岳、灾、沾、众、嘱、装、庄、壮、状。

这些有历史渊源的简体字，更易于获得人们的认可，得以顺利推行。

二、失败的“二简”

1977年12月20日，经国务院批准，中国文字改革委员会发表《第二次汉字简化方案（草案）》。草案包括两个字表：第一表有简化字248个，自公布之日起在出版物上试用；第二表有简化字605个，只征求意见，不试用。另外还有简化偏旁61个。草案发表后，立即遭到了各方面的批评。许多人认为字数太多，不少简化字还不成熟（见图10-4）。文改会曾几次组织力量对草案进行修订，始终未能取得满意结果。

1978年4月，教育部通知教材停止使用“二简”；7月，《人民日报》《解放军报》也停止使用“二简”。在1986年1月召开的全国语言文字工作会议上，许多代表对“二简”长期未做定论提出批评，认为不利于汉字规范化。

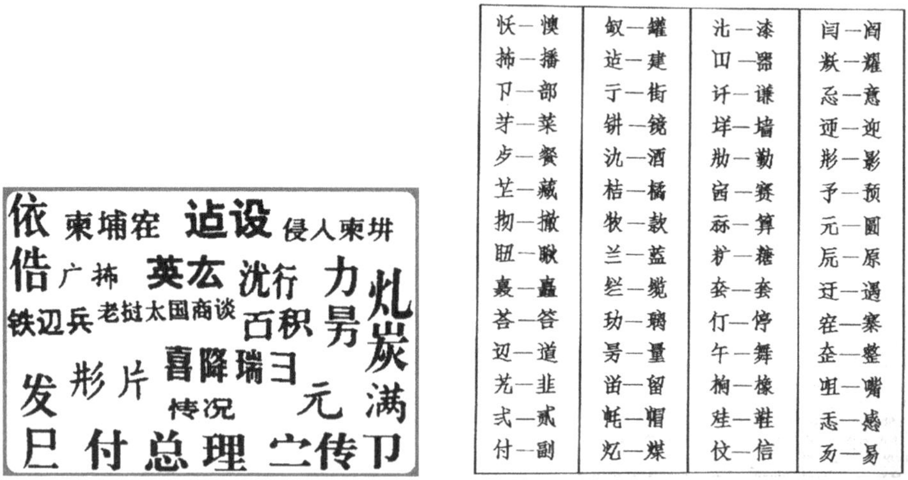

图 10-4　社会上部分“二简字”

1986 年 6 月 24 日，国务院正式宣布废止第二批简化字，指出：“今后对汉字的简化应持谨慎态度，使汉字形体在一个时期内保持相对稳定。”有关“二简”的问题才告一段落。

纵观“二简”由发表到废止，可以得出以下几点经验或者说教训。

第一，半个世纪以来，不少人认为简化汉字的理想目标是把十画以上的字简化到十画或不足十画。从汉字笔画的统计分布规律来看，这种提法是值得商榷的。文字的应用首先要保证阅读的方便，因为“看”比“写”的频率高得多，所以要有相当高的清晰性和区别性；其次才是笔画简单，写起来省事。如果把笔画全部减少到十画或不足十画，势必增加大量的形近字，给阅读带来困难。为了增加区别性，那些笔画较多的非常用字还是不去简化为好。

第二，“二简”中的许多字约而未定，俗而未成，特别是第二表中的字。汉字简化只有约定俗成、因势利导才能成功，硬要群众去学习那些看不惯的新字，很容易产生逆反心理，导致有的人宁愿使用早已熟悉的繁体字也不愿使用陌生的简体字。

第三，“一简”已经简化了两千多字，占通用字的三分之一，数量不能算少，有些人至今还没有全部掌握。再加上已经简化了的繁体字并没有完全从应用中消失。在这种情况下，群众希望文字稳定，不希望再简。这种心情是应该认真体察和考虑的。

今后要不要继续简化汉字？在语文工作者和群众中还存有不同的看法。

一种认为应该继续简化。理由是：

（1）现行汉字中还有一批难写难认、结构复杂的字，需要简化，如“霸警整繁翻疆徽舞鼠藏嘴懂爆餐”等。对这类字，群众自造了许多简体，说明有简化的必要。

（2）从信息处理看，汉字需要继续简化。在国家标准《信息交换用汉字编码字符集·基本集》的 6763 个汉字中，就有 138 个字（如酬、量）因笔画过多、结构复杂而不能在 15 × 16 构成的 240 个点阵栅格内设计，难以信息化处理。

（3）汉字字形演变的总趋势是简化，我们不能违背这一规律，人为地停止简化汉字工作。

另一种意见是反对继续简化汉字。理由是：

（1）过去公布的简化字，数量已经不少，基本上解决了人们认读、书写和应用的困难。保留一些笔画较多的字可以增加区别性。

（2）信息处理技术不断地发展，各种文字处理机相继问世，写字不用笔的时代已经到来，笔画多少已经不是汉字使用中的主要问题。

（3）过去公布的简化字，有些人还没有完全掌握。汉字需要稳定，不宜再做变动。另外，再继续简化汉字，不利于大型工具书的编辑出版，也不利于计算机的汉字存储。

三、繁简之争

（一）复古提案

2008 年全国两会上，郁钧剑、宋祖英、黄宏、关牧村等 21 位文艺界政协委员联名递交了一份关于《小学增设繁体字教育的提案》，建议在小学开始设置繁体字教育，将中国文化的根传承下去。此提案立即引起了社会的强烈反响。

2009年全国两会上，政协委员潘庆林更是直接提案《恢复繁体字》[①]。他建议全国用10年时间，分批废除简体汉字，恢复使用繁体字，原因有三：

一是上世纪50年代简化汉字时太粗糙，违背了汉字的艺术性和科学性；二是以前说繁体字太烦琐，难学难写不利于传播，但是现在都是用电脑输入，再烦琐的字用电脑打起来都一样；三是恢复使用繁体字有利于两岸统一，现在台湾依然用繁体字，并称其为“正体字”，深有意味，还要为“正体字”申请非物质文化遗产，给祖国大陆方面造成了压力。

2013年2月起，著名诗人流沙河在某中文网开“简体字不讲理”专栏，以手写稿、繁体字的形式，挖掘汉字从甲骨文、篆书到隶书的流变，“认为简化字不讲理”。他说：“所有正体字都能讲出道理，现在我们所用的汉字中大部分是像‘彬’一样的正体字。原本我写这一系列小文时所起的题目叫‘简化字不讲理’，后来改为现在的‘正体字回家’，84岁高龄的我是想建议那一小部分没有存在根据的简化字退出，还原汉字的风采。”[②]

2015年3月12日两会期间，政协委员、著名电影导演冯小刚对简体字开炮。他认为，繁体字与文化息息相关，应该恢复部分繁体字，并放到小学课本中。他们举例说：“左边一个‘亲’，右边是一个‘见’，组成了‘親’；‘愛’是在‘爱’中加了一个‘心’。这两字的含义是‘亲要相见，爱要有心’，结果简化后却变成了‘亲不见，爱无心’。”[③]他的说法赢得了

---

① 《全国政协委员潘庆林建议恢复使用繁体字》，https://news.ifeng.com/mainland/special/2009lianghui/tianyian/200903/0303_5757_1040637.shtml，访问日期：2022年8月22日。

② 刘彬：《流沙河：“侦破”汉字奥秘》，《光明日报》2015年6月30日，第11版。

③ 冯小刚：《“恢复部分繁体字”两会提案惹争议》，《浙江传媒学院报》2015年3月20日第3版。

不少委员点头赞同，有的还举例证说台湾依然用繁体字，还将其称为“正体字”。

台湾人只认为繁体字好吗？

事实上，在20世纪50年代，蒋介石就曾想在台湾推行简体字。为试探民意，蒋介石嘱托罗家伦写文章造势。同时，主管部门也召开会议，讨论简体字的问题。但这一想法遭到当时的国民党元老胡秋原的强烈反对，最后不了了之。

近年来，台湾文化界也在不断讨论简化字问题。不少学者认为，汉字简化是大趋势，但他们主张“识正书简”，取利两便。

2009年6月9日，台湾地区领导人马英九在接见返台侨界代表时，提出“识正书简”概念，并希望未来两岸能对此达成协议。

（二）繁体、简体，谁更有文化

明星和部分学者对恢复繁体字的呼喊，备受媒体追捧，也得到大量网友留言支持。但反对者也不在少数，其中包括许多文化学者和高校教授。他们纷纷撰文反驳，指出恢复繁体字是部分“精英”们的“复古主义”的表现。简体字推广历经几十载，取得了扫盲和提高文字办公效率、提升整个社会文化素质的巨大成效。现在倡导恢复繁体字，几乎等于再造文盲，几乎无限地增加和文字有关的各项社会成本，几乎会降低整个社会运行效率，与目前加大改革开放步伐，快速推进中华民族复兴伟业的时代潮流是不合拍的。

有学者举例说，“亲不见，爱无心”并不是倡导者的新发明。多年之前，网上就流行这样的“段子”：

> 汉字简化后，亲（親）不见，爱（愛）无心，产（產）不生，厂（廠）空空，面（麵）无麦，运（運）无车，导（導）无道，儿（兒）无首，飞（飛）单翼，有云（雲）无雨，开关（開關）无门，乡

（鄉）里无郎，圣（聖）不能听也不能说，买（買）成刀下有人头，轮（輪）成人下有匕首，进（進）不是越来越佳而往井里走。可魔仍是魔，鬼还是鬼，偷还是偷，骗还是骗，贪还是贪，毒还是毒，黑还是黑，赌还是赌。

同时也有人提出异议，编出相应的新段子，夸赞简体字：

> 汉字简化后，护（護）用手，爱（愛）有友，灶（竈）生火，显（顯）日明，龟（龜）有甲，笔（筆）有毛，宝（寶）有玉，众（眾）有人，网（網）像形，灭（滅）无需水，呼吁（呼籲）有口，号（號）非虎啸，体（體）制为人也是为本，战（戰）为占有不宜单人，昼（晝）乃日出一尺高，虫（蟲）不是越来越多是越少越好，而佛仍为佛，神还为神，信还为信，仁还为仁，善还为善，美还为美，福还为福，喜还为喜。

汉字的繁简之争由来已久。台湾有学者认为，简体字的缺点是不利于阅读古代典籍，造成文化断层；其识别度也大为降低，许多简化字以同一符号取代不同构件，致使字形既无法清楚交代，也无法以例类推，如“又”这一个部件取代了“汉”字的右半边、“观”字和“邓”字的左半边等。

然而，繁体字首先是“烦体字”，不管有多少优点，一个缺点即可通杀它的所有优点——笔画繁复，难于书写。“萧齐鸾龄灵丛衅”这几个字，其繁体是“蕭齊鸞齡靈叢釁”，写出来试试，尤其是“釁”，简直是对书写的挑衅。

尽管现在有电脑，打字可以在繁简之间自由转换，但出现在屏幕上的繁复笔画，对视觉同样是挑衅。

在任何语言中，文字都不是一成不变的。古代英语与现代英语差别也很大，现在读培根作品就已经有难度，更不用说读《贝奥武夫》

（Beowulf）了。Love（爱）在古英语中是lufian，它就有多达十几个时态的语态变化。但讲英语的国家，不会认为现代英语是对英文文化的割裂。

至于说“亲不见，爱无心”，说明言者尚未从象形、会意的初始创字中回过神来。如果用这个理论来“说文解字”，那么拉丁文就根本无形可见、无意可会了。

在“山盟海誓”常成“山蒙海逝”的今天，即便我们把“亲”改回“親”，把“爱”改回“愛”，但是，“親愛的”该不见的还是不见，该无心的还是无心，人情冷暖的实际情况不会因文字的繁简而受到影响。

（三）遵从规律，科学简化后长期保持相对稳定

今天的中国和世界正处于一个历史性的大变革时期，汉字不但不能恢复繁体，而且还可以再简化，这是因为还有简化的必要性。文化既是历史厚重的积淀，更是现实的一江活水。活在现实中的事物才叫传统，无人用、无人爱的东西是古董不是传统。汉字总数已上十万，但常用字十不及一，绝大多数并不常用，有的甚至根本不用，只存在于字典里、古籍中。发展是事物的生命，简化是汉字的正途。除了中国人之外，现在越来越多的外国人需要和喜欢学习汉字。但有些字包括最常用字还很不易写，比如“谢谢”这个初学者就需要说和喜欢用的词，写起来却很费劲。类似情况还不少，《通用规范汉字表》“一级字表”的3500个常用字中，10画以上（不含10画）的就有1346字，15画以上的就有312个，如“穆、篡、篷、篱、儒、邀、衡、膨、雕、磨、瘾、瘸、凝、辨、辩、糙、糖、燃、濒、激、懒、憾、懈、窿、避、缰、缴、戴、藉、藏、檬、檐、檀、霜、霞、瞧、瞬、瞳、瞩、瞪、曙、蹋、螺、蟀、嚎、赡、穗、簧、繁、徽、爵、朦、鳄、赢、糟、糠、懦、臀、臂、翼、骤、藕、鞭、藤、覆、瞻、嚣、镰、翻、鳍、鹰、瀑、戳、孽、警、蘑、攀、曝、蹲、蹭、巅、簿、蟹、颤、靡、癣、羹、爆、疆、鬓、壤、馨、嚼、嚷、魔、灌、譬、蠢、霸、

露、霹、躏、髓、囊、镶、瓤、罐、矗”等。这些字写起来麻烦，写出来也显得很拥挤，成为一个个难以分辨的墨疙瘩。

按照计算机汉字显示 16 行 ×15 列 = 240 点阵的标准，一个汉字的最大横画是 8 画，最大竖画是 7 画，总笔画数最大为 15 画，超过就会显示不出来而被挤压省略，造成字迹模糊、难看。所以，汉字横画应以 7 画为限（最好 6 画以内），竖画应以 6 画为限（最好 5 画以内），总笔画数以 13 画为限（最好 11 画以内）。

综上所述，汉字不能复古倒退。“识正写简”“繁简由之”，只是权宜之计，终究不能长远。要保持汉字统一规范，弥补“一简”的不足，吸取“二简”的长处，以《通用规范汉字表》为范围，进行适当简化后保持长期稳定。同时，更应该在汉字文化圈实行以规范简化字为标准的“书同文”，以使汉字不仅更好地为中华民族的伟大复兴服务，也能更好地为汉字文化圈的其他国家和地区的繁荣昌盛服务。

第四节　信息时代汉字英雄

进入二十一世纪，汉字迎来了属于自己的世纪。中国和世界对汉字的认识越来越深，评价越来越高。

一、相对于表音的拼音文字，形意汉字更有效率

德国哲学家叔本华在《论语言与语言学习》一文中说：

我们对中国的汉字很不以为然；但是，既然文字的任务就是借用视觉符号，在人们的理性头脑里引发概念，那么，首先把只是指示了某一概念的听觉符号的符号展现给人们的眼睛，而那一听觉（发

音）符号却首先是这一概念的承载物，那就是明显拐了一个大弯。我们的文字因而就成了一种符号的符号。这样，我们就会提出疑问：听觉符号比起视觉符号究竟具有什么优势，以致可以让我们放着从眼睛到理性的一条直路不走，而另绕这样一个大弯：亦即让视觉符号只有在经过听觉符号的中介以后才能向读者的头脑发话。实际上，让视觉符号直接承载概念，而并非只是标示其发音——就像中国人所做的那样——明显是更为简单的做法。事实的确是这样，因为视觉比听觉更能够察觉细微、多样的差别；并且，视觉可以允许多个印象同时并存，但听觉特性却由于唯独只存在于时间而无法具备同样的能力。①

叔本华认为，拼音文字由听觉再到概念，绕了一个大弯；而表意的汉字“让视觉符号直接承载概念”，不再绕弯，其思维和表达的效率自然大大超过拼音文字，这是不言而喻的。

再从现代电脑字符输入比较来看，汉字输入的效率也远超英语等拼音文字。如下例：

中文输入文句：“他和我约定在北京站见面。”

英文输入文句：He and I agreed to meet at the Beijing Station.

英文全句 37 个字母 + 9 个空格 + 1 个标点，电脑输入共需击键 47 下。中文用全拼“tahewoyuedingzaibeijingzhanjianmian”输入，全句 35 个字母 + 1 个上字键，共需击键 36 下，击键数是英文的 76.5%。如果改用中文双拼输入“tahewoyxdqzsbwjqvfjjmj”，全句 22 个字母 + 1 个上字键，共需击键 23 下，击键数是英文的 48.9%，节省一半。汉字拼音输入与英文相比效率翻倍！再加上汉字文本短小（比英文节约近 1/3 篇幅），字形区别度高，在统计、印刷、识读等方面皆比英文高效。

① 叔本华：《论语言和语言学习》，载《美学随笔》，韦启昌译，上海人民出版社，2009，第 122 ~ 123 页。

所以，科学界认为：汉字比拼音文字更适用于计算机信息处理，更适于现代智能化社会！

二、汉字是中国的第五大发明

汉字是当今世界上仍在使用的最古老的文字。如果从殷商甲骨文算起，已经有 3600 年以上的历史了。埃及圣书字、两河流域苏美尔楔形文字、古希腊克里特岛线形文字等相继成为历史的陈迹，唯独汉字一直在使用。中国人所创造出来的奇迹，在世界文字史上是独一无二的。它传承了中国五千年灿烂文明，至今仍旧具有旺盛的生命力。在信息化、智能化的今天，汉字不仅不落伍于时代，其在计算机、机器人等智能处理方面的优质与高效，更令世人惊叹和信服。汉字堪称中国的“第五大发明”[①]。

汉字具有超越不同方言和语言的功能。中国东起黑龙江与乌苏里江汇合处，西到帕米尔高原，东西相距约 5200 公里；北起漠河以北的黑龙江江心，南到南沙群岛南端的曾母暗沙，南北相距约 5500 公里。在如此广袤的大地上，汉字是通用的。西方字母文字的形式，起初由象形而来，后来作为拼音字母，由于各国语音不同，导致文字不同，相互联结的纽带断了，结果分立为众多的国家。我国方言数量很多，但汉字以形表意，跨越了方言的鸿沟，对中国的统一具有不可估量的凝聚作用。

汉字可以引发丰富的联想。由于汉字以形表意，使用汉字时观其形而得其意，其中必定有联想产生。并非象形字如此，会意字、形声字也是如此。比如“休息”的“休”字，由“人”和“木”组成，就是“人”靠着“树”歇息一会儿的情景；有些形声字的声旁也是表意的，如“文盲”的“盲”字，声旁“亡”既表音也表意，“盲”就是“亡”了“目”，看不见了。在书写的过程中，我们可以边写边体会其中的奥妙与文化。

---

① 安子介:《汉字是中国的第五大发明》,《汉字文化》1989 年第 4 期。

汉字有利于发展大脑智力。从神经心理学和神经语言学的研究成果看，拼音文字是偏向大脑左半球的“单脑文字”，而汉字是大脑左、右两半球并用的“复脑文字”；拼音文字认知中“语音编码”方式起主要作用，而汉字认知中则是利用“多重编码”方式，语音、字形和语义编码兼用。学习汉字可以开发大脑左、右半球的潜力，有利于促进大脑智力的发展。

汉字属于自源文字。借源文字是指借用或参照其他文字形体或系统而建立的文字，如日文是借源于汉字，英文、法文等都借源于拉丁字母和希腊字母，而希腊字母又借源于古埃及文。但是，埃及圣书字在一千四百年前已消失，拉丁文也只有梵蒂冈在使用。而汉字历经几千年，至今还在使用。汉字焕发着无穷的魅力，目前正受到越来越多的海外人士的重视。

三、汉字有望成为世界最终的通用文字

中国中文信息研究会会长钱伟长教授说：“符号文字最有国际性，汉字是符号文字，汉字有希望成为国际文字。”[①]

钱教授的希望是有一定事实依据的，因为汉字是一套完整、科学、方便的文字体系。这个体系的每个字通过特定的字形来表达一个确定的意思，而不论它读什么音。所以，几乎多种方言、语言都可以用汉字这个文字体系进行记录和交流。中国有几十种方言，但是都能使用同一种文字。而日本、朝鲜、越南等国也都跨越语言而使用汉语汉字系统。对此，日本学者山木宪早就有这样的预言[②]：

中国文字之善，为宇内各种通用文字之冠。世有为废汉字节汉

① 裴高才：《钱伟长为〈胡秋原全传〉题词始末》，《人民日报（海外版）· 名流周刊》2010 年 8 月 13 日，第 7 版。

② 山木宪：《中国文字之将来》，杜亚泉译，转引自吕思勉《字例略说》，商务印书馆，1993，第 91 页。

字之论者，欲废汉字而代以罗马字，或减少汉字之数；是殆狂者之所为，皆心醉欧风之弊也。此论之生，非关文字，乃国势消长之关系耳。文字之极则，在于明确简洁，传之千百年，读者仍易于理会。此数事，求其无憾，惟中国文字，足以当之。他日之遍布于宇内，可断言也。

其实，早在山木宪先生预言之前的十八世纪，著名德国哲学家叔本华就有理有据地明确指出[①]：

如果我们抽象、纯粹理论性和先验地考察语言文字，那中国人的处理方式是真正对头的；我们也只能责怪中国人学究气多了一些，因为他们没有考虑到现实处境可供另一种选择。与此同时，经验也让我们看到了中文所具备的一大优势，亦即在以中文字表达的时候，我们并不需要懂得中文：我们人人都可以以自己的语言阅读中文字；正如我们的那些数目字代表了泛泛的数目概念一样，中文字也代表了所有概念。那些代数符号甚至代表了抽象的量的概念。所以，正如一个曾五次到过中国的茶叶商告诉我的，在整个印度洋地区，中文字成为了公用的交际工具。来自各个不同国家的商人都能以此互相交流和理解，虽然这些人并没有一种共同的语言。我的这位英国朋友甚至肯定地认为：因为中文字具有这样的功能，将来终有一天中文字会传遍整个世界。J.F. 戴维斯在《中国人》一书里的一段描述也与此看法完全吻合。

两位学者的预言很明确。汉字以形表意，不绕弯表音，直达概念，可

---

① 叔本华:《论语言和语言学习》，载《美学随笔》，韦启昌译，上海人民出版社，2009，第 123 ~ 124 页。

以跨语言作记录工具。实际上汉字在韩国、日本、越南、马来西亚等国家都曾使用或者还在部分使用，已经就是一种准世界性的文字。如果世界文字最终要统一，最好的选择就是汉字！

为着这一美好愿望，目前要做的急迫工作，就是统一中国汉字，即在中国大陆、中国台湾、香港特别行政区和澳门特别行政区实行汉字统一，停止台湾“识繁写简”和港澳“繁简由之”，统一为大陆简体字。

这就是全国人大代表靳保芳，在 2014 年 3 月 5 日召开的第十二届全国人大二次会议上，向大会提出的《关于统一汉字、助力汉字享誉世界的建议》①，已经引起社会层面广泛关注。

建议中说，以形表意的汉字不仅是中华文化的载体，还是中华民族团结的纽带。我国从夏商到今天一直使用并传承着方块字。从东北到西南，从东海到天山，虽遥遥万里，方言阻隔，口语或听不懂，但写在纸上，便心通意通，全无阻隔。由于汉字所维系的文化的统一，中国始终没有分裂为不同的国家。而和我国面积几乎相当的欧洲，诸国各有各的文字，致使只有四亿人口的地方，林立着四十多个国家。中国绵绵五千年大一统，汉字之功伟哉！

建议中说，世界的未来，必然是全球一体化。只有经济一体化，政治道德一体化，语言文字一体化，七大洲三大洋的广阔世界才能成为一个亲睦和谐的地球村。纵观当今世界，语言文字资格最老，使用人口最多，又能“通古今，通四方”的智能化文字，就是以形表意的汉字。我们相信当全球文字一体化被提上规划日程时，我们的汉字必是“地球村”的首选法定文字。

我们的汉字将走向全世界，前途辉煌！我们的汉字文化，将服务全人类，前程无量。

---

① 红笔杆：《全国人大代表靳保芳提出“关于统一汉字、助力汉字享誉世界的建议”》，http://www.crt.com.cn/news2007/news/HStop/14351659199DECHDI1F9K547E36913.html，访问日期：2022 年 12 月 16 日。

附录　汉字构成表达式

汉字有多少？1716年编纂的《康熙字典》有47035个汉字，2010年出版的《汉语大字典》有60000余个汉字，1994年出版的《中华字海》有85568个汉字，北京国安资讯设备公司汉字库收入91251个汉字。

目前，绝大部分电脑中使用的字符集有两个：一个是国标GB2312字符集，收录常用汉字及一般符号、序号、数字、拉丁字母、日文假名、希腊字母、俄文字母、汉语拼音符号、汉语注音字母，共7445个图形字符，其中，包括汉字6763个（其中一级汉字3755个，二级汉字3008个）；一个是国标GBK汉字内码扩展规范，共收入21886个汉字和图形符号，包括GB 2312中的全部汉字、非汉字符号，BIG5中的全部汉字，与ISO 10646相应的国家标准GB 13000中的其他CJK汉字，合计20902个汉字。

尽管日常使用完全够了，但总会碰到电脑打不出的汉字，尤其是人名用字、地名用字、中国古代典籍研究方面的用字。有时不得不用文字叙述来“描写”打不出的汉字。比如“堃”是GB2312字符集没收入的字，如果电脑未装GBK字库，就得描写这个字：“上下结构，上面部分又是左右结构，两个‘方’字；下面是一个‘土’字。”一共用了25个字来描述。要是碰到古籍中笔画繁多、结构复杂的生僻字，那描写起来就更复杂了。

用Windows所带的造字软件把它造出来，当然可以。只是步骤繁杂，一般人不易掌握，且造出来的字与其他字不协调，很不好看，加之在其他电脑上打开后也显示不出来，所以也不可取。

为了解决这个问题，著者总结出了一种权宜办法，即“汉字构成表达式”（简称“构字式”），可以在目前电脑系统能打出的汉字字符的基础上，较为简捷明快地表达不在字符集中的汉字。如上例“堃”字，可简单表示为“〔B（H方方）土〕”，比上面用25个字来描写简明多了。

这个方法，主要是运用汉字构件的切分与组合来表达汉字的构成，不涉及汉字文化有关表述原则。

一、确定汉字结构代表字母

将汉字按结构类型分为上下、上中下、左右、左中右、包围、半包围六种结构类型，半包围结构再细分为八种，根据结构类型的近似象形分别用英文大写字母代表：

B：表示上下结构，如“分”“忠”“安”等；

E：表示上中下结构，如“三”“草”“意”等；

H：表示左右结构，如“林”“怀”“明”等；

M：表示左中右结构，如“树”“斑”“渺”等；

O：表示全包围结构，如“国”“回”“园”等；

C：表示左包右结构，如“叵”“匡”“区”等；

D：表示右包左结构，如“句”“丑”等；

A：表示上包下结构，如“同”“风”“太”等；

U：表示下包上结构，如“凶”“函”“凼”等；

G：表示上下包中间结构，如“衷”“裹”“乘”等；

F：表示上左包下右结构，如“庆”“疯”“房”等；

L：表示下左包上右结构，如“这”“廷”“尥”等；

S：表示上右包下左结构，如“氧”“訇”“式”等。

二、按表达需要分解字元

字元指构件，它可能是单独成字的独体字，也可能是偏旁部首，能分开且用输入法能打出来。如："安"字，上下结构，可分为"宀"和"女"两个字元；"树"，左中右结构，可分为"木""又""寸"三个字元。

分解字元有个原则：宜粗不宜细，以二分为主，尽量少分。

三、写出构字表达式

把结构代表字母＋字元［－字元］的构字式置于六角括号中，就形成汉字构成表达式（简称"构字式"）。如：上下结构"安"的构字式为〔B宀女〕，左中右结构"树"的构字式为〔M木又寸〕。"［－字元］"视需要增加，"－"为减号，之后的字元为减掉的字元，如"浚"字的表达式为"〔H氵（俊－亻）〕"，即三点水旁与"俊"字减掉单立人的部分组成左右结构的一个字。

构字式有单式和复式两种。单式只用一个结构代表字母，如"安""树"两例。复式用两个以上结构代表字母，如"堃"字，总体是上下结构，上部又是左右结构，其构字式为〔B（H方方）土〕；再如"邀"字，总体是半包围结构中的下左包上右，被包部分又是左右结构，其中左边还是上下结构，所以，构字式为〔L辶（H（B白方）文）〕。

这里有三个原则：

1. 为了简捷，尽量用单式；

2. 字元必须是电脑能打出的字或偏旁；

3. 按汉字书写顺序写构字式，但包围结构例外，包的部分在前，被包部分在后。还需注意：半包围的条件是必须包围过腰，否则归入非包围结构。

应用举例：

北宋·韩缜《游东山寺》诗，有"深沉开宝阒，磅礴〔H车尼〕华轫”句，这个构字式“〔H 车尼〕”表达的字为：左右结构，左边是“车”右边是“尼”，该字读音为 ní，意思同“轼”，用搜狗输入法打不出来，这时用构字式就显得非常简捷了。

再如，《山海经·西山经》第二：

“又西三百二十里曰嶓冢之山。汉水出焉，而东南流注于沔；嚣水出焉，北流注于汤水。其上多桃枝鉤端，兽多犀兕熊罴，鸟多白翰赤〔B 敝鸟〕。有草焉，其叶如蕙，其本如桔梗，黑华而不实，名曰〔B 艹骨〕蓉，食之使人无子。

……

“又西四百里曰〔F 厂氏〕阳之山。其木多〔H 木（稷—禾）〕、枏、豫章，其兽多犀、兕、虎、〔H 犭勺〕、〔H 牛乍〕牛。

……

“西南四百里曰昆仑之丘，是实惟帝之下都，神陆吾司之。其神状虎身而九尾，人面而虎爪。是神也，司天之九部及帝之囿时。有兽焉，其状如羊而四角，名曰土蝼，是食人。有鸟焉，其状如蜂，大如鸳鸯，名曰钦原，〔B 若（H 虫虫）〕鸟兽则死，〔B 若（H 虫虫）〕木则枯。”

为了便于掌握，汇表如下（示例均用电脑可打出的常用字或偏旁）。

结构代表字母	表示结构	示　　例	结构类型	构字式类型
B	上下	朵〔B 几木〕志〔B 士心〕安〔B 宀女〕	上下	单式
E	上中下	三〔E 一一一〕翼〔E 羽田共〕意〔E 立曰心〕		
H	左右	林〔H 木木〕明〔H 日月〕浚〔H 氵（俊－亻）〕	左右	
M	左中右	斑〔M 王文王〕渺〔M 氵目少〕掰〔M 手分手〕		

续表

<table>
<tr><th>结构代表字母</th><th>表示结构</th><th>示　例</th><th colspan="2">结构类型</th><th>构字式类型</th></tr>
<tr><td>O</td><td>全包</td><td>园〔O口元〕图〔O口冬〕国〔O口玉〕</td><td rowspan="9">包围</td><td>全包</td><td rowspan="9">单式</td></tr>
<tr><td>C</td><td>左包右</td><td>叵〔C匚口〕匡〔C匚王〕医〔C匚矢〕</td><td rowspan="8">半包（被包围部分要过腰）</td></tr>
<tr><td>D</td><td>右包左</td><td>可〔D丁口〕句〔D勹口〕丑〔D㇆十〕</td></tr>
<tr><td>A</td><td>上包下</td><td>月〔A冂二〕闲〔A门木〕凤〔A几又〕</td></tr>
<tr><td>U</td><td>下包上</td><td>凼〔U凵水〕凶〔U凵乂〕函〔U凵了〕</td></tr>
<tr><td>G</td><td>上下包中间</td><td>衷〔G衣中〕裹〔G衣果〕乘〔G禾北〕</td></tr>
<tr><td>F</td><td>上左包下右</td><td>房〔F户方〕麻〔F广林〕磨〔F麻石〕</td></tr>
<tr><td>L</td><td>下左包上右</td><td>这〔L辶文〕延〔L廴正〕尬〔L尢介〕</td></tr>
<tr><td>S</td><td>上右包下左</td><td>氧〔S气羊〕式〔S弋工〕虱〔S乁虫〕</td></tr>
<tr><td colspan="2" rowspan="6">一、为了简洁，尽量二分，用单式；二、字元必须是电脑能打出的字〔偏旁〕；三、按汉字书写顺序〔包围则包在前，被包在后〕</td><td>品〔B口（H口口）〕器〔E（H口口）犬（H口口）〕</td><td colspan="2">先上中下后左右</td><td rowspan="6">复式</td></tr>
<tr><td>懿〔H壹（B次心）〕想〔B（H木目）心〕</td><td colspan="2">先左右后上下</td></tr>
<tr><td>嬴〔E亡口（M月女凡）〕</td><td colspan="2">先上中下后左中右</td></tr>
<tr><td>游〔M氵方（B人子）〕</td><td colspan="2">先左中右后上下</td></tr>
<tr><td>圆〔O口（B口贝）〕</td><td colspan="2">先全包后上下</td></tr>
<tr><td>邀〔L辶（H（B白方）文）〕</td><td colspan="2">先半包后左右再上下</td></tr>
</table>

参考文献

［1］〔美〕爱德华·萨丕尔，1985．语言论（第2版）［M］．陆卓元译，陆志韦校订．北京：商务印书馆：19．

［2］〔日〕安居香山、中村璋八，1994．纬书集成［M］．石家庄：河北人民出版社：590．

［3］班固，1999．汉书（简体字本）［M］．北京：中华书局：1363．

［4］本社，1999．汉魏六朝笔记小说大观［M］．上海：上海古籍出版社．

［5］本社，2005．明代笔记小说大观［M］．上海：上海古籍出版社．

［6］本社，2007．清代笔记小说大观［M］．上海：上海古籍出版社．

［7］本社，2001．宋元笔记小说大观［M］．上海：上海古籍出版社．

［8］本社，2000．唐五代笔记小说大观［M］．上海：上海古籍出版社．

［9］陈鼓应，2000．老子今注今译［M］．北京：商务印书馆：169-291．

［10］陈立，1994．白虎通疏证［M］．北京：中华书局：83-491．

［11］陈梦家，1956．殷墟卜辞综述［M］．北京：中华书局：77．

［12］陈明远，1980．电子计算机和汉字改革［J］．语文现代化（1）：71．

［13］陈寿，1959．三国志［M］．陈乃乾校点．北京：中华书局：913．

［14］陈伟湛，1988．汉字古今谈［M］．北京：语文出版社．

［15］陈原，1987．把汉字问题的研究推向新的高度——在“汉字问

题学术讨论会”开幕式上的讲话［J］. 语文建设（1）.

［16］蔡运章，1993. 甲骨金文与古史研究［M］. 郑州：中州古籍出版社.

［17］陈政，2006. 字源谈趣［M］. 北京：新世界出版社.

［18］戴家祥，1995. 金文大字典［M］. 上海：学林出版社.

［19］丁度等，1706. 集韵［M］. 清康熙四十五年扬州使院刊本：62.

［20］丁傅靖辑，1981. 宋人轶事汇编［M］. 北京：中华书局：1066.

［21］董莲池，2000. 说文部首形义通释［M］. 长春：东北师范大学出版社.

［22］段玉裁，1981. 说文解字注［M］. 上海：上海古籍出版社：586.

［23］费锦昌，1991. 简化字面面观——正确处理汉字简化工作中的10种关系［J］. 语文建设（3）.

［24］芬君，1939. 鲁迅访问记［M］. 上海：上海大夏书店：133.

［25］古代汉语词典编写组，2002. 古代汉语词典［M］. 北京：商务印书馆：1143.

［26］谷衍奎，2008. 汉字源流字典［M］. 北京：语文出版社：920.

［27］顾南原，1982. 隶辨（隶书字典）［M］. 北京：北京市中国书店.

［28］顾平旦、常江、曾保泉，1991. 中国对联大辞典［M］. 北京：中国友谊出版公司.

［29］顾野王，1922. 玉篇［M］. 上海：中华书局.

［30］管洛、易元，1993. 中国古代测字大观［M］. 北京：人民中国出版社.

［31］桂馥，1987. 说文解字义证［M］. 上海：上海古籍出版社.

［32］郭沫若，1982. 甲骨文字研究［M］// 郭沫若全集：第一卷. 北京：科学出版社：70-71.

［33］国家图书馆，中国记忆项目中心，2015. 我们的文字［M］. 北京：清华大学出版社.

［34］汉语大字典编辑委员会，2010．汉语大字典（第2版）［M］．成都：四川辞书出版社：1105-2654．

［35］郝懿行，1982．尔雅义疏［M］．上海：上海古籍出版社．

［36］何九盈，2016．汉字文化学（第2版）［M］．北京：商务印书馆：38-182．

［37］何九盈、胡双宝、张猛，1990（6）．简论汉字文化学［J］．北京大学学报（哲学社会科学版）（6）．

［38］何九盈、胡双宝、张猛，1995．中国汉字文化大观［M］．北京：北京大学出版社．

［39］胡厚宣，1999．甲骨文合集释文［M］．北京：中国社会科学出版社：139．

［40］胡朴安，1984．中国文字学史［M］．上海：上海书店．

［41］黄伯荣、廖序东，2017．现代汉语（增订六版）［M］．北京：高等教育出版社：148．

［42］黄德宽、陈秉新，2006．汉语文字学史（增订本）［M］．合肥：安徽教育出版社．

［43］黄怀信等，2007．逸周书汇校集注（修订本）［M］．上海：上海古籍出版社：618-707．

［44］黄侃，1983．文字声韵训诂笔记［M］．上海：上海古籍出版社：79．

［45］姬克喜、王新燕、陆雅然，2010．甲骨文图解：汉字溯源［M］．郑州：中州古籍出版社．

［46］纪昀，1984．阅微草堂笔记［M］．汪贤度校点．上海：上海古籍出版社：127-128．

［47］姜继曾，2015．简化字的由来［M］．成都：四川大学出版社．

［48］姜亮夫，1989．古文字学［M］．杭州：浙江人民出版社．

［49］蒋善国，1987．汉字学［M］．上海：上海教育出版社．

［50］孔颖达，1999．春秋左传正义［M］．北京：北京大学出版社：1587．

［51］孔颖达，2008．礼记正义［M］．郑玄注．上海：上海古籍出版社：25．

［52］孔颖达，1999．周易正义［M］．北京：北京大学出版社：53．

［53］冷玉龙，韦一心等，1994．中华字海［M］．北京：中华书局：431-1139．

［54］李昉等，1960．太平御览（影印版）［M］．北京：中华书局：363．

［55］李敏生，2000．汉字哲学初探［M］．北京：社会科学文献出版社．

［56］李万春，1992．汉字与民俗［M］．昆明：云南教育出版社．

［57］李学勤，1997．失落的文明［M］．上海：上海文艺出版社．

［58］李乐毅，1996．简化字源［M］．北京：华语教学出版社．

［59］李运富，2008．汉字汉语论稿［M］．北京：学苑出版社．

［60］李职攀，2014．汉字造意［M］．北京：中国文史出版社．

［61］梁东汉，1959．汉字的结构及其流变［M］．上海：上海教育出版社．

［62］梁披云，1984．中国书法大辞典［M］．香港：香港书谱出版社，广东人民出版社．

［63］梁绍壬，1982．两般秋雨庵随笔［M］．庄葳点校．上海：上海古籍出版社：393．

［64］林惠祥，1991．文化人类学［M］．北京：商务印书馆．

［65］林耀华，1984．原始社会史［M］．北京：中华书局．

［66］刘兴均，2014．汉字的构造及其文化意蕴［M］．北京：人民出版社．

［67］刘又辛，1990．沈兼士先生文字训诂研究述评［J］，载于葛信益、朱家溍．沈兼士先生诞生一百周年纪念论文集［M］．北京：紫禁城出

版社：58.

［68］刘又辛，方有国，2000．汉字发展史纲要［M］．北京：中国大百科全书出版社．

［69］刘正成，1989．中国书法鉴赏大辞典［M］．北京：大地出版社：555-557.

［70］刘志成，2003．文化文字学［M］．成都：巴蜀书社．

［71］刘志基，1995．汉字与华夏文化［M］．成都：巴蜀书社．

［72］流沙河，2011．文字侦探：一百个汉字的文化谜底［M］．北京：新星出版社．

［73］楼鉴明、洪丕谟，1987．历代书论选注［M］．上海：复旦大学出版社：25.

［74］陆德明，1985．经典释文［M］．上海：上海古籍出版社．

［75］陆宗达，1981．说文解字通论［M］．北京：北京出版社．

［76］吕思勉，1933．字例略说［M］．北京：商务印书馆：91.

［77］吕友仁、吕咏梅，1998．礼记全译·孝经全译［M］．贵阳：贵州人民出版社：42-1204.

［78］罗建新，2015．谶纬与两汉政治及文学之关系研究［M］．上海：上海古籍出版社．

［79］梅桐生，1998．春秋公羊传全译［M］．贵阳：贵州人民出版社：13-144.

［80］彭林，1997．仪礼全译［M］．贵阳：贵州人民出版社：375.

［81］启功，1964．古代字体论稿［M］．北京：文物出版社．

［82］钱穆，1994．中国文化史导论［M］．北京：商务印书馆．

［83］裘锡圭，1988．文字学概要［M］．北京：商务印书馆：106.

［84］容庚，1985．金文［M］．北京：中华书局．

［85］〔日〕山木宪，1911．中国文字之将来［J］．杜亚泉译．东方杂志（8月第1号）.

［86］沈括，2012．梦溪笔谈［M］．张燕婴等译注，北京：中华书局：161．

［87］十三经注疏整理委员会，2000．十三经注疏·毛诗正义［M］．北京：北京大学出版社：140．

［88］十三经注疏整理委员会，2000．十三经注疏·尚书正义［M］．北京：北京大学出版社：346．

［89］十三经注疏整理委员会，1999．十三经注疏·周易正义［M］．北京：北京大学出版社：21-302．

［90］史林，2000．纪晓岚应对人生的九十九个方略［M］．北京：中华工商联合出版社：325～327．

［91］〔德〕叔本华，2009．美学随笔［M］．韦启昌译．上海：上海人民出版社：122-124．

［92］宋传银、杨昶，2003．神秘的测字——滑入歧途的文字学［M］．南宁：广西人民出版社．

［93］宋永培，1999．说文汉字体系研究法［M］．南宁：广西教育出版社．

［94］苏培成，1994．现代汉字学纲要［M］．北京：北京大学出版社．

［95］苏新春，1996．汉字文化引论［M］．南宁：广西教育出版社．

［96］孙雍长，2002．汉字字谜大典［M］．广州：广东教育出版社．

［97］唐汉，2009．汉字密码［M］．西安：陕西师范大学出版社：4-565．

［98］唐兰，1981．古文字学导论［M］．济南：齐鲁书社．

［99］唐兰，2005．中国文字学［M］．上海：上海古籍出版社：63．

［100］〔日〕藤枝晃，1991．汉字文化史［M］．翟德芳，刘晓林译．北京：知识出版社．

［101］汪受宽，1995．谥法研究［M］．上海：上海古籍出版社．

［102］王贵元，2008．汉字与历史文化［M］．北京：中国人民大学出版社．

［103］王继洪，2006. 汉字文化学概论［M］. 上海：学林出版社.

［104］王建，2002. 中国古代避讳史［M］. 贵阳：贵州人民出版社.

［105］王力，2000. 王力古汉语字典［M］. 北京：中华书局：751.

［106］王立军，2018. 汉字的文化解读［M］. 北京：商务印书馆.

［107］王宁，2015. 汉字构形学导论［M］. 北京：商务印书馆：55-148.

［108］王宁，2001. 汉字学概要［M］. 北京：北京师范大学出版社.

［109］王宁，2018. 汉字与中华文化十讲［M］. 北京：生活·读书·新知三联书店.

［110］王宁，1994.《说文解字》与汉字学［M］. 郑州：河南人民出版社：5.

［111］王宁、谢栋元、刘芳，2000.《说文解字》与中国古代文化［M］. 沈阳：辽宁人民出版社.

［112］王泉根，1993. 中国民间的字辈谱［J］. 民俗研究（4）.

［113］王树民，1984. 廿二史札记校证［M］. 北京：中华书局：740-741.

［114］王世征，2003. 中国书法理论纲要［M］. 北京：首都师范大学出版社.

［115］王炜民，2010. 中国古代礼俗［M］. 北京：中国国际广播出版社.

［116］王引之，2002. 经义述闻［M］. 上海：上海古籍出版社：402.

［117］王玉鼎，2000. 汉字文化学［M］. 西安：西安出版社.

［118］王筠，1987. 说文释例［M］. 北京：中华书局.

［119］吴东平，2001. 汉字文化趣释［M］. 武汉：湖北人民出版社.

［120］谢纪锋，2011. 汉语联绵词词典［M］. 北京：外语教学与研究出版社.

［121］熊秉明，2002. 中国书法理论体系［M］. 天津：天津教育出版社.

［122］徐锴，1922．说文解字系传［M］．上海：上海商务印书馆：323．

［123］徐珂，1984．清稗类钞［M］．北京：中华书局：1039-2149．

［124］徐无闻，1991．甲金篆隶大字典［M］．成都：四川辞书出版社．

［125］徐中舒，1989．甲骨文字典［M］．成都：四川辞书出版社．

［126］许嘉璐主编，2004．二十四史全译·后汉书［M］．上海：汉语大词典出版社：35-1408．

［127］许嘉璐主编，2004．二十四史全译·史记［M］．上海：汉语大词典出版社：76-901．

［128］许嘉璐主编，2004．二十四史全译·魏书［M］．上海：汉语大词典出版社：1913-1914．

［129］许慎，1963．说文解字［M］．北京：中华书局：7-314．

［130］扬雄，1922．方言（《四部丛刊》本）［M］．上海：上海商务印书馆．

［131］杨伯峻，1981．春秋左传注［M］．北京：中华书局：7-1578．

［132］杨伯峻，2006．论语译注（简体字本）［M］．北京：中华书局：52-391．

［133］杨伯峻，1960．孟子译注［M］．北京：中华书局：123-257．

［134］杨润陆，2000．现代汉字学［M］．北京：长城出版社．

［135］杨天宇，2004．周礼译注［M］．上海：上海古籍出版社：180-552．

［136］姚淦铭，2001．汉字心理学［M］．南宁：广西教育出版社．

［137］叶大兵，乌丙安，1990．中国风俗辞典［M］．上海：上海辞书出版社．

［138］乙力，2004．中国古代文化常识［M］．兰州：兰州大学出版社：52．

[139] 于省吾，1996. 甲骨文字诂林 [M]. 北京：中华书局.

[140] 袁真，1998. 姓名学概论 [M]. 拉萨：西藏人民出版社.

[141] 曾宪通、林志强，2011. 汉字源流 [M]. 广州：中山大学出版社.

[142] 詹绪佐、朱良志，1993. 中国古代测字术 [M]. 成都：四川大学出版社.

[143] 张岱年主编，2010. 孔子百科词典 [M]. 上海：上海辞书出版社：54.

[144] 张书岩等，1997. 简化字溯源 [M]. 北京：语文出版社.

[145] 张双棣等，2000. 吕氏春秋译注 [M]. 北京：北京大学出版社：30.

[146] 张万起、刘尚慈，1998. 世说新语译注 [M]. 北京：中华书局：557-558.

[147] 张翔鹰、张翔麟，2010. 中华对联集锦 [M]. 北京：中国书店.

[148] 张涌泉，2010. 汉语俗字研究（增订本）[M]. 北京：商务印书馆.

[149] 张宗祥，2005. 王安石《字说》辑 [M]. 曹锦炎点校. 福州：福建人民出版社.

[150] 中国社会科学院考古研究所，1965. 甲骨文 [M]. 北京：中华书局.

[151] 钟肇鹏，1991. 谶纬论略 [M]. 沈阳：辽宁教育出版社.

[152] 朱骏声，1983. 说文通训定声 [M]. 武汉：武汉市古籍书店：18-34.

[153] 朱熹，1983. 四书章句集注 [M]. 北京：中华书局.

[154] 宗白华，2005. 美学散步 [M]. 上海：上海人民出版社：120.

[155] 左民安，2005. 细说汉字 [M]. 北京：九州出版社：284-430.

后　　记

汉字文化学是一门新兴学科，其基本理论和主要框架还在探索和草创阶段，自然带来与相关学科界限不清的缺陷，导致把汉字文化学混淆成了无所不包的语言文化学。虽然有一些《汉字文化学》书籍出版，但有的是缺乏学科系统的论文集，有的则是古汉字字义解析的字词典，有的其实是语言文化学或传统文化学，与真正的“汉字文化学”有较大的差距。

为了弥补这一差距，笔者不揣浅陋，本着添砖加瓦、抛砖引玉之初心，在讲授汉字文化课的同时，着手书稿的撰写。前后历经两度寒暑，终于完稿。

得来不易，敝帚自珍。个人以为，本书有些许特点：

一是从学科角度对汉字文化学进行了初步构建。不拘泥于细碎的字源意义解析，着力探索汉字文化学的基本理论和基础框架，努力勾勒出汉字文化学作为一门学科的基本体系，使之成为一部汉字文化学基础性理论著作。

二是基本解决了与语言文化纠缠不清、内容庞杂的问题，突出了汉字字形结构及其文化寓意，使汉字文化学名副其实。

三是古今文字并重，避免了将汉字文化学局限于古汉字解析而忽视现代汉字文化的倾向，做到崇古不忘今。

四是注意了学术性与应用性相结合。对汉字在日常生活中因为文化观念折射在字形寓意上而出现的一些特殊用法，给予正视，注意研究归纳，这对于汉字文化的规范引导和健康应用有一定的实际意义。

五是条理比较清晰，用例丰富有趣，阅读适应面广。

当然，作为探索与尝试，加之学力有限，本书还有不少有待改正和提高之处，还望看到本书的专家、读者不吝赐教。书中参考和引用了一些前辈和当今学人的观点、材料，在此表示诚挚地感谢！

陈文俊